Jill Savage

Der beste Job der Welt

Die amerikanische Originalausgabe erschien
unter dem Titel: »Professionalizing Motherhood«
bei Zondervan Publishing House
Grand Rapids, Michigan 49530
Copyright © 2001 by Jill Savage

Deutsch von Marianne Magnus

© der deutschen Ausgabe:
Oncken Verlag Wuppertal und Kassel 2002
Lizenzausgabe mit freundlicher Genehmigung

RBtaschenbuch Bd. 630

1. Taschenbuchauflage 2003
R. Brockhaus Verlag Wuppertal
Umschlag: Dietmar Reichert, Dormagen
Gesamtherstellung: Breklumer Druckerei Manfred Siegel KG
ISBN 3-417-20630-8
Bestell-Nr. 220 630

INHALT

Vorbemerkung

Mein besonderer Dank gilt: allen Mitarbeitern von *Hearts at Home*, meinen Freundinnen und Mitstreitern. Danke für euren Einsatz für den Beruf des Mutterseins und danke für den Mut, den ihr mir bei diesem Buchprojekt zugesprochen habt.

Mein Dank gilt meinen Freunden und Verwandten, die das Manuskript überprüft haben: Mike und Becky, Holly, Doris, Cathy, Tammy, Julie, Jennifer, Sherri, Juli und Mark. Eure Anregung und Kritik haben mir immens geholfen.

Er gilt auch Larry und Laurie, in deren Häuschen ich mich ungestört zum Schreiben zurückziehen konnte. Danke, dass ihr mir euer schönes Zuhause zur Verfügung gestellt habt.

Er gilt meinen Freunden Shawn, Tammy, Irene, Julie, Cathy und Doris, die mir mit den Kindern ausgeholfen, sie von der Schule abgeholt haben und auch sonst eingesprungen sind, wo Not am Mann war, als der Abgabetermin für das Buch näher rückte. Mein Dank gilt all meinen lieben Freunden – ich kann sie hier gar nicht alle aufzählen –, die für mich gebetet, mich ermuntert und mich in vielerlei Hinsicht unterstützt haben.

Er gilt ebenso meinem Gebetskreis: Elise, Charlene, Dave und Jennifer. Und allen aus meiner Müttergruppe: Julie, Cathy, Rita, Tammy, Shawn, Lora und Dawn. Danke, dass ihr euch im Gebet für mich eingesetzt habt.

Meinem lieben Freund und Mitarbeiter Paul Meyer. Du hast an mich geglaubt als Leiterin eines christlichen Dienstes für Frauen, noch bevor ich an mich selbst glaubte.

Mein Dank gilt Cindy Hays und Sue Brower vom Zondervan-Verlag, die sich das Anliegen von *Hearts at Home* zu Eigen gemacht und mit dazu beigetragen haben, dass das Buch entstanden ist.

Er gilt Sealy und Susan Yates, meinen Literaturagenten. Habt zunächst Dank dafür, dass ihr an das Anliegen von *Hearts at*

Home geglaubt habt. Eure Hilfe hat mir sehr viel bedeutet. Ihr habt Müttern auf der ganzen Welt wertvolle Veröffentlichungen zugänglich gemacht.

Mein Dank gebührt auch meiner Schwägerin Denise. Danke für deine ermutigenden Worte und dass du das Buch kapitelweise durchgelesen hast.

Er gebührt meinen Schwestern Jackie und Juli. Danke für euren Zuspruch. Nun, wo dieses Projekt beendet ist, denke ich, ist es an der Zeit, dass wir es mit einem Stück Sahnekuchen gebührlich feiern.

Er gebührt ebenfalls meinen Eltern, Duane und Patsy Fleener, und meiner Großmutter, Annabelle Chambers. Habt Dank für eure immense Unterstützung in den letzten Jahren. Danke, Dad, dass du so viel Wert auf eine korrekte Grammatik gelegt und mich beim Vortragen und Schreiben bestärkt hast, seit ich meinen ersten Rhetorikwettbewerb gewonnen und meinen ersten Artikel zum Thema veröffentlicht habe. Danke, Mom, dass du mir die Bedeutung der professionellen Mutterrolle vorgelebt hast. Danke!

Mein Dank geht auch an meine Kinder Anne, Evan, Erica und Austin, die mich meinen Beruf als Mutter voll und ganz auskosten lassen. Sowie an meinen lieben Mann, Mark, der mein Teamgefährte, mein Vertrauter und mein bester Freund ist. Danke, dass du mich bei diesem geistlichen Wagnis unterstützt hast. Danke, dass du als Koch, Sekretär, Taxifahrer und hervorragender Korrekturleser fungiert hast. Danke!

Mein Dank gilt Jesus Christus, meinem Herrn und Erlöser, der mich geliebt, errettet und mit Gaben ausgestattet hat. Danke, Herr, für dein Wort, deine Wahrheit und deine Wegweisung im Dienst für *Hearts at Home* wie auch bei diesem Buchprojekt.

Einführung

Ich bin mir ziemlich sicher, dass dieses Buch auch für Sie von Bedeutung sein kann. Vielleicht hat das Gleiche uns beide beschäftigt – mich, dass ich mich auf einen Weg begab, der schließlich zu der großen Organisation *Hearts at Home* führte; Sie, dieses Buch in die Hand zu nehmen.

Den Anstoß zu diesem Buch bekam ich ganz einfach, als mir bewusst wurde, dass diese ganze »Mutter«-Kiste viel größer und schwerer war, als dass ich sie allein hätte heben können. Lassen Sie mich Ihnen das einmal näher erklären:

Im Mai 1989 lud ich acht Frauen ein. Jeden Mittwochmorgen trafen wir uns zum Austausch über unser Hausfrauen- und Mutterdasein. Da keine meiner Verwandten in der Nähe wohnte, hatte ich das starke Bedürfnis, mehr über meine Rolle als Frau, Mutter und Hausfrau zu erfahren. Mir war bewusst, dass ich viel von anderen Frauen lernen konnte, und ich wünschte mir einen regelmäßigen Austausch, um persönlich wachsen zu können. Dieser Wunsch beruhte auf Gegenseitigkeit. Auch die anderen Frauen – alles Mütter von kleinen Kindern – wünschten sich Unterstützung bei ihrer Arbeit. Sie erhofften sich von unseren Treffen Freundschaft, Ermutigung und neue Impulse.

So fingen wir an, uns regelmäßig zu treffen. Wir engagierten einen Babysitter, der auf unsere Kinder im Souterrain aufpassen sollte, während wir oben in unserem Wohnzimmer zusammensaßen. Wir besprachen Bücher, die wir gerade lasen, tauschten Erziehungstipps aus, ermutigten einander im Hinblick auf unsere Ehen und erfuhren mehr über die Dinge rund um den Haushalt der anderen. Im Handumdrehen waren wir mehr als acht Leute. Wo auch immer wir andere Frauen trafen, sei es auf dem Spielplatz oder bei Lesungen in der Bibliothek, luden wir sie zu unserer Müttergruppe ein. Bald brauchten wir nicht mehr nur eine

Aufsichtsperson für die Kinder, und unser Wohnzimmer platzte aus allen Nähten.

Einige Jahre später gaben wir dem Kind einen offiziellen Namen und nannten unseren Kreis *Mom2Mom* (»Von Mutter zu Mutter«). Wir verlegten ihn in ein nahe gelegenes Gemeindehaus. Die Gruppe trifft sich auch heute nach über zehn Jahren immer noch. Wöchentlich kommen dabei ca. 150 Frauen zusammen, und über 200 Kinder nehmen am *Kid2Kid*-Programm (»Von Kind zu Kind«) teil.

1993, als sich *Mom2Mom* schlagartig vergrößerte, machte Gott mir deutlich, dass ich auch Frauen außerhalb unserer Gemeinde ansprechen und ermutigen sollte. »Wenn es schon so viel Not in unserer kleinen Gemeinde gibt, wie viel mehr muss es dann außerhalb geben?«, dachte ich bei mir.

Von meiner Ausbildung her bin ich Musiklehrerin. Auf dem College ermutigten uns die Dozenten der Butler University in Indianapolis dazu, uns Berufsverbänden anzuschließen. Jede dieser Organisationen hielt eine Jahreskonferenz ab. Diese Veranstaltungen motivierten mich immer so sehr, dass ich voller neuer Pläne für meine zukünftige Rolle als Musiklehrerin zurückkehrte. Ich gewann dabei immer viele neue Ideen, die ich so schnell wie möglich im Unterricht umsetzen wollte, und war ganz begeistert von den Möglichkeiten, die mir mein Beruf zu bieten hatte.

Als ich mich dann auf lange Sicht in der Mutterrolle wiederfand, erinnerte ich mich allmählich wieder an diese Konferenzen, an denen ich Jahre zuvor teilgenommen hatte. Ich erinnerte mich an die neuen Perspektiven, die sie mir gebracht hatten. Und mir kam der Gedanke, dass ich auch für meine neue Laufbahn als Mutter eine solche Veranstaltung bräuchte. Immer mehr Frauen in unserer Müttergruppe bestärkten mich darin. Ich bat einige Frauen von *Mom2Mom*, mit mir gemeinsam um eine Konferenz für Frauen zu beten.

Neun Monate später hielten wir unsere erste *Hearts at Home*-Konferenz ab. Da wir ungefähr fünfhundert Frauen erwarteten, beschränkten wir unsere Werbemaßnahmen auf einen Radius von drei Autostunden rund um Bloomington in Illinois. Wie überrascht waren wir dann, als sich 1100 Frauen aus zehn

US-Bundesstaaten zur Konferenz anmeldeten! Gott wusste um den großen Bedarf nach solchen Angeboten. Er zeigte uns dadurch, wie wichtig es ist, auf ihn zu hören und sich seiner Führung anzuvertrauen.

In den Jahren nach dieser ersten Großveranstaltung 1994 wuchs *Hearts at Home* zu einer Organisation, die sich speziell um die Mütter und ihre Rolle und Entwicklung kümmern wollte. In einer Welt, in der die Arbeit von Hausfrauen und Müttern oft wenig beachtet wird, sehen wir darin einen wertvollen Beruf.

Ein Ergebnis meines Wunsches, Mütter zu Hause zu ermutigen, aufzubauen und weiterzubilden, damit sie ihr gesamtes Potenzial ausschöpfen können, halten Sie mit dem vorliegenden Buch in Händen. Es geht darin um den unschätzbaren Wert des Musterseins. Darum, von einer Zeit des Lebens zu profitieren, die nie wiederkommt. Es geht darum, mit ganzem Herzen zu Hause bei der Familie zu sein und den Beruf der Mutter professionell auszuüben.

Egal, ob Sie nun Ihr Muttersein als einen vollwertigen Beruf ansehen oder nicht: Ich hoffe, dass Sie mein Buch anregt und herausfordert, nachzudenken, sich eine Strategie zurechtzulegen, Ihr Handwerkszeug in den Griff zu kriegen und Ihre berufliche Karriere als Mutter planvoll und entschlossen anzugehen. Begeben Sie sich mit mir auf die Erkundungsreise zu einer der erfüllendsten Tätigkeiten einer Frau: dem Beruf der Mutterschaft.

TEIL 1

Denken Sie um!

KAPITEL 1

Mutter sein – ein vollwertiger Job

»Was machen Sie eigentlich beruflich?« Das ist wahrscheinlich die alles entscheidende Frage unserer Zeit. Und vermutlich auch die Frage, die viele Frauen, die zu Hause bei ihren Kindern bleiben, zusammenzucken lässt. Wissen wir denn eigentlich, wie wir sie recht beantworten sollen? Einige versuchen sich an einer kreativen Antwort wie etwa: »Ich erforsche zur Zeit das Verhalten und die Entwicklung von Kindern.« Und andere antworten schlicht mit: »Oh, ich bin *nur* Hausfrau und Mutter.«

Sind nicht beide Antworten vielsagend? Die erste Antwort lässt darauf schließen, dass die Begriffe »Familienfrau« oder »Mutter« nicht bedeutsam genug sind, um für sich genommen einen »richtigen Beruf« zu bezeichnen. Indem wir uns etwas Besonderes einfallen lassen, hoffen wir, mehr respektiert und für unser Wissen auf einem bestimmten Gebiet geachtet zu werden und interessant genug für ein weiterführendes Gespräch zu sein. Ich habe schon mit viel zu vielen Frauen gesprochen, die beim Besuch von Partys oder Empfängen mit ihrem Mann oder mit früheren Kollegen feststellen mussten, dass beim Stichwort »Hausfrau und Mutter« die Unterhaltung zu einem abrupten Ende kam. Es sieht fast so aus, als ob das Gegenüber beschließt, dass man nicht allzu viel Interessantes zur Konversation beitragen kann. Schließlich ist man ja »nur« Mutter. Ist das nicht schlimm?

Umgekehrt deuten wir mit der zweiten Antwort selbst schon fast an, dass wir Menschen zweiter Klasse sind. Das Wörtchen »nur« legt nahe, dass unser Verantwortungsbereich nicht so wichtig ist wie der anderer Leute. Da wir für unsere Arbeit nicht bezahlt werden, sitzen wir sehr schnell der Lüge auf, dass wir unter Profis nicht mitreden können und eben »nur Hausfrau und Mutter« sind.

Ich glaube, es ist an der Zeit, dass wir zu einer neuen Antwort finden. Wir sollten das »nur« aus unserer Antwort streichen. Wir sollten für uns selbst einstehen, keine Entschuldigung daherstammeln und geradeheraus antworten: »Ich bin mit Leib und Seele Hausfrau und Mutter.« Wir sollten stolz darauf sein, uns diesen Beruf ausgesucht zu haben, und das darf auch ruhig jeder wissen.

Durchkreuzte Pläne

Ich selbst fand mich durch Zufall in der Rolle der Vollzeitmutter wieder. Ursprünglich hatte ich mir diese Rolle gar nicht bewusst ausgesucht. Ich lebte in Indianapolis im US-Bundesstaat Indiana und hatte gerade meine Ausbildung zur Lehrerin beendet, als mein Mann Mark sich dazu entschloss, eine andere berufliche Laufbahn einzuschlagen. Mark hatte den Eindruck, dass Gott ihn in den geistlichen Dienst rief, und so packte unsere kleine Familie die Koffer und zog nach Lincoln, Illinois. Unsere Tochter Anne war zu diesem Zeitpunkt gerade zwei Jahre und unser Sohn Evan zehn Wochen alt. Um als Pastor ordiniert zu werden, musste Mark vier Jahre lang studieren.

Unser wohl durchdachter Plan für unser neues Leben sah vor, dass ich mir eine Stelle als Lehrerin suchte. Mark wollte sich in seiner unterrichtsfreien Zeit um die Kinder kümmern, und eine Tagesmutter sollte die meiste Zeit des Tages die Kinderbetreuung gewährleisten.

Wir waren allerdings nicht darauf gefasst, dass es in dieser Gegend gar nicht viele Möglichkeiten für mich gab, zu unterrichten. Ich stellte mich bei mehreren Schulen vor, fand jedoch keine Stelle. Uns wurde schnell klar, dass sich der Zeitaufwand für die meisten Teilzeitjobs für mich nicht rechnen würde, da der Arbeitslohn gerade so die Ausgaben für die Betreuung unserer zwei kleinen Kinder decken würde.

Da wir in einem Wohnheim für verheiratete Studenten wohnten, beschlossen wir Plan B: Ich würde in unserer Wohnung eine Tagesbetreuung anbieten. Es gab viele Studenten, die auch an einer ganztägigen Kinderbetreuung interessiert waren. So hätten wir ein sicheres Einkommen, und unsere Kinder bräuchten selbst keine Betreuung. Dies erschien uns als die logische Konsequenz. Dieser Plan funktionierte die ersten eineinhalb Jahre, in denen Mark in der Ausbildung war.

Diese achtzehn Monate waren wirklich eine Zeit des Wachstums. Wir konnten uns nur die billigste Krankenversicherung leisten. Wir hatten sehr wenig Geld für Nahrungsmittel. Wenn ich so an diese Zeit zurückdenke, frage ich mich immer noch, wie wir all unsere Rechnungen von insgesamt etwa 6000 Dollar im Jahr begleichen konnten. Aber wir schafften es, weil Gott für all unsere Bedürfnisse sorgte. Wenn das Geld für Lebensmittel knapp wurde, fanden wir welche an unserer Türschwelle. Wenn wir nicht genug Geld hatten, um unsere Rechnungen zu bezahlen, bekamen wir unerwartet einen Scheck mit der Post. Wenn wir Kleider für die Kinder brauchten, schenkte uns jemand genau das, was wir brauchten. Es war eine unglaubliche Lektion über die Treue Gottes.

Das Wertvollste lernte ich jedoch, als ich die Kinder der anderen Studenten betreute. Ich fing an, die Kehrseite der Kinderbetreuung außer Haus zu sehen. Ich gab mein Bestes, damit sich die Kinder wohl fühlten – aber wenn sie hinfielen, wollten sie nicht, dass ich sie tröstete – sie riefen nach ihrer Mama. Wenn sie traurig waren, wollten sie nicht mich – sie wollten ihre Mama. Wenn sie erkältet waren oder sich krank fühlten, wollten sie nicht mich an ihrer Seite – sie wollten ihre Mutter.

Auch kümmerte ich mich nach der Schule um einige Grundschüler. Wenn sie bei mir eintrudelten, sprudelte es nur so aus ihnen heraus. Sie erzählten mir, was so am Tag in der Schule passiert war und was sie alles mit ihren Freunden unternommen hatten. Sie zeigten mir ihre Klassenarbeiten und ihre Werkstücke. Was in der Schule passiert war, hatten sie noch ganz frisch im Gedächtnis, und sie waren so stolz auf ihre Leistungen. Wenn sie dann später von ihrer Mutter oder ihrem Vater abgeholt wurden, war das alles nicht mehr so wichtig. Sie waren dann müde, und es war an der Zeit, nach Hause zu gehen, zu Abend zu essen und sich ins Bett zu legen. Einigen Eltern konnte ich erzählen, was ihr Kind mir berichtet hatte, aber ich konnte ihnen nicht annähernd den Stolz und die Begeisterung vermitteln, die ich früher am Tage miterlebt hatte.

Was für eine aufrüttelnde Erfahrung für mich! Ich hatte nie im Leben einen Gedanken daran verschwendet, was ich vermissen könnte, wenn ich meine Kinder in die Obhut anderer Leute geben würde, oder wie sich dies auf die Kinder auswirken würde. Ich hatte bestimmt auch nicht daran gedacht, wie kurz die Zeit sein würde, die Kinder im Laufe des Lebens zu Hause bei ihrer Familie verbringen. Mir gingen die Augen auf. Und mein Herz für meine Kinder und meine Familie wurde langsam immer weiter.

Der Wert unserer Kinder

Immer wieder hören wir die gleiche Frage: »Was ist nur mit den Kindern von heute los? Warum gibt es so viel Gewalt? Warum töten Kinder? Warum herrscht eine solche Respektlosigkeit unter den Jugendlichen der heutigen Generation?« Auch wenn es einige begünstigende Faktoren hierfür gibt, bin ich der Überzeugung, dass im Wesentlichen die fehlende Wertschätzung der Gesellschaft für die Kinder daran schuld ist.

Wir räumen der Karriere, dem Geld und den materiellen Dingen einen höheren Wert ein als unseren Kindern. Wir lassen uns von den Medien beeinflussen, die uns suggerieren, dass »zu Hause zu sein« altmodisch sei. Wir sitzen der Lüge auf, dass es eine Vergeudung unserer geistigen Möglichkeiten sei, daheim zu bleiben, um die Kinder zu erziehen. Und so haben wir unseren Beruf und unsere Ausbildung höher bewertet als unsere Kinder.

Als Anne, unsere erstgeborene Tochter, noch klein war, setzte ich meine Ausbildung fort und gab sie in verschiedene Tagesbetreuungen. Ich hielt nach der »besten« Betreuungsmöglichkeit für sie Ausschau. Welche Mutter würde das nicht tun? Zunächst sah ich mich nach jemandem um, der zu uns nach Hause kommen konnte. Anne sollte in ihrer vertrauten Umgebung bleiben können.

Aber in dem allen erkannte ich nicht, was wirklich das Beste für Anne war. Auf meiner Suche nach der besten Tagesmutter ließ ich mich selbst als mögliche Kandidatin außer Acht. Ich erkannte auch nicht Annes eigenen Wert als heranwachsende Persönlichkeit, der man alles beibringen musste, was in der Welt um sie herum vor sich ging. Ihr Wert als zukünftiges Mitglied der Erwachsenenwelt und der Einfluss, den sie auf die Welt um sie her haben konnte, entgingen mir völlig. Mir war nicht klar, dass sie ein starkes Gefühl der Zugehörigkeit brauchte, damit sie wusste, wer sie war und für was sie in einer sich ständig verändernden Welt stehen wollte. Aber am wenigsten machte ich mir klar, dass Gott sie *mir* gegeben hatte, damit ich ihr ihren Wert und ihre Bedeutung in Christus zeigen konnte.

Auch kam mir überhaupt nicht in den Sinn, wie viel Zeit und Energie es braucht, um Kinder großzuziehen.

Wenn wir es uns zum Ziel gesetzt haben, moralisch integre, emotional stabile und sozial gefestigte Kinder aufzuziehen, wird uns unweigerlich bewusst, wie viel Zeit und Energie uns das kostet. Aber wenn wir andererseits erkennen, dass unsere Kinder Geschenke Gottes sind, die uns anvertraut sind, sehen wir in ihnen viel mehr als nur eine weitere Verpflichtung neben unserem ohnehin vollen Terminkalender.

Die Jahre, in denen ich als Tagesmutter arbeitete, öffneten mir die Augen für die Bedürfnisse der Kinder. Zum ersten Mal in meinem Leben lernte ich meine Kinder als Geschenk schätzen und wurde mir ernsthaft der Verantwortung bewusst, die mit ihrer Erziehung verbunden war. Mein Denken änderte sich nun von »Wer eignet sich am besten für ihre Betreuung?« hin zu »Ich bin ihre Mutter, und sie haben mein Bestes verdient.«

Der Wert der Familie

In dem Maße, wie Gott mein Herz für meine Kinder öffnete, machte er es auch weit für mein Zuhause. Ich hatte mir bis dahin keine großen Gedanken über die Atmosphäre in meinem Haus gemacht. Ich »führte« zwar »den Haushalt« (auch wenn ich es bisweilen nicht sehr ordentlich tat), aber ich kannte nicht den Unterschied zwischen »einen Haushalt führen« und »ein Zuhause schaffen«.

In dem Maße, wie Gott mich veränderte, legte er den Wunsch in mich hinein, mehr zu tun als nur »den Haushalt zu führen«. Er gab mir das Verlangen, »ein Zuhause zu schaffen«.

Holly Schurter, Mutter von acht Kindern, beschreibt das treffend in einem Brief an ihre erwachsene Tochter, die bald selbst zum ersten Mal Mutter werden sollte:

> Baue deine Fähigkeiten nicht nur in Sachen Haushaltsführung aus, sondern schaffe für deine Familie ein Zuhause. Wie du ja weißt, ist das nicht immer ein und dasselbe.
>
> Der Haushalt besteht aus Wäsche waschen, Teller abwaschen, Toiletten putzen, Boden schrubben, aber das Zuhause ist etwas anderes. Der Unterschied zwischen Haushalt und Zuhause ist vergleichbar mit einem kargen Feld und einem schönen, blühenden Garten.
>
> Ein Zuhause schaffen heißt, die Schönheit und Produktivität in den familiären Beziehungen zu hegen und zu pflegen. Es geht darum, deiner Familie zu vermitteln, dass sie sich geliebt und geborgen fühlt. Es geht darum, dass wir einander wertschätzen und füreinander Sorge tragen wie auch für unsere Freunde und Verwandten und selbst für den gelegentlichen Fremden, der zur Tür hereinkommt. Jeder kann einen Haushalt führen. Aber nicht jeder macht sich die Mühe, ein Zuhause zu schaffen.

Wenn Sie die Verantwortung, Ihre Kinder auf das Leben vorzubereiten, ernst nehmen und daneben bemüht sind, Ihrer Familie ein Zuhause zu schaffen, liegt ein Fulltimejob vor Ihnen.

Brauchen wir zwei Einkommen?

Wir Eltern von heute sind sehr stark von der Meinungsmache der Medien geprägt. Tag für Tag stürmen eine Flut von Informationen und so viele unterschiedliche Meinungen auf uns ein, dass wir kaum mehr die Lüge von der Wahrheit unterscheiden können. Und alles wird nur noch verwirrender.

Benötigt eine Familie tatsächlich zwei Einkommen, um sich über Wasser halten zu können? Immer wieder wird uns suggeriert, dass man vor allem mehr Geld benötigt, will man seinem Kind wirklich alles geben, was es »braucht«. Stimmt es, dass die Kosten für Wohnung, Ausbildung und Steuern den größten Teil des Familieneinkommens auffressen, so dass Sie zusätzlich Geld brauchen, um die restlichen Lebenshaltungskosten zu decken? Viele Familien in Deutschland nehmen bewusst den Verlust eines Einkommens auf sich, damit die Mutter bei den Kindern bleiben kann. Der Mann verfügt meist nur über ein durchschnittliches Einkommen und die Familien leben wahrlich nicht auf großem Fuß. Sie kommen über die Runden, weil sie beim Kauf von Kleidung und Lebensmitteln sparen und sich an ein genau geplantes Budget halten. Sie machen nicht jeden Modetrend mit. Mit dem Ergebnis, dass viele dieser Familien mit weit weniger zufrieden sind, als ihnen von den Medien an angeblichen *Bedürfnissen* eingetrichtert wird.

Bill Flick, ein Zeitungskolumnist für *The Pantagraph* in Illinois, stellt das Konzept der »hohen Lebenshaltungskosten« in Frage. Er bezeichnet es vielmehr als »die hohen Kosten der Lebensweise, die wir wählen«. Das Bestreben, immer »den Nachbarn in nichts nachzustehen«, beeinflusst uns, ob wir es wahrhaben wollen oder nicht. Wir reden uns selbst ein, dass wir für das tägliche Überleben bestimmte Dinge einfach brauchen. Mein Mann und ich überdenken unsere Anschaffungen immer auf ihre Notwendigkeit hin. Wir stellen uns selbst die Frage: »Brauchen wir das wirklich, oder wollen wir es nur haben?« Ein Bereich, in dem wir Kosten einsparen, ist das Kabelfernsehen. Wir leben nun schon seit vierzehn Jahren ohne Kabelfernsehen. Unseren Kindern hat es nicht geschadet, dass wir zu Hause kein Kabelfernsehen haben. Aber es gab auch Zeiten, in denen wir es uns gewünscht hätten. Aber können wir es uns auch leisten? Nein, es sprengt unseren Haushaltsrahmen. Deshalb empfangen wir unsere Programme per Antenne und sehen uns nur die Sender an, für die man nichts bezahlen muss.

Es *ist* auch heute sehr wohl möglich, mit einem Gehalt auszukommen, aber es erfordert auch die Bereitschaft, manchen Wunsch auf später zu verschieben. Hier geht es schlicht und ergreifend darum, einige der Dinge, die wir jetzt gerne hätten, zu Gunsten der Dinge, die jetzt dran sind, aufzuschieben. So sehr ich mir (einmal in meinem Leben) ein neues Auto oder zumindest in einem Raum neue Möbel wünsche: Ich kann auch ohne diese Anschaffungen leben, wenn ich dafür zu Hause bei meinen Kindern sein kann. Dieser Lebensentwurf mag unpopulär sein, aber es spricht einiges für ihn. Wenn wir gelegentlich die Befriedigung unserer Wünsche aufschieben, lernen wir, was wirklich wichtig ist im Leben: Menschen – nicht Dinge! Die Entscheidungen, die wir jetzt treffen, beeinflussen unser Familienleben und unsere Zukunft. Werden unsere Erinnerungen eines Tages positiv oder negativ sein?

Treffe ich als Mutter die Entscheidungen, die ich jetzt treffen muss, um mir künftig keine Selbstvorwürfe machen zu müssen?

Durchkreuzte Karrierepläne

Nach meiner einjährigen Erfahrung als Tagesmutter begann mein Mann ein Praktikum in Bloomington, Illinois. Dadurch musste er jeden Tag etwa sechzig Meilen von und zur Schule zurücklegen. Deshalb zogen wir nach Bloomington um – in eine Stadt, in der wir keine Menschenseele kannten. Im Rückblick war dieser Umzug absolut unsinnig. Unsere Miete verdoppelte sich dadurch, und die Einnahmen durch die Tageskinderpflege fielen weg. Die Richtung, die Gott uns jedoch gewiesen hatte, war eindeutig. Wir mussten durch die Tür gehen, die Gott geöffnet hatte. Und so gingen wir – und Gott sorgte für uns.

Wenn sich dieser Umzug auch vom letzten unterschied, so gingen wir dieses Mal davon aus, dass ich zu Hause bei den Kindern bleiben würde. Meine Einstellung hatte sich geändert und Marks Einstellung ebenfalls. Er schätzte inzwischen den Wert meines ganztägigen Einsatzes für die Familie. An unserer finanziellen Situation hatte sich jedoch nichts geändert. Im Gegenteil, sie wurde immer schlimmer. Was sollten wir nur tun?

Als wir uns fragten, was Gott wohl mit uns vorhatte, gab er uns ein Zeichen, dass unsere Entscheidung für unsere Familie richtig gewesen war. Ich betreute nur noch ein Tageskind in unserer Wohnung, statt das ganze Haus voller Kinder zu haben. Außerdem gab ich bei uns zu Hause an einigen Abenden der Woche Klavier- und Gesangsunterricht. Mark übernahm in seinen freien Stunden Gelegenheitsjobs ... *und wir kamen über die Runden*. Viele Male griff Gott ein und half auf seine wunderbare Weise. Dadurch wurde unser Glaube unwahrscheinlich gestärkt.

Zu der Zeit nahm ich mir vor, zu Hause zu bleiben, solange die Kinder noch klein wären. Wenn sie dann zur Schule gingen, wollte ich mich um eine Anstellung als Lehrerin bemühen. Als Anne jedoch im Kindergarten war, erwarteten wir Familienzuwachs. Als Erica geboren wurde, war Anne sechs und Evan vier Jahre alt. Ich würde also für mindestens sechs weitere Jahre zu Hause bleiben.

In jenen Jahren entwickelte sich eine enge Freundschaft zu einer Frau, deren jüngstes Kind nur vier Wochen nach Erica geboren worden war. Wir verbrachten viel Zeit zusammen und tauschten uns aus. Damals wuchs auch die Müttergruppe, die ich bei mir zu Hause begonnen hatte, als wir nach Bloomington umzogen. Die neuen Freundschaften ließen die Baby- und Kleinkinderjahre wie im Flug vergehen.

Als Erica in ihr letztes Kindergartenjahr kam, begann für mich ein neuer Lebensabschnitt. Mein Mann und ich waren uns einig, dass unsere Familie nun komplett war. Wir unternahmen konkrete Schritte in diese Richtung. Doch noch bevor Mark sich einer Operation unterziehen konnte, stellten wir fest, dass noch ein kleiner Nachkömmling unterwegs war. Austin wurde drei Tage, bevor Erica in die Schule kam, geboren. Ich war geknickt. Sollte ich etwa den Rest meines Lebens zu Hause mit Vorschulkindern verbringen?

Nun, wo das Neugeborene da war (die anderen Kinder waren sechs, neun und elf Jahre alt), musste ich mich der Tatsache stellen, dass ich für mindestens fünf weitere Jahre zu Hause sein würde. Ich war andererseits aber auch nicht darauf vorbereitet, dass unsere älteren Kinder nun so langsam in die Pubertät kamen. Ich hatte mich zwar darauf konzentriert, für die Bedürfnisse unserer kleinen Kinder zu sorgen, war jedoch völlig unvorbereitet, was da an emotionalen Bedürfnissen der älter werdenden Kinder auf mich zukam. Ich wusste nicht, wie viel Zeit und Energie es kosten würde, sie auf komplexere zwischenmenschliche Beziehungen und die Welt um sie her vorzubereiten, und wie sehr sie mich brauchten, um mit den emotionalen Verletzungen fertig zu werden, die zwangsläufig auftraten, wenn sie versuchten, sich in der Welt zurechtzufinden. Bis dahin war mir völlig schleierhaft gewesen, dass ich ihnen, je mehr sie sich dem Erwachsenenalter näherten, immer mehr Dinge beizubringen hatte. Eine große Aufgabe lag vor mir: Ich hatte ihnen ein Vorbild zu sein und sie in dem Maße, wie sich ihr Horizont erweiterte, auf ihrem Weg zu bestätigen und sie sicher ins Erwachsenenalter hineinzubegleiten.

Gott arbeitete wieder einmal an mir. Zum ersten Mal in meinem Leben entschloss ich mich wirklich, meine Karriere als Lehrerin auf unbestimmte Zeit über Bord zu werfen und meine berufliche Karriere *darin zu sehen*, dass ich meine Kinder erzog. Das war Gottes Plan für diese Zeit in meinem Leben. Es war eine Aufgabe, die ich ernst zu nehmen hatte. Ich kann genauso gut eines Tages wieder unterrichten – oder auch nicht. Was ich sicher weiß, ist, dass ich bei meinen Kindern zu Hause bleiben werde, bis sie erwachsen sind.

Meinen Sie, es ist mir leicht gefallen, einen Traum zu begraben? Bestimmt nicht. Meinen Sie, ich hätte nicht auch geweint, weil ich meine Ausbildung nicht einsetzen konnte? Oh, doch. Aber wenn Sie mich fragen, was ich mehr bedauern würde – die Jahre mit den Kindern zu Hause oder die Jahre des Unterrichtens zu vermissen –, dann würde ich zweifellos antworten, dass ich die Jahre vermissen würde, die meine Kinder zu Hause sind. Wenn ich auf ihre Zukunft blicke, wird mir klar, was jetzt für mich dran ist.

Wussten Sie schon, dass die Durchschnittsmutter noch etwa zwanzig Jahre außer Hause zu arbeiten hat, *nachdem* die Kinder erwachsen sind? Das heißt doch, dass es für mich noch viele Jahre des Unterrichtens geben kann, wenn meine Kinder auf ihren eigenen Beinen stehen. Andererseits bleiben mir nur zwanzig Jahre, um meine Kinder zu versorgen und ihnen den Weg ins Leben zu weisen – die ersten zwanzig Jahre ihres Lebens!

Sie sind zu Hause und die Kinder in der Schule

Zu einem unserer ersten *Mom2Mom*-Treffen luden wir Karen ein, deren Kinder schon aus dem Haus waren. Karen bat im Vorfeld ihre drei erwachsenen Kinder, einmal in Briefform auszudrücken, was es für sie bedeutet hatte, dass ihre Mutter zu Hause geblieben war. Meine Kinder waren zu dieser Zeit alle Vorschulkinder. Was Karens Kinder zum Ausdruck brachten, ist mir bis heute im Gedächtnis haften geblieben. Durch alle drei Briefe, die Karen dabei vorlas, zog sich ein roter Faden. Einhellig äußerten alle drei Kinder, wie wichtig es für sie gewesen war, dass ihre Mutter in ihrer Teenagerzeit zu Hause für sie da war. Ein Kind betonte, wie sehr die Anwesenheit ihrer Mutter nach der Schule ihr geholfen hatte, die schwierigen Beziehungen als Teenager durchzustehen. Ein anderes schrieb, wie viel es ihr bedeutet hatte, dass ihre Mutter ihr bei schulischen und außerschulischen Aktivitäten zur Seite stand. Ihr Sohn meinte, dass allein das Wissen, dass seine Mutter zu Hause war und er ihr Rechenschaft schuldete, ihn vor vielen Dummheiten bewahrt hatte.

Weil immer mehr Teenager nach der Schule in ein leeres Haus zurückkehren, wissen sie oft nicht, an wen sie sich mit ihren Fragen und Sorgen wenden können. Teenager sind noch keine Erwachsenen; sie brauchen Orientierung und Führung. Dr. Brenda Hunter, eine bekannte Psychotherapeutin, schreibt in ihrem Buch *Home by Choice* (»Bewusst zu Hause«): »Unsere Kinder brauchen unsere Zeit, Aufmerksamkeit und Gegenwart, um persönlich reifen und wachsen zu können. Sie brauchen jemanden, der zu Hause ist und sich ganz und gar um sie kümmert – und dies nicht nur in den ersten Lebensjahren, sondern langfristig.«[1]

Mutter sein – ein Beruf, auf den man stolz sein kann

Als ich meine berufliche Laufbahn auf dem College begann, wusste ich schon, dass ich Lehrerin werden wollte. Das war mein Ziel. Soweit ich es überblicken konnte, sollte Musik unterrichten das sein, was ich mein Leben lang tun würde. Ich glaube, die meisten von uns haben als junge Erwachsene solche Träume für ihr Leben.

Was ich noch nicht begriffen hatte, war, dass es völlig in Ordnung ist, seine beruflichen Pläne zu ändern. Hätte ich von der Lehrerin auf eine wissenschaftliche Laufbahn umgesattelt, hätte wahrscheinlich niemand etwas dagegen einzuwenden gehabt. Hätte ich die Wahl getroffen, am College statt in der Schule zu unterrichten, hätte jedermann das für sehr klug gehalten. Aber mich dafür zu entscheiden, Mutter und nur Mutter zu sein – habe ich da nicht meine Ausbildung umsonst gemacht? So denken wir doch alle im Grunde unseres Herzens. Schon unsere Eltern dachten so, die uns auf eine weiterführende Schule geschickt haben. Und es ist auch das Credo der Gesellschaft, die uns umgibt.

Ich möchte an einer ganz anderen Stelle ansetzen. Ich möchte den Wert des Mutterseins in den Köpfen auf eine höhere Stufe stellen. Ich möchte, dass wir es als eine ebenbürtige Berufswahl in Betracht ziehen. Ich möchte, dass wir es als das bezeichnen, was es wirklich ist, als einen Beruf. Und ich möchte, dass diejenigen unter uns, die hauptberuflich als Mutter arbeiten, sich selbst als das sehen lernen, was sie sind, nämlich Berufstätige. Eine Mutter, die aus dem aktiven Arbeitsleben ausscheidet, um ganz Mutter zu sein, unternimmt einen positiven und spannenden Karriereschritt als Seiteneinsteigerin.

Einen Beruf oder eine berufliche Laufbahn schlagen wir für eine bestimmte Zeit unseres Lebens ein. Häufig ist es eine Tätigkeit, die wir so ernst nehmen, dass wir uns einer speziellen Ausbildung unterziehen, um darin so gut zu sein wie nur möglich. Wenn wir uns für einen Beruf entscheiden, dann in der Überzeugung, dass er wichtig genug ist, um unsere Zeit und Energie zu investieren. Es soll eine Tätigkeit sein, die unser Leben auf irgendeine Art und Weise bereichert. Auf den Beruf der Mutter treffen mit Sicherheit all diese Vorgaben zu.

Wollen wir, dass unsere Kinder moralisch verantwortungsbewusst und emotional gefestigt das Erwachsenenalter erreichen, dann kostet uns das sehr viel Zeit und Energie. Es erfordert Intelligenz und ein gewisses Geschick. Um alle Aktivitäten einer durchschnittlichen Familie am Laufen zu halten, bedarf es der

Fähigkeit, mit seiner Zeit, seinem Geld und seiner Energie in der richtigen Weise zu haushalten. Wir dürfen nicht die Verantwortung, für unsere Familie zu sorgen, abwerten. Wir müssen diese Aufgabe ernst nehmen. *Beim Beruf des Mutterseins geht es darum, seinen gesunden Menschenverstand und seine besonderen Begabungen zum Wohle der Familie einzusetzen.*

Haben Sie Ihren Beruf gewechselt? Oder spielen Sie mit dem Gedanken, eine andere berufliche Richtung in Ihrem Leben einzuschlagen? Haben Sie schon daran gedacht, die berufliche Laufbahn „Mutterschaft" einzuschlagen? Haben Sie für sich schon einmal das *Muttersein* als vollwertigen Beruf in Betracht gezogen? Ich möchte Sie einladen, sich den Profis anzuschließen, die sich dieser Berufung voll und ganz widmen.

Der erste Schritt zur Planung Ihrer beruflichen Zukunft besteht darin, dass Sie das Muttersein als vollwertigen Job sehen lernen. Der zweite Schritt besteht darin, zu überdenken, was es ist, das den Beruf der Mutter ausmacht. Dabei sind eine neue Perspektive, ein neu definierter Leistungsbegriff und eine neue Art, Aufgaben zu bewältigen, wichtig, um den Übergang zu meistern.

Zum Weiterdenken

Welche Wünsche können Sie als Familie sich zu einem späteren Zeitpunkt erfüllen, um nicht mehr unbedingt zwei Einkommen zu benötigen?

Denken Sie einmal über Ihre Einstellung zum Wert des Fulltimejobs »Mutter« nach! Enthält sie Fehleinschätzungen und Klischees, und woher kommen sie (Medien, Familienangehörige, Kollegen usw.)?

Haben Sie sich schon Gedanken über die Bedürfnisse von Kindern im Teenageralter gemacht? Überlegen Sie sich fünf Gründe, warum ein Teenager ein Elternteil braucht, das zu Hause ist!

KAPITEL 2

Was hast du heute eigentlich gemacht?

Es war ein kalter Tag. Anne war an diesem Nachmittag im Kindergarten gewesen. Evan war den ganzen Tage zu Hause, und Erica, die erst zwei Monate alt war, hatte sieben von den neun Stunden, die sie wach war, wie am Spieß geschrien.

Mark kam zur Tür hereingeschneit mit seinem üblichen Umarmungsritual für die Kinder, einem Küsschen auf die Backe für mich und jener berüchtigten Frage: »Na, was hast du heute gemacht?« Hätte ich nicht ein zwei Monate altes Baby auf dem Arm gehabt, ich glaube, ich hätte ihm etwas an den Kopf geschmissen. Stattdessen brach es schluchzend aus mir heraus. Ich meine, mich zu erinnern, dass ich so etwas Dummes wie ›Ich weiß gar nicht so recht, was ich heute eigentlich gemacht habe‹ von mir gab. Mit Tränen in der Stimme beichtete ich ihm, dass ich gar nicht so sicher war, ob ich für diesen Job geschaffen war. Ich wüsste nicht, ob ich noch mehr ertragen könnte. Ich war einfach einem Nervenzusammenbruch nahe.

Vielleicht ist es Ihnen auch schon einmal so ergangen. Die meisten Mütter wissen jedenfalls, wovon ich rede. Dieser Zustand ist eine Mischung aus Gefühlen der Niedergeschlagenheit, der Unzulänglichkeit und schlicht und ergreifend von Müdigkeit. Er wird letztendlich ausgelöst durch die unterschwellige Frage: »Was bringe ich überhaupt fertig?«

Wahrigs Deutsches Wörterbuch definiert Leistung mit »Ergebnis einer Anstrengung, ausgeführte Arbeit oder Tat, Gelingen«. Genau darin liegt unser Problem. Eine Frau, die sich dem Beruf des Mutterseins verschrieben hat, sieht oftmals über viele Jahre hinweg nicht den Erfolg ihrer Anstrengungen. Und die Aufgaben einer Mutter sind so vielfältig, dass wir immer den Eindruck haben, dass unsere Arbeit *nie* abgeschlossen ist. Diese Gedanken sind aber sehr trügerisch. Wir sollten uns vielmehr der Realität des Mutterdaseins stellen und über neue Perspektiven zum Leistungsgedanken nachdenken.

Kann ich denn nie mit etwas fertig werden?

Als Anne und Evan noch Vorschulkinder waren, organisierte ich ein wöchentliches Treffen für Frauen. Wir überlegten uns, wie wir unsere Treffen Woche für Woche inhaltlich und thematisch gestalten könnten. Auch Handarbeiten sollten dazugehören. Eigentlich bin ich aber jemand, der kein besonderes handwerkliches Geschick hat. Kreativität gehört nicht zu meinen herausragenden Stärken. Aber trotz dieses Mankos war auch ich von dieser Idee begeistert – nicht weil ich es besonders mochte, sondern weil es mir ein gewisses Gefühl der Befriedigung verschaffen würde.

In diesen Jahren fertigten wir Blumengestecke, dekorierten Geschenktüten und stellten Dutzende von Handarbeiten her. Wir pausten, malten, stempelten und klebten. Bei der Planung gab es nur zwei Bedingungen: Die Materialien durften nicht teuer sein (wir lebten alle nur von einem Einkommen), und sie mussten in zwei Stunden fertig zu stellen sein. Halb fertige Arbeiten waren nicht gestattet. Sie sollten auch nicht mit nach Hause genommen und dort fertig gestellt werden. Denn es ging uns um das Gefühl, etwas geleistet, etwas vollendet zu haben. Immer, wenn wir uns das fertige Ergebnis ansahen, konnten wir stolz sagen: »Das habe ich gemacht.« Und wir konnten sogar sagen: »Ich habe das gemacht, und es hält!«

Haben Sie schon einmal bewusst darüber nachgedacht, wie viel Zeit Sie in der Küche damit verbringen, die gleichen Dinge immer und immer wieder zu tun? Angefangen mit dem Frühstück, einer kleinen Zwischenmahlzeit und dann dem Mittagessen. Am Nachmittag folgt dann eine weitere Zwischenmahlzeit, dann ist schon wieder Abendessenszeit. Und bei vielen Familien gibt es am Abend noch eine kleine Nascherei oder ein »Betthupferl«. Wie gerne würde ich da ab und zu ein Schild an die Küchentür hängen mit der Aufschrift: »Küche heute geschlossen«.

Wir waschen, und die Kleider werden wieder schmutzig. Wir putzen das Badezimmer, nur um festzustellen, dass fünf Minuten später wieder Zahnpasta am Waschbecken klebt. Wir wechseln eine Windel, und in ein paar Minuten ist sie wieder voll. Wir klopfen den Sand aus den Kleidern unseres Jüngsten, damit er ins Haus kommen und aufs Töpfchen gehen kann, nur damit er anschließend wieder draußen im Sand spielt. Wir waschen das Geschirr ab, und es wird wieder benutzt. Wir bereiten das Essen zu, das innerhalb von wenigen Minuten verspeist wird, und machen das Gleiche ein paar Stunden später wieder. Die Aufgaben, die unsere Arbeit ausmachen, wiederholen sich einfach immer wieder. Aber auch wenn unsere Anstrengungen scheinbar nie zum Ziel führen wollen, *ist* das, was wir tun, ein notwendiger und wichtiger Bestandteil unseres Lebens.

Wenn wir das, was wir geleistet haben, mit dem vergleichen, was die Welt für gelungen hält, legen wir den falschen Maßstab an. *Kinder großzuziehen erfordert einen anderen »Bewertungsmaßstab«. Wir können nicht auf die Unkenrufe unserer Gesellschaft hören, die uns weismachen will, dass Erfolg von einem guten Gehalt, einer Auszeichnung, einer bestimmten Stellung oder einem Titel kommt.* Wir können nicht dem Glauben aufsitzen, dass Erfolg an einem vorzeigbaren Ergebnis zu messen ist. Als Mutter können wir uns nur dann erfolgreich fühlen, wenn wir unsere Ziele neu bewerten. Unser Blick muss sich von kurzfristigen Zielen ab- und langfristigen Zielen zuwenden. Unsere Prioritäten müssen sich ändern. Das erfordert eine neue Sichtweise.

Wir haben ein vorrangiges Ziel

Wir gehen normalerweise davon aus, dass sich Erfolg an konkreten Ergebnissen messen lässt. Meistens wollen wir Resultate sehen, an denen wir ablesen können, was wir investiert haben. Wir sind eine sehr erfolgsorientierte Gesellschaft. Wir messen den Wert eines Menschen daran, was er leistet und erreicht.

Dieser Ansatz birgt Gefahren für Mütter, die zu Hause sind. Wenn wir unsere Sichtweise nicht ändern, werden wir uns in einem nie enden wollenden Zustand der Frustration wiederfinden.

Der Beruf der Mutter hat ein vorrangiges Ziel: ein Kind dabei zu unterstützen, ein reifer, gläubiger, achtsamer und liebevoller Erwachsener zu werden. Dies ist eine Aufgabe, die ein zeitliches Engagement von mehr als achtzehn Jahren für jedes Kind erfordert. Und das ist ein unglaublich *langfristiges* Ziel! Bei einem solchen Ziel sehen wir oftmals nicht sofort das unmittelbare Ergebnis unserer Bemühungen. Wir verfolgen ein Ziel, das wir vielleicht erst in einigen Jahrzehnten verwirklicht sehen werden. Aber die lange Zeitspanne sollte uns nicht den Blick für dieses extrem wichtige Ziel verstellen. Weil es dieses Ziel gibt, ist der Beruf »Mutter« von entscheidender Bedeutung und jeden Einsatz wert.

Wenn Sie das Leben eines Kindes beeinflussen, dann formen und gestalten Sie die nächste Generation. Wenn Sie in die nächste Generation investieren, dann üben Sie Einfluss auf die Gesellschaft aus. Deshalb ist der Beruf des Mutterseins so immens wichtig. Kein Beruf hat einen größeren Einfluss.

Bei meiner Arbeit unter Frauen höre ich oft Mütter, deren Kinder schon aus dem Haus sind, sagen: »Ich wünschte, ich hätte mehr Zeit mit meinen Kindern verbracht.« Für Mütter, die sich noch in der Phase der Kindererziehung befinden, ist die Zeit, die entsprechenden Weichen zu stellen, jetzt gekommen. Sie entscheiden, ob sie auf diese Jahre mit Zufriedenheit oder Bedauern zurückblicken werden. Einen Menschen in seiner Kindheit zu begleiten, ist eine zu bedeutsame Aufgabe, als dass man sie ohne Plan und Ziel durchführen und das später bedauern sollte. Ich *muss* an diesen Job, eine Mutter zu sein, wie ein Profi herangehen.

Wenn wir es uns zum Ziel setzen, unsere Kinder sicher und behütet durch die Kindheit und Jugend und schließlich ins Erwachsenenalter zu begleiten, besteht unsere Aufgabe dabei darin, ihnen den Übergang von unseren Werten und Meinungen zu ihren eigenen Wertmaßstäben und Überzeugungen zu erleichtern. Im Alter von vier zeigen wir ihnen, wie sie ihre

Wünsche mitteilen können, damit sie dann mit anderen zusammen Projekte entwickeln und umsetzen können. Wenn sie sechs sind, sagen wir ihnen, dass sie den Abfall in den Abfalleimer tun sollen, damit sie dann mit sechzehn der Welt um sich her genug Wert beimessen, um sie sauber zu halten. Wir müssen unsere Kinder dazu bewegen, Dinge nicht ihrer Eltern wegen zu tun, sondern weil sie für sich einen Wert darin sehen. Diese Werte werden nicht über Nacht vermittelt. Im Gegenteil: Es bedarf eines ungeheuren Einsatzes an Zeit und Energie und der Verfolgung langfristiger Ziele.

Meine Tochter hatte im ersten Schuljahr in der Highschool eine Englischlehrerin, die von ihren Schülern verlangte, dass sie ein Tagebuch führten. Einmal — es war um die Zeit des Erntedankfestes — bat die Lehrerin die Schüler, einen Eintrag zum Thema »Danke sagen« zu schreiben. So sah Annes Aufsatz aus:

Tagebucheintrag zum Thema »Danke sagen«

von Anne Savage

»Hast du einen guten Freund? Nein, ich meine, einen super Freund, der dir näher steht als all deine anderen Freunde und sogar deine Familie? Einen Freund, der dir näher steht als ein Bruder? Wenn du einen hast, bist du sicher dankbar für ihn, oder nicht? Er geht mit dir durch dick und dünn. Ich bin wirklich dankbar für meinen besten Freund.

Mein Freund und ich sind schon seit vierzehneinhalb Jahren befreundet! Er war bei mir bei den Schularbeiten, beim Spielen, bei der Arbeit und auch, als Freunde mit mir Schluss machten. Mein Freund heißt Jesus. Wir kennen uns jetzt schon sehr lange. Er kannte mich schon, bevor ich geboren wurde. Ich lernte ihn in der Minute kennen, als meine Mutter mich im Arm hielt und sagte: »Mein Kind, du bist ein Segen des Herrn.« Wir sind wirklich gute Freunde. Er hat mir in meinem Leben schon so oft geholfen. Viele Mädchen können nicht mit Jungs über ihre Probleme reden. Doch Jesus ist das nicht egal. Er zeigt mir, wie ich mit Enttäuschungen in meinem Leben umgehen kann. Er setzt sich zu mir und spricht mit mir. Er fragt mich, wie es mir so ergeht im Le-

ben. Wir müssen einander keine Briefe schreiben oder miteinander telefonieren. Wir sitzen uns gegenüber und reden einfach miteinander. Er wird für mich durch so viele Dinge lebendig. Durch die Blumen, den Schnee, durch das Lesen meiner Bibel. Ich bin über manche Unebenheit in meinem Leben gestolpert. Er war immer für mich da und hat mich aufgehoben. Er starb sogar für mich! Kein anderer Freund würde so etwas tun! Hast du einen solchen Freund?

Mein Leben hat sich durch diese Beziehung grundlegend geändert. Meine anderen Beziehungen sind auf Grund meiner Beziehung zu Jesus Christus besser geworden. Wenn meine Beziehung zu Gott nicht in Ordnung ist, gehen meine anderen Beziehungen und mein Leben auch den Bach runter. Das trifft insbesondere auf meine Beziehung zu meiner Familie zu. Ich höre von vielen Teenagern, dass sie keine gute Beziehung zu ihrer Mutter oder ihrem Vater haben. Ich habe eine super Beziehung zu ihnen. Wir reden, lachen, genießen die Zeit miteinander – und ich werde auch bestraft, wenn ich etwas nicht richtig mache. Ich finde diese Beziehung toll. Aber wenn meine Beziehung zu Christus im Eimer ist, dann ist es die zu meinen Eltern auch.

An erster Stelle kommt meine Beziehung zu Jesus Christus. Wenn die gut ist, ist alles andere im Lot. Wenn die Verbindung zu ihm am Anfang und am Ende meines Tages besteht, ordnen sich alle anderen Dinge von alleine. Ist das nicht ein großartiges Gefühl, wenn man alles auf die Schultern von jemand legen kann, dem die Last nicht zu schwer ist, und sich keine Sorgen darum zu machen braucht?«

Ich bin zufällig auf Annes Tagebuch gestoßen. Sie hatte für ihr Tagebuch einen Computerausdruck gemacht und dabei festgestellt, dass sie sich vertippt hatte. So druckte sie den Eintrag nochmals aus und ließ die erste Kopie wie gewöhnlich beim Computer liegen. (Anne wirft nämlich nicht gerne etwas weg.) Als ich den Text las, kamen mir unwillkürlich die Tränen. Sie hatte begriffen, worum es ging. Sie hatte es wirklich begriffen. In puncto Glauben hatte sie wirklich den Übergang geschafft vom Glauben ihrer Eltern zu ihrem eigenen, persönlichen Glauben.

Dass ein Kind dahin kommt, ist ein hohes Ziel für mich als

Mutter. Hier hatte ich wirklich das Gefühl, etwas vollbracht zu haben.

Ich glaube, dass sie nicht soweit kam, nur weil wir sie jeden Sonntag mit in den Gottesdienst nahmen. Es lag daran, dass wir für sie beteten und ihr viele Bücher über Jesu Liebe vorlasen. Wir fingen mit den kleinen Kinderbüchern aus stabiler Pappe an und machten mit den Kinderandachtsbüchern für jeden Tag weiter, die wir vorlasen und besprachen. Es lag daran, dass wir beim Anblick eines Regenbogens über Gottes Verheißungen sprachen. Es lag an den schweren Zeiten in meinem und in ihrem Leben und den Gesprächen, die wir über Gottes Liebe und seine Wahrheit führten. Es lag daran, dass wir zusammen beteten. Als sie noch klein war, beteten wir ganz einfache Gebete, und als sie ein Teenager war, beteten wir über die Erfahrungen des täglichen Lebens, über die Freundschaften und die Schule. Es lag daran, dass wir Zeit in das Leben dieses Kindes investierten. Aber letztendlich lag es an Gottes Gnade.

Wenn wir Zeit und Energie in unsere Kinder investieren, heißt das aber auch nicht zwangsläufig, dass sie zu den reifen, gläubigen, achtsamen und liebenswerten Erwachsenen werden, die wir aus ihnen machen möchten. Gott gab ihnen ihren eigenen Verstand, und sie müssen letztendlich selbst für sich entscheiden. Auch Eltern, die sich sehr viel Mühe geben, haben manchmal widerspenstige Kinder. Aber wenn wir in sie investiert und ihnen den Weg aufgezeigt haben, müssen wir uns keine Vorwürfe machen. Zumindest haben wir ihnen eine gute Grundlage gegeben, auf die sie zurückkommen können, wenn sie wieder den rechten Lebensweg einschlagen wollen.

Wenn wir auf das langfristige Ziel hinarbeiten, unsere Kinder auf das Leben als Erwachsene vorzubereiten, müssen wir unsere Verantwortung in kurzfristige Ziele aufteilen. Eine der Zielsetzungen des vorliegenden Buches besteht genau darin, unsere langfristigen Ziele in kurzfristige Ziele, die wir besser erreichen können, zu unterteilen. Dies führt uns zum nächsten Schritt, nämlich dazu, dass wir unsere Prioritäten neu definieren müssen. Wenn wir das tun, werden wir herausfinden, dass wir in der Tat jeden Tag etwas von dem bewerkstelligen, was wir uns vorgenommen haben.

Ordnen Sie Ihre Prioritäten

Ich bin eine von vier Autorinnen, die jede Woche in der Lokalzeitung eine Kolumne für Mütter schreiben. Vor einigen Jahren hatte ich die Aufgabe, einen Artikel zu schreiben, der am alljährlichen »Take-Your-Daughters-to-Work«-Tag (»Nehmen Sie Ihre Töchter mit zur Arbeit«) erscheinen sollte. Ich wollte natürlich auf den Anlass eingehen. Der Tag soll junge Mädchen bei ihrer Berufswahl unterstützen, indem er sie Einblick in den Berufsalltag der Mütter nehmen lässt. Deshalb beschrieb ich einmal meinen Alltag als Familienmutter:

Eine Lektion in Sachen Liebe

»Mom, heute hab ich mich übergangen gefühlt. Die Mädchen in meiner Klasse gingen mit ihren Müttern zur Arbeit. Aber ich konnte nicht mitgehen, weil du nicht arbeitest.« So begann die Unterhaltung nach der Schule, die ich vor einem Jahr mit meiner damals elfjährigen Tochter führte. Zu dieser Zeit beschloss ich, an diesem Tag einmal teilzunehmen, der jedes Jahr im Frühling begangen wird. Anne sollte den Tag in meinem »Büro« verbringen und einen Tag im Leben einer Mutter miterleben. Unser Tag sollte einige (oder sogar alle!) der folgenden Aktivitäten umfassen:

- *Früh aufstehen und sich fertig machen, bevor alle anderen wach sind.*
- *Jedes Kind rechtzeitig zur Schule schicken.*
- *Das Baby füttern.*
- *Die Küche aufräumen.*
- *Mit der Wäsche beginnen.*
- *Die Mahlzeiten im Blick auf ein knappes Budget sorgfältig planen.*
- *Eine Geschichte vorlesen.*
- *Spielsachen aufheben.*
- *Eine morgendliche Zwischenmahlzeit zubereiten.*
- *Die Küche aufräumen.*
- *Mit der Wäsche weitermachen.*

- *Staub saugen (Cornflakes knistern unter meinen Füßen).*
- *Einen Streit schlichten.*
- *Wieder das Baby füttern.*
- *Ein aufgeschürftes Knie verbinden. (Moms Küsse helfen immer!)*
- *Die Frage »Warum ist der Himmel blau?« beantworten.*
- *Das Mittagessen vorbereiten.*
- *Die Küche wieder in Ordnung bringen.*
- *»Klopf, klopf! Hallo Eisbär« spielen.*
- *Ein paar Rechnungen bezahlen.*
- *Noch einmal »Klopf, klopf! Hallo Eisbär« spielen.*
- *Wieder Spielsachen auflesen.*
- *Die Wäsche zusammenlegen.*
- *Ein Kind zum Zahnarzt begleiten.*
- *Auf dem Weg einer frisch gebackenen Mutter oder kranken Freundin etwas zu essen vorbeibringen.*
- *Brot zum Einfrieren vorbacken.*
- *Die Küche aufräumen. (Ja, wieder mal!)*
- *Spielsachen aufräumen.*
- *Das Baby noch einmal füttern.*
- *Noch eine Geschichte vorlesen.*
- *Das Badezimmer putzen. (Wie oft noch?)*
- *Eine Freundin am Telefon trösten.*
- *Eine Zwischenmahlzeit für den Nachmittag vorbereiten.*
- *Die Kinder von der Schule abholen.*
- *Den Erzählungen der Kinder zuhören.*
- *Noch einmal die Küche in Ordnung bringen. (Das ist das vierte Mal heute, und wir haben noch nicht zu Abend gegessen!)*
- *Anfangen, das Abendessen vorzubereiten.*
- *Bei den Hausaufgaben helfen.*
- *Eine Stunde lang auf die Nachbarskinder aufpassen.*
- *Das Baby füttern. (Ja, es ist wieder mal an der Zeit!)*
- *Das Abendessen fertig kochen.*
- *Papa ist von der Arbeit zurück.*

Ich glaube, die Frau, die den »Take-Your-Daughters-to-Work«-Tag ins Leben rief, hatte vermutlich nicht diese Art von Erfahrung im Sinn. Aber ich glaube, Anne wird das nichts ausmachen. Im Gegenteil, sie weiß ziemlich gut Bescheid über die vielen beruflichen Möglichkeiten, die ihr offen stehen, und spricht oft über die Ziele für ihr Leben. Aber ist sie sich auch der ungeheuren Chance bewusst, die eine Frau hat, das Leben eines Kindes zu beeinflussen? Es ist eine Gelegenheit, die sich im Leben nur einmal ergibt.

Oh, eins hab ich ganz vergessen, was ich mir auch für diesen Tag vorgenommen hatte. Ich muss mein Lehrerinnenzertifikat ausgraben und einschicken, damit mir die Berechtigung zu unterrichten verlängert wird. Anne kann mir vielleicht dabei helfen, das Schreiben versandfertig zu machen. Dann werde ich ihr etwas Wichtiges zu sagen haben. Nämlich, dass es schwierige Entscheidungen zu fällen und Opfer zu bringen gilt. Und dass es wichtig ist, dass Gott am Herzen einer Mutter arbeitet. Ich glaube, sie wird froh darüber sein, den Tag in Mutters »Büro« erlebt zu haben.

Wenn wir wirklich eine neuen Blick für die Art von Verantwortung gewinnen wollen, die eine Mutter trägt, müssen wir das, was wir tun, und den Wert unserer Beschäftigungen überprüfen. Unsere Prioritätenlisten werden dann weniger aufgabenorientiert und mehr beziehungsorientiert sein. Die Liste spiegelt wider, wie viel Zeit wir in andere Menschen investieren. Als ich noch keine Kinder hatte, sahen meine Erledigungslisten in etwa so aus:

– Telefonate am Morgen erledigen.
– Projekt A beenden.
– Mittagessen mit Kollegen.
– An der Nachmittagsbesprechung teilnehmen.
– Nach der Arbeit schnell einkaufen gehen.
– Das Badezimmer fertig tapezieren.

Als hauptberufliche Mutter sieht meine Erledigungsliste jetzt etwa so aus:

– Austin etwas vorlesen.
– Erica bei den Hausaufgaben helfen.
– Anne zur Bücherei bringen.

- Evan zum Klavierunterricht fahren.
- Austin zeigen, wie er Formen zusammenfügen kann.
- Vier Maschinen Wäsche waschen.
- Das Frühstück vorbereiten.
- Die Küche aufräumen.
- Das Mittagessen vorbereiten.
- Die Küche putzen.
- Das Abendessen vorbereiten.
- Die Küche sauber machen.

Inzwischen mache ich nur noch selten eine Aufgabenliste, aber einmal musste ich doch eine erstellen. Ich kämpfte so sehr gegen das Gefühl an, gar nichts geregelt zu bekommen, dass ich beschloss, eine Liste der Dinge anzulegen, die ich an diesem Tag bereits erledigt hatte. Nachdem die Liste fertig war, strich ich alle Punkte durch. Es mag für Sie vielleicht befremdlich klingen, aber mir verhalf es zu einer neuen Sichtweise. Nachdem ich dies einige Tage lang praktiziert hatte, ging ich dazu über, am Anfang eines jeden Tages eine Liste der anstehenden Dinge anzulegen. Ich schrieb die Dinge auf, die mir am Herzen lagen und in die ich bei meinen Kindern und bei meinem Mann investieren wollte. Ich möchte auch Ihnen empfehlen, dies einmal auszuprobieren. Vergleichen Sie doch einmal die beiden Listen:

Alte Liste
(Zu erledigende Aufgaben)

- Telefonate am Morgen erledigen.
- Projekt A beenden.
- Mittagessen mit Kollegen.
- An der Nachmittagsbesprechung teilnehmen.
- Nach der Arbeit schnell einkaufen gehen.
- Das Badezimmer fertig tapezieren.

Überarbeitete Erledigungsliste
(unter Berücksichtigung der Ziele, die ich als hauptberufliche Mutter habe)

- Austin etwas vorlesen, damit er seinen Horizont erweitert.

- Erica bei den Hausaufgaben helfen, um sie bei ihrer Ausbildung zu unterstützen.
- Anne zur Bücherei bringen, damit sie ihre Schulaufgabe abschließen kann.
- Evan zum Klavierunterricht fahren, um seine Begabungen zu fördern.
- Austin zeigen, wie er Formen zusammenfügen kann, um seinen Verstand zu fördern.
- Vier Maschinen Wäsche waschen, damit alle etwas zum Anziehen haben.
- Das Frühstück vorbereiten, um meiner Familie einen guten Start in den Tag zu ermöglichen.
- Die Küche aufräumen – damit kümmere ich mich um das Zuhause, das mir anvertraut ist.
- Das Mittagessen vorbereiten, damit meine Familie satt und gut ernährt ist.
- Die Küche putzen – so gebe ich ein Beispiel dafür, dass wir uns um die Dinge kümmern, die uns geschenkt sind.
- Das Abendessen vorbereiten, damit die Familie gemeinsam um den Tisch sitzen, reden und sich dabei stärken kann.

Ich glaube, Sie verstehen, was ich meine. Wir müssen das, was wir tun, neu überdenken und überprüfen, warum wir es tun. Jean Fleming nimmt darauf in ihrem Buch *A Mother's Heart* (»Das Herz einer Mutter«) Bezug:

> »Der Aspekt des Mutterseins, der mich am meisten fasziniert, ist der, dass ich fortwährend Veränderungen im Leben meiner Kinder bewirke. Ich bin eine einflussreiche Frau. Ich vermittle Werte, fördere Kreativität, entwickle Mitgefühl, arbeite an Schwächen und baue Stärken auf. Ich kann einem anderen Menschen das Leben eröffnen, und ich kann einen Menschen für das Leben öffnen.«

Sie führt diesen Gedanken noch weiter aus:

> »Wenn ich meinem Kind eine Geschichte vorlese, tue ich weit mehr, als es nur zu unterhalten. Ich erweitere seine Welt mit der Sprache, mit Worten, Gedanken und Vorstellungs-

kraft. Wenn ich abends neben dem Bett eines Kindes sitze, um mit ihm zu reden und zu beten, tue ich weit mehr, als bloß ein Abendritual zu begehen. Ich stelle mich auf das Kind ein, auf seine Gedanken, erfahre, was es an diesem Tag erlebt hat, und höre seine Ängste, Hoffnungen und Fragen heraus.«[2]

Unsere Aufgaben als Mütter können nicht einfach in wenigen Stunden besonders bewusst gestalteter Zeit, so genannter »Quality Time«, erledigt werden, auch wenn oft suggeriert wird, das sei möglich. Es bedarf auch einer Quantität an Zeit. Wir dürfen nicht unterschätzen, was es für unsere Kinder auf ihrem Weg ins Erwachsenenalter bedeutet, wenn wir wirklich für sie da sind.

Quality Time heißt für den vierjährigen Austin zum Beispiel, ein Puzzle mit mir zu machen. *Quality Time* für die zehnjährige Erica heißt, dass ich ihr beim Trampolinspringen zuschaue. Für den vierzehnjährigen Evan heißt es, dass ich ihm beim Klavierspielen zuhöre, während es für die sechzehnjährige Anne bedeutet, mit ihr nach dem Abendessen die Beziehungsprobleme als Teenager durchzusprechen. All diese Dinge haben einen großen Stellenwert. Sollte ich sie nach weltlichen Erfolgsmaßstäben messen, wären sie nicht bedeutsam. Bewerte ich sie allerdings nach meinen langfristigen Zielen, in das Leben meiner Kinder investieren zu wollen und sie auf dem Weg zum Erwachsensein aus dem Kindheitsalter in die Jugendzeit zu begleiten, dann bin ich auf dem richtigen Kurs und habe meine Zeit und Gaben klug eingesetzt.

Aufrichtige Wertschätzung

Eines Nachmittags kam ein Mann von der Arbeit nach Hause. Er fand ein totales Chaos in seinem Haus vor. Seine drei Kinder — immer noch im Schlafanzug — waren draußen und spielten im Matsch. Leere Essensdosen lagen überall verstreut vorne im Hof herum. Das Auto seiner Frau stand offen, und die Haustür war weit geöffnet.

Als er den Flur betrat, fand er noch ein schlimmeres Durcheinander vor. Eine Lampe war umgeworfen und die Fußmatte war gegen die Wand geknüllt. Im vorderen Zimmer dröhnte der Fernseher. Ein Zeichentrickfilm flimmerte vor sich hin, und das Wohnzimmer war mit Spielsachen und Kleidungsstücken übersät.

In der Küche stapelten sich die Teller im Spülbecken. Die Frühstücksreste waren über die Theke verteilt. Hundefutter zierte den Fußboden, ein zerbrochenes Glas lag unter dem Tisch, und ein kleines Häufchen Sand war an der Hintertür ausgestreut.

Er sprintete schnell die Treppe hoch, stolperte über Spielsachen und Kleiderstapel und hielt nach seiner Frau Ausschau. Er hatte schon Angst, sie sei krank oder etwas Schlimmes sei passiert. Stattdessen fand er sie im Schlafzimmer, immer noch in ihr Nachthemd eingemummelt, im Bett liegend, wie sie einen Roman las. Sie sah zu ihm auf, lächelte und fragte, wie sein Tag denn gewesen war.

Er sah sie entgeistert an und fragte: »Was war denn heute hier los?« Sie lächelte noch einmal und antwortete: »Weißt du, immer, wenn du von der Arbeit heimkommst, fragst du mich, was ich denn den lieben langen Tag gemacht habe.« »Ja und?«, antwortete er ungläubig.

Sie antwortete: »Nun, heute habe ich mal nichts davon getan.«

Ich finde diese Geschichte sehr eindrücklich. Sie zeigt die einzigartige Verantwortung dessen, der für die Bedürfnisse von Kindern zu sorgen hat. Sie zeigt auch, wie wenig diese Aufgaben geschätzt werden, es sei denn natürlich, sie bleiben unerledigt. Hier stellt sich uns also eine weitere Herausforderung – das Gefühl, etwas erreicht zu haben, verbindet sich mit dem Gefühl, dass unsere Arbeit wahrgenommen und geschätzt wird.

Unsere Gesellschaft setzt das Fortkommen am Arbeitsplatz mit erfolgreich getaner Arbeit gleich. Ein finanzieller Bonus oder Anreiz oder zumindest ein regelmäßiges Gehalt geben dem Arbeitenden die Gewissheit, dass seine Bemühungen erfolgreich gewesen sind und anerkannt werden. Diese Zuwendungen sind in den meisten Jobs außer Hause gang und gäbe. Beim Beruf der Mutter fehlen sie jedoch.

In unserem Alltag erleben wir aber in kleinen Dingen einfache Zeichen der Wertschätzung: das gemeinsame Kuscheln mit den Kindern auf der Couch, ein Strauß Löwenzahn und selbst gemalte Bilder zum Aufhängen in der Küche. Wir können einen Erfolg verbuchen, wenn ein kleines Kind Farben oder Formen zu erkennen lernt oder wenn ein Teenager ein bewegtes Jahr in der Schule mit Hilfe von Gesprächen mit seiner Mutter nach Schulschluss durchstehen kann. Dies ist der Lohn für unsere Bemühungen. Wenn wir nicht danach Ausschau halten, verpassen wir ihn. Diese Erfolge werden nicht durch eine Gehaltserhöhung, ein gutes Zeugnis oder ein neues Büro belohnt. Sie finden ihren Ausdruck in einem Lächeln, einer Umarmung oder einem sanften Händedruck.

Wir sind wertvoll. Die Jahre, in denen wir ausschließlich Mutter sind, machen sich bezahlt. Nur anders als bei Gehaltsempfängern. Das Wichtigste dabei ist, dass der Schlüssel zur Anerkennung in unserem Beruf darin liegt, dass wir unseren Wert erkennen. Wir müssen unseren Wert in der Welt erkennen, und wir müssen unseren Wert bei Gott erkennen, der uns erschaffen hat.

Der Beruf der Mutter ist im Großen und Ganzen ein dienender Beruf. Die Entscheidung, für die äußerlichen und emotionalen Bedürfnisse unserer Familie Sorge zu tragen, bestimmt unseren vorrangigen Verantwortungsbereich. Wenn wir uns so um andere kümmern, dürfen wir jedoch nicht uns selbst vernachlässigen. Wir sollten auch unsere eigenen physischen und emotionalen Bedürfnisse als Frau im Mutterberuf wahrnehmen und zufrieden stellen.

Zum Weiterdenken

Legen Sie Ihre langfristigen Ziele als professionelle Mutter fest.

Schreiben Sie einige sichtbare Erfolgserlebnisse auf, die Sie gerne erleben möchten und die Ihnen zeigen, dass Sie auf dem besten Wege sind, Ihre Ziele zu verwirklichen (z. B. Zeichen der Dankbarkeit oder des Mitgefühls, Vertrauen, bestimmte erlernte Fähigkeiten usw.).

Erstellen Sie Ihre eigene Liste mit Aufgaben, die Sie zu erledigen haben. Machen Sie sich bei jeder Aufgabe klar, wie sie Sie auf dem Weg zu Ihren Zielen voranbringt.

KAPITEL 3

Mütter müssen sich auch um sich selbst kümmern

Jede Tätigkeit, bei der es vorrangig darum geht, Sorge für die Bedürfnisse und Nöte anderer zu tragen, zahlt sich in der Regel auf der Beziehungsebene aus. Diese Tätigkeiten können einen zugleich aber auch emotional und körperlich derart auslaugen, dass man feste Erholungspausen einplanen muss. Beim Muttersein ist es nicht anders. Mütter arbeiten für gewöhnlich 24 Stunden am Tag an sieben Tagen in der Woche. Da es für sie keine geregelten freien Tage gibt, wird das Thema Urlaub im Arbeitsvertrag scheinbar auch nicht angesprochen. Wenn wir uns nicht auch Zeit für uns selbst nehmen, wenn wir nicht hier und da einen freien Tag einplanen oder uns einmal einen Abend für uns nehmen, werden wir uns eines Tages in einem Loch wiederfinden, aus dem wir so schnell nicht mehr herauskommen. Dann passiert es leicht, dass wir unsere Ziele aus den Augen verlieren oder uns ernsthaft überlegen, ob wir wieder arbeiten gehen sollten, nur um nicht durchzudrehen. Als Vollzeit-Mutter müssen Sie lernen, wie Sie selbst für sich sorgen können. Niemand hat das in Ihrer Arbeitsplatzbeschreibung vermerkt, und niemand setzt für Sie die notwendigen Grenzen. Sie müssen das schon selbst tun.

Wir Mütter verausgaben uns oft selbstlos und aufopfernd zugunsten des Familienlebens. Dann passiert es, dass wir gereizt, ungerecht und sogar eifersüchtig auf diejenigen sind, die mehr Freiheiten in ihrem Leben genießen. Die täglichen Aufgaben eines nie enden wollenden Jobs entmutigen uns und stellen schließlich den Wert unseres Tuns und unseren Selbstwert in Frage. Um solchen emotionalen Reaktionsmustern entgegenzuwirken, dürfen wir uns selbst nicht vernachlässigen. Wir müssen uns selbst bewusst etwas Gutes tun.

Vielleicht sind Sie auch schon mit dem Flugzeug geflogen und haben die Sicherheitshinweise gehört, wie Sie im Notfall die Sauerstoffmasken aufzusetzen haben. Die Flugbegleiter geben den Reisenden mit Kindern immer ganz genaue Anweisungen: Setzen Sie Ihre eigene Sauerstoffmaske auf, bevor Sie Ihrem Kind die Maske aufziehen. Diese Vorkehrungen widerstreben eigentlich unserem natürlichen Empfinden. Unser erster Impuls geht doch dahin, zuerst für unser Kind zu sorgen, auch wenn wir uns dabei selbst opfern. Aber wenn wir uns einmal überlegen, warum wir uns im Ernstfall so verhalten sollen, wird es uns klar. Wenn wir uns nicht zuerst um uns selbst kümmern, sind wir vielleicht hinterher nicht mehr in der Lage, überhaupt einem von uns beiden zu helfen, so dass wir beide in den wenigen kostbaren Sekunden sterben. Wenn wir aber zuerst unsere eigene Maske aufsetzen, können wir uns auch um andere kümmern.

Das gleiche Prinzip lässt sich auch zu Hause anwenden. Wir müssen zuerst für uns selbst sorgen, bevor wir angemessen für andere Sorge tragen können. Dies gibt uns dann die Kraft, Geduld und den Weitblick, den wir so dringend brauchen, um uns langfristig um die Bedürfnisse der anderen zu kümmern.

Tanken Sie auf!

Gibt es bei Ihnen in der Familie einen, der unbedingt weiterfahren will, auch wenn die Tankanzeige schon »leer« signalisiert? Ich glaube, in jeder Familie gibt es einen, der bis ans Limit geht. So hat auch jeder von uns einen emotionalen Tank. Wenn wir uns nicht die Zeit zum Auftanken nehmen, wenn wir uns bis an unsere Grenzen verausgaben, werden wir früher oder später »ohne Kraftstoff« dastehen: auf dem Trockenen, festgefahren, nutzlos.

Wir haben dann auf halber Strecke schlapp gemacht und brauchen jemand, der sich um uns kümmert. Wenn es erst einmal so weit gekommen ist, ist es schwerer als normalerweise, uns wieder aufzufüllen. Wenn wir das verhindern wollen, müssen wir auftanken, solange wir noch die Tankstelle anfahren können.

Mütter kümmern sich andauernd um andere. Aber wir müssen im Trubel des Lebens dafür sorgen, dass wir auch auf uns selber Acht haben. Es gibt drei Bereiche, auf die das zutrifft: Leib, Seele und Geist. Wissen Sie, wie jeder dieser Bereiche beansprucht und wieder »aufgeladen« werden kann? Wenn wir unser Leben im Griff behalten wollen, müssen wir diese Bereiche regelmäßig überprüfen und Wert darauf legen, unseren Tank nachzufüllen, damit wir die Aufgabe erledigen können, die Gott uns zugedacht hat.

Kümmern Sie sich um Ihren Körper!

Als Anne, unser ältestes Kind, geboren wurde, war ich zwanzig Jahre alt. Mark war vierundzwanzig. Wir waren beide jung und voller Energie. Ich konnte bis in die Nacht hinein lernen, aufstehen, wenn das Baby mich brauchte, und war trotzdem am nächsten Tag fit. Als Austin, unser Jüngster, geboren wurde, war ich zweiunddreißig. Mein Körper hatte nicht mehr die gleiche Kraft wie vor der Geburt der ersten drei Kinder. Ich musste auf seine Grenzen achten, sonst ließ mein Körper es mich spüren.

Wie viel Schlaf brauchen Sie? Bekommen Sie genug Schlaf? Der Körper erholt sich während des Schlafens. Wenn wir diese Ruhezeit umgehen, zerstört dies die natürlichen Selbstheilungskräfte des Körpers. Müssen Sie früher ins Bett gehen? Müssen Sie nachmittags ein kurzes Nickerchen halten? Nehmen Sie sich einige Minuten Zeit zur Augenpflege. Sie werden sich hinterher wieder besser fühlen und besser für die Forderungen Ihrer Familie gerüstet sein.

Wie sieht es mit Ihren Essgewohnheiten aus? Versuchen Sie sich von dem zu ernähren, was Ihre Kinder übrig lassen? Essen Sie gesundes Essen oder naschen Sie lieber herum? Unser Körper braucht bestimmte Mineralien und Vitamine. Wenn Sie sich nur von hastig geschmierten Broten ernähren, erhält Ihr Körper nicht die Nährstoffe, die er braucht. Ich persönlich habe immer schon Probleme mit dem Einhalten von drei Mahlzeiten am Tag. Ich frühstücke ungern. Und wenn ich mal eine Mahlzeit auslasse, dann ist es meistens das Frühstück. Irgendwann ist mir aber aufgegangen, dass ich ja gar nicht das Übliche zum Frühstück essen muss. Ich konnte auch etwas anderes essen und trotzdem einen guten Start in den Tag haben. Statt einer Schale Müsli konnte ich genauso gut einen Teller Hühnchensuppe mit Reis essen. Denn Schokokekse oder Plätzchen zum Frühstück bringen es nicht. Ich gebe ja zu, dass ich das auch schon ausprobiert habe, aber sie haben einfach nicht die gleiche sättigende Wirkung. Wir müssen unserem Körper vielmehr die Nährstoffe zuführen, die er braucht.

Wie viel Wasser nehmen Sie jeden Tag zu sich? Vor einigen Jahren habe ich angefangen, mehr zu trinken. Ich war überrascht, dass ich mehr Energie und weniger Appetit hatte. Ich mochte Wasser eigentlich nie besonders, deshalb musste ich mir etwas einfallen lassen, um viel davon trinken zu können. So habe ich mir angewöhnt, immer einige frische Zitronen und Limonen da zu haben und ein oder zwei Scheiben in mein Glas Wasser zu geben. Dieser kleine Luxus, den ich mir leistete, hat meinem Körper gut getan.

Wie steht es mit Ihrer Gesundheit? Ich habe im Gespräch mit Frauen feststellen müssen, wie viele sich seit Jahren keiner gynäkologischen Routinevorsorge mit Abstrich und Brustuntersuchung unterzogen haben. Nehmen Sie dieses Vorsorgeangebot wahr, und kümmern Sie sich um die Gesundheit Ihres Körpers. Das ist auch ein Geschenk für Ihre Familie. Eine gute Freundin von mir hat gerade eine dreimonatige Chemotherapie hinter sich, nachdem ihr die Brust entfernt wurde. Sie ist achtunddreißig Jahre alt, verheiratet und hat zwei kleine Kinder. Zum Glück hat sie sich um ihre Gesundheit und ihren Körper gekümmert. Der Krebs wurde frühzeitig entdeckt, und ihre Chancen, noch lange zu leben, stehen gut.

Eine Gewohnheit, der Mütter zu Hause leicht verfallen, ist, dass sie sich nicht die Zeit nehmen, sich jeden Tag ordentlich zurechtzumachen. Als ich anfangs zu Hause blieb, gab es auch

Tage, an denen mein Mann abends nach Hause kam und mich so wieder vorfand, wie er sich am Morgen von mir verabschiedet hatte: ohne Make-up, mit zerzausten Haaren und einer alten Jogginghose bekleidet. Ich bot keinen schönen Anblick.

Ich muss zu meiner Schande gestehen, dass ich mich an den Tagen, an denen ich mich nicht um mein Äußeres kümmere, auch nicht besonders wohl fühle und nur wenig motiviert bin. Das kann leicht passieren, besonders wenn wir nirgends hin müssen. Ich ertappte mich sogar dabei, wie ich mich fragte, ob ich an dem betreffenden Tag irgendwo hin musste. Wenn nicht, sagte ich mir einfach: »Was soll's?« Mit der Zeit merkte ich jedoch, dass es für mich, meinen Mann und meine Kinder wichtig war, dass ich mich darum bemühte, jeden Tag so gut auszusehen und mich so gut zu fühlen wie möglich.

Ziehen Sie lieber ein Paar Jeans mit einem Gürtel und einer Bluse oder einem Pulli an, anstatt in der Jogginghose zu bleiben. Nehmen Sie sich ein paar Minuten Zeit, Ihre Haare zu frisieren oder Locken zu drehen. Legen Sie etwas Make-up auf, und tragen Sie Ohrringe. Sie fühlen sich dadurch viel besser. Kurz bevor Ihr Mann nach Hause kommt, werfen Sie einen Blick in den Spiegel, kämmen Sie Ihre Haare und frischen Ihr Make-up auf. Sie werden dann mit sich selbst zufrieden sein. Er ist es wert, und Sie sollten es sich auch sein.

Das Wichtigste zuerst – Ihre persönliche Prioritätenliste

- Schlafen Sie (genug, um positiv gestimmt zu sein).
- Achten Sie auf Ihre Ernährung. (Essen Sie, was Ihnen Energie verleiht und Sie gesund erhält. Trinken Sie viel Wasser.)
- Gehen Sie jährlich zur Krebsvorsorgeuntersuchung (Abstrich, Brustuntersuchung) und zum Zahnarzt.
- Gönnen Sie sich etwas Pflege, damit Sie sich attraktiv fühlen: gekämmtes Haar, etwas Make-up.
- Ziehen Sie etwas an, das angenehm zu tragen ist und doch etwas hermacht. (Sie arbeiten zwar nicht im Büro, aber Sie üben einen sehr wichtigen, wertvollen Job aus. Kleiden Sie sich deshalb entsprechend.)

Sorgen Sie dafür, dass Ihr Geist nicht verkümmert!

Dr. Brenda Hunter, Autorin von *Home by Choice* (»Bewusst zu Hause«)[3] und vielen anderen guten Büchern, machte im Alter von neunundvierzig Jahren ihren Doktor. Für sie ist das ein Beweis dafür, dass der Geist in den Jahren des Zuhauseseins mit den Kindern *nicht* verkümmert.

Zuweilen bekommen wir jedoch leicht den Eindruck, dass unser Verstand auf Sparflamme kocht, wenn sich alles nur um Windeln, Wäsche und den Abwasch dreht – und um Kinderbücher. Genauso wichtig wie die Sorge für unseren Körper ist es, dass wir uns auch um unseren Geist kümmern.

Ich lese gerne die Zeitung. Aber mir fehlt oft die Zeit dazu. Deshalb habe ich mir vorgenommen, die Zeitung wenigstens an einigen Tagen der Woche zu lesen. Ich kann mich so über die lokalen und landesweiten Nachrichten auf dem Laufenden halten und bleibe mit der Außenwelt verbunden. Dadurch füllt sich mein geistiger Tank.

Was würden Sie gerne tun, um Ihren Geist aufzutanken? Lesen? Basteln? Sticken? Im Netz surfen? Sich mit Freunden unterhalten? Ein Tagebuch zu führen, ist eine gute Übung für den Geist. Entdecken Sie, was für Sie am besten funktioniert, und dann nehmen Sie sich einfach die Zeit dafür. Vielleicht muss Ihnen jemand dabei helfen. Stellen Sie sich darauf ein. Es gab eine Zeit, in der ich wirklich nicht ohne die Hilfe meines Mannes zum Zeitunglesen gekommen bin. Von dem Zeitpunkt an, wo ich morgens früh aufstand, bis ich abends zu Bett ging, drehte sich alles nur um die Kinder, und ich war viel zu erschöpft, um irgendetwas zu lesen. Die Kinder konnten sich nicht den gleichen Schlafrhythmus für den Mittagsschlaf angewöhnen, und so war ich jedes Mal völlig am Boden zerstört, wenn Mark nach Hause kam. Wir sprachen schließlich darüber, und ich bat Mark, mir dreißig Minuten nach seinem Heimkommen für mich alleine zuzugestehen, damit ich mich wieder sammeln konnte. Ich nahm die Zeitung mit ins Schlafzimmer, schloss die Tür hinter mir und begann, meinen geistigen Tank zu füllen. An manchen Tagen fühlte ich mich nach diesen dreißig Minuten wie neu geboren.

Vielleicht haben Sie keinen Mann, der bereit ist, Sie darin zu unterstützen. In diesem Fall müssen Sie sich vielleicht damit behelfen, dass Sie sich mit einer Freundin beim Babysitten austauschen. Wenn Verwandte in der Nähe wohnen, bitten Sie doch einfach die Oma oder Schwester oder Schwägerin, auszuhelfen. Vielleicht wollen Sie aber auch lieber einen Babysitter engagieren. Ihre geistige Gesundheit ist schließlich wichtig für die Gesundheit Ihrer Familie.

Es gibt noch einen weiteren Bereich, den wir dabei berücksichtigen sollten. Wir müssen lernen, unsere Aktivitäten außerhalb des Hauses einzuschränken, damit wir uns nicht verzetteln und uns nicht von unwichtigen Dingen ablenken lassen. Da wir zu Hause sind, wird oft angenommen, dass wir mehr freie Zeit als andere zur Verfügung haben, um ehrenamtliche Dienste zu übernehmen. So werden wir oft gebeten, uns mehr in der Gemeinde, Schule usw. einzubringen. Wir sollten uns dies jedoch genau überlegen und dabei vier Punkte beachten: 1. Es gibt einen Unterschied zwischen dem Guten und dem Besten. 2. Wir müssen lernen, nein zu sagen. 3. Es gibt Wichtiges und Dringendes. 4. Wir sollten uns helfen lassen. Wenn wir uns diese Punkte vor Augen halten, können wir uns ein gesundes Gleichgewicht inmitten der vielerlei Aufgaben bewahren.

Das Gute und das Beste

Sie sind ein talentierter, fähiger und verantwortungsbewusster Mensch. Nun, von talentierten, fähigen, verantwortungsbewussten Menschen erwartet man, dass sie mehr leisten. Man erwartet von Ihnen, dass Sie eine Menge guter Dinge tun. Meine Frage lautet deshalb: »Zu welchen guten Dingen muss ich ›nein‹ sagen, und welches sind die besten Dinge, zu denen ich ›ja‹ sagen kann?« Sie müssen sich nicht zwischen Gut und Böse entscheiden, sondern zwischen dem Guten und dem Besten. Das ist eine schwierige Entscheidung.

Wir können herausfinden, was für uns das Gute und was das Beste ist, indem wir uns darüber klar werden, welches unser Auftrag im momentanen Lebensabschnitt ist. Die meisten Organisationen und Betriebe haben eine Firmenphilosophie oder ein Grundsatzpapier, das ihnen hilft, ihren Zielen treu zu bleiben. Dadurch können sie auch besser entscheiden, welche geschäftlichen Interessen sie verfolgen und welche sie getrost anderen Firmen überlassen wollen. Sie vergleichen einfach eine neue Idee oder eine Geschäftsmöglichkeit mit den Zielen ihrer Firma und prüfen sie anhand der Frage, ob sie zum Auftrag ihrer Organisation passt. Je nachdem, wie die Antwort ausfällt, legen sie ihre Verfahrensweise fest.

Haben Sie schon einmal daran gedacht, für sich selbst ein Lebensmotto zu formulieren? Was ist Ihr Auftrag im Leben? Am besten stellen Sie sich hierfür die Frage: »Wenn ich sterbe, welches Vermächtnis möchte ich dann hinterlassen? Wo möchte ich etwas bewirkt bzw. verändert haben?« Notieren Sie einmal Ihre Prioritäten. Dann nehmen Sie Ihr Lebensmotto und Ihre Prioritäten unter die Lupe und legen einige Ziele fest: Ziele für das ganze Leben, für ein Jahr, für einen Monat und für jeden Tag. So können Sie Ihren Auftrag erfüllen. Ihr Auftrag, Ihre Prioritäten und Ihre Ziele sollten miteinander in Beziehung stehen. Dadurch haben Sie schon einmal ein grobes Raster, das Ihnen hilft, die entsprechenden Entscheidungen für das »Beste« zu fällen.

Wenn Sie gebeten werden, etwas Bestimmtes zu tun, sollte das Gebet der erste Schritt sein, um eine Entscheidung zu treffen. Wenn Gott Ihnen nicht im Gebet eine klare Richtung vorgegeben hat, vergleichen Sie die Aufgabe erst mal mit Ihrem Auftrag, Ihren Prioritäten und Zielen. Wenn sie nicht dazu passt, dann ist die Entscheidung praktisch schon gefallen. Wenn sie dagegen zu Ihren Zielen und Ihrem Auftrag passt, sollten Sie sich als weiterer Schritt dann Gedanken machen, ob sie auch in Ihren zeitlichen Rahmen passt.

Ein anderer Weg zur Entscheidungsfindung besteht darin, bei Aktivitäten außer Haus zu fragen: »Was möchte Gott, dass ich in diesem Abschnitt meines Lebens tun soll, und passt diese Tätigkeit zu diesem Plan?« Wenn ich weiß, dass ich eine Sache tun könnte, aber herausfinden möchte, ob ich es auch tun sollte, stelle ich mir oft folgende Frage: »Ich bin zwar dazu in der Lage, aber bin ich auch dazu berufen? Hat Gott mich mit dieser Sache beauftragt?«

Wir wollen unser Gehirn nicht überstrapazieren bis zu dem Punkt, an dem wir den Überblick verlieren. Wir wollen auch nicht so viele Aufgaben wahrnehmen, dass wir das nicht tun, wozu Gott uns berufen hat, nämlich für unsere Familie zu sorgen.

Der erste Schritt dabei ist, sich eine gezielte Vorgehensweise zurechtzulegen, um diese guten oder besten Entscheidungen treffen zu können. Nur so können wir bei unserem Engagement klare Grenzen ziehen und nicht zuletzt auf uns selbst Acht haben.

Lernen Sie, nein zu sagen

»Wie machen Sie das?«, fragte sie.

»Was denn?«, antwortete ich.

»Wie sagen Sie nein?«

»Ich sage einfach nein.«

»Nein, das meine ich nicht. Sagen Sie nein, und entschuldigen Sie sich dafür, oder sagen Sie einfach nein? Ich fühl mich immer so erbärmlich, wenn ich nein sage.«

So begann unser Telefongespräch. Eine Mutter rief mich vor kurzem an und fragte mich, wie sie ihre Freizeit- und sonstigen Aktivitäten und ihre Familie unter einen Hut bringen könnte. Für uns Mütter, die wir zu Hause sind, geht es ja nicht so sehr darum, Beruf und Familie in Einklang zu bringen. Schließlich ist ja unsere Familie unser Beruf! Vielen Müttern fällt es eher schwer, ihr freiwilliges Engagement (in Schule, Kirche und Ortsgemeinde) mit den familiären Verpflichtungen abzustimmen. Einige arbeiten zwar auch von zu Hause aus oder in Teilzeit. Bei unserem ehrenamtlichen Engagement kann es jedoch leicht passieren, dass wir wieder ganztags außer Hause arbeiten, ohne dafür eine müde Mark zu sehen. Wir müssen deshalb lernen, das Wörtchen nein *bewusst* zu gebrauchen.

Wenn Sie sich zwischen Mutterrolle und Hilfe für den Nächsten nicht hin- und herreißen lassen wollen, dann können Sie hier ganz einfach lernen, nein zu sagen:

1. *Sie allein wissen, was für Sie und Ihre Familie das Beste ist.* Da viele Mütter tagsüber außer Haus arbeiten, gibt es weniger Freiwillige, die sich in Schule, Gemeinde oder sozialem Bereich einsetzen. Deshalb kommt man vielleicht auch häufiger auf Sie zu, einfach, weil man meint, dass Sie mehr Zeit haben. Denken Sie gerade bei Gemeindeaktivitäten auch daran, dass die Familie unser vorrangiges Aufgabenfeld ist.

2. *Sagen Sie nie spontan ja. Sagen Sie der betreffenden Person immer, dass Sie zurückrufen werden, wenn Sie darüber nachgedacht und gebetet haben.* Das bewahrt Sie davor, eine spontane Entscheidung zu treffen, die Sie später vielleicht bereuen. Sie sollten jedoch gleich nein sagen, wenn Sie schon im Voraus wissen, dass Sie die Aufgabe nicht übernehmen können.

3. *Wenn es um eine zeitliche Verpflichtung geht, sollten Sie einige Zeit an Vorbereitung mit einkalkulieren.* Die meisten unterschätzen die Zeit und den Aufwand, den sie für eine Sache wirklich brauchen. Wenn Sie zum Beispiel angefragt werden, ob Sie drei Kuchen backen können, schauen Sie zuerst in Ihren Kalender, und überlegen Sie sich, ob Sie wirklich Zeit dafür haben. Wenn Sie schon zu viel um die Ohren haben, sagen Sie lieber ab.

4. *Bei langfristigen Verpflichtungen sollten Sie sämtliche häuslichen Pflichten und die damit verbundenen zeitlichen Einschränkungen bedenken.* Vielleicht erscheint Ihnen eine Tätigkeit im Vorstand einer Organisation, die Ihnen sehr am Herzen liegt, sinvoll und nicht zu aufwändig. Und dann nach einigen Monaten stellen Sie vielleicht fest, dass die Telefonate, Besprechungen und Besorgungen so allmählich die Zeit auffressen, die Sie zuvor für die Wäsche, den Hausputz oder den Gang zur Bank gebraucht haben. Diese wichtigen Dinge sollten Sie aber unbedingt in Ihre tägliche und wöchentliche Arbeitsplanung mit einbeziehen. Lassen Sie nicht zu, dass Ihre familiären Verpflichtungen hinter den freiwilligen zurückstehen müssen.

5. *Ihre ehrenamtlichen Verpflichtungen werden Sie auch geistig »in Beschlag nehmen«. Vergessen Sie das nicht!* Haben Sie sich nicht auch schon einmal dabei ertappt, wie Ihr Kind

Ihnen etwas erzählen wollte und Sie nur mit halbem Ohr hingehört haben, weil Sie schon an Ihre neue Aufgabe oder die tausend anderen Kleinigkeiten gedacht haben, die Sie noch zu erledigen hatten? Wenn Sie zu viel um die Ohren haben und an zu viele Dinge gleichzeitig denken müssen, haben Sie den Kopf nicht frei für Ihre Familie.

6. *Sie müssen nicht jede Minute Ihres Tages verplanen.* Wenn Sie ein sehr aktiver Mensch sind, müssen Sie nicht auch noch die eine oder andere freie Stunde voll ausschöpfen. Sie brauchen auch einmal Zeit zum Nichtstun. Deshalb planen Sie bei Bedarf auch jeden Tag eine »Auszeit« ein. Notieren Sie sich diese im Kalender, und sagen Sie nein, wenn etwas dazwischenkommen sollte.

7. *Begrenzen Sie die Zahl der langfristigen Aufgaben, die Sie wahrnehmen.* Zum Beispiel ermutigen wir von *Hearts at Home* Frauen dazu, nie mehr als eine große und eine kleine langfristige ehrenamtliche Verpflichtung einzugehen. Wenn eine Frau eine weitere langfristige Verpflichtung übernehmen will, raten wir immer dazu, eine ihrer bestehenden Verpflichtungen abzugeben. Wenn Sie Ihre langfristigen Verpflichtungen begrenzen, steht Ihnen mehr Zeit zur Verfügung, sich in kurzfristigen Diensten und Projekten zu engagieren. Sie werden dann vermutlich eher die Zeit haben, für einen schulischen Anlass einen Kuchen zu backen oder bei einer Kinderbibelwoche mitzumachen.

8. *Verantworten Sie sich anderen gegenüber.* Bitten Sie Ihren Mann, eine gute Freundin oder Ihren Hauskreis, von Ihnen Rechenschaft über die Anzahl der Verpflichtungen, die Sie eingehen, zu verlangen. Seien Sie offen für deren Ratschläge. Wenn es Ihnen schwer fällt, nein zu sagen, bitten Sie sie, Ihnen in den ersten Monaten, in denen Sie Ihr Leben wieder in den Griff bekommen wollen, zur Seite zu stehen. Wenn Sie jemandem versprechen, zurückzurufen, bevor Sie zu- oder absagen wollen, halten Sie zuvor Rücksprache mit der betreffenden Person, der Sie Rechenschaft ablegen wollen, bevor Sie eine Antwort geben. Gehen Sie mit dieser Person Ihren Terminplaner durch. Sie werden bald an den Punkt kommen, an dem Sie keine Unterstützung mehr brauchen.

Sie kann Ihnen jedoch anfangs eine große Hilfe dabei sein, nein sagen zu lernen.

9. *Sie müssen sich nicht verpflichtet fühlen, Ihr Nein lang und breit zu erklären.* Sie wissen, was am besten für Ihre Familie und für Sie selbst ist. Wenn Sie meinen, eine Entschuldigung vorbringen zu müssen, dann sagen Sie einfach, dass es dieses Mal nicht in Ihren Terminplan passt.

10. *Sie müssen nicht ja sagen, nur weil Sie die Aufgabe eigentlich übernehmen könnten.* Vielleicht haben Sie ja ausgeprägte Führungsqualitäten und werden auf Grund dessen angefragt, die Leiterschaft überall dort zu übernehmen, wo Sie sich einbringen. Das heißt aber nun nicht, dass Sie dazu auch immer ja sagen müssen. Sie sollten erst dann ja sagen, wenn Sie all die folgenden Kriterien in Betracht gezogen haben: Ihre zeitliche Verfügbarkeit, andere ehrenamtliche Verpflichtungen, Ihre familiären Aufgaben und sonstigen Tätigkeiten, die Sie aufgeben müssten, um die neue Aufgabe sinnvoll zu erfüllen. Und vor allem sollten Sie bei all diesen Erwägungen erst dann ja sagen, wenn Sie darüber gebetet und nach Gottes Wegweisung gefragt haben.

11. *Wenn Sie im Moment zu viele Eisen im Feuer haben, setzen Sie neue Prioritäten.* Legen Sie fest, welche Verpflichtungen Sie fallen lassen müssen. Benachrichtigen Sie die betreffende Organisation rechtzeitig im Voraus. Auch wenn es schwer fallen mag, auf eine Aufgabe zu verzichten, tun Sie doch weder der Organisation noch Ihrer Familie einen Gefallen, wenn Sie eine einmal übernommene Verpflichtung nicht voll und ganz erfüllen können. Sobald Sie einige Ihrer Aufgaben abgegeben haben, legen Sie für sich selbst neue zeitliche Grenzen fest. Lassen Sie sich nicht wieder über Gebühr vereinnahmen.

12. *Denken Sie daran: Wenn Sie nein sagen, können andere ja sagen.* Nehmen Sie nicht anderen die Möglichkeit, sich einzubringen.

Vergessen Sie nicht, sich Zeit zu reservieren, um einmal eine Freundin zu Gast zu haben, mit Ihren Kindern in den Park zu gehen, einen Brief zu schreiben oder um mit Ihrem Mann auszugehen. In der Regel planen wir solche Aktivitäten nicht ein, aber wenn wir zeitlich zu sehr in Anspruch genommen sind, sind dies die ersten Dinge, die wir streichen.

Denken Sie daran, dass einige bewusst ausgewählte Aktivitäten außer Haus andererseits auch gut für Ihr seelisches Gleichgewicht sein können. Mütter von kleinen Kindern müssen aus dem Haus gehen, um Kontakte zu pflegen und sich nicht nur um Windeln, Fläschchen und den nächsten Einkauf zu drehen. Auch wenn das landläufige Vorurteil kursiert: Keine Angst – Sie werden zu Hause sicher nicht verdummen. Manchmal möchte man es zwar meinen; aber wir können uns ja gezielt einige Dinge auswählen, an denen wir teilnehmen möchten, damit wir unsere Zeit sinnvoll nutzen. Sie werden staunen, wie viel Geduld Sie mit Ihrer Familie haben können, wenn Sie durch Ihre Aktivitäten Ausgleich statt noch mehr Stress finden.

Das Wichtige und das Dringliche

Ein weiterer wichtiger Punkt, den wir beachten sollten, ist der Unterschied zwischen dem Wichtigen und dem Dringlichen. Die wichtigen Dinge warten im Stillen geduldig auf ihre Erledigung, während die dringenden Dinge lautstark auf uns einstürmen. Das Telefon ist ein typisches Beispiel hierfür. Eine Unterhaltung mit Ihrem Mann auf der Couch ist wichtig. Ein Anruf zwischendurch scheint dringend. Unser natürlicher Impuls geht dahin, das scheinbar Dringliche zu tun, weil wir sofort reagieren, anstatt uns zunächst einmal Gedanken darüber zu machen, dass wir wählen und selbst entscheiden können, was in der jeweiligen Situation das Beste ist.

Unsere Ziele und Prioritäten können uns helfen zu entscheiden, was wirklich wichtig ist. Aber unser ganzes Leben lang wird sich das Dringende lauter bemerkbar machen als das Wichtige. Elise Arndt schreibt dazu in ihrem Buch *A Mother's Time* (»Die Zeit einer Mutter«):

»Die dringenden Dinge im Leben sind diejenigen, die unsere sofortige Reaktion erfordern, die Dinge, die ständig um unsere Aufmerksamkeit buhlen. Sie nehmen keine Rücksicht darauf, was gerade zu tun ist. Sie sind verbunden mit lästigen

Unterbrechungen zur falschen Zeit aus den falschen Gründen und der drückenden Not der Menschen um uns. Dies sind die dringenden Dinge des Lebens.

Während das Dringliche beständig unsere Aufmerksamkeit fordert, bleibt das Wichtige stumm. Es wartet geduldig darauf, bis wir Notiz von ihm nehmen. Während das Dringliche uns sucht, wartet das Wichtige darauf, von uns gesucht zu werden. Die wichtigen Aspekte des Lebens wollen mit Disziplin angegangen werden, während die dringenden Aspekte impulsiv erledigt werden.

Wir leben in einer dauernden Spannung zwischen den beiden – oder nicht? Es kostet uns viel Mühe und Anstrengung, die Erfordernisse des Augenblicks zu erfüllen. Wir machen die viele Arbeit für unsere Angst und Sorge verantwortlich. In Wirklichkeit ist es jedoch nicht die Arbeit, die den Stress bewirkt, sondern es sind die Bedenken und Zweifel an dem, was wir tun. Wir sind zu Sklaven des Dringlichen geworden.«[3]

Können Sie mir folgen? Sehen Sie, wie das Dringliche uns vom Wichtigen abhalten will? Aber was können wir dagegen tun? Disziplin ist der Schlüssel. Denken Sie an das Beispiel mit dem Telefon. Mein Mann und ich stellten fest, dass es uns vom Wichtigen ablenkte. Es klingelte gerade, als wir einem unserer Kinder etwas vorlasen. Es klingelte beim Abendessen. Es klingelte, als wir Besuch hatten, und wir gingen immer dran. Wir entschieden für uns, dass das Telefon das Dringende war, und die Dinge, von denen es uns ablenkte, das Wichtige. Wenn Sie mich also anrufen, werden Sie oft das Vergnügen mit meinem Anrufbeantworter haben. Wenn Sie mich besuchen, werden Sie oft das Telefon klingeln hören, aber ich werde nicht abheben. Sie können mir glauben, Sie werden es nach einiger Zeit gar nicht mehr hören. Es geht mit der Zeit bei den vielen Hintergrundgeräuschen einfach unter. Bei einem Mann und vier Kindern gibt es viel »Wichtiges« zu erledigen. Beim »Dringenden« kann ich dann zurückrufen, wenn ich von denen, die wichtig sind, weniger gebraucht werde.

Wenn Sie anfangen, über die Dinge nachzudenken, die Sie tun müssen, und diese einmal in dringende und wichtige Dinge unterteilen, kann Ihnen das bei der Entscheidungsfindung helfen. Wir müssen unterscheiden lernen und nicht nur reagieren.

Bitten Sie um Hilfe

Ich schaffe es alleine nicht. Sie schaffen es alleine auch nicht. Wir müssen lernen, um Hilfe zu *bitten*. Unsere Familien können unsere Gedanken nicht lesen. Sie wissen nicht, was im Haus zu tun ist. Aber Sie wissen es. Deshalb müssen wir uns helfen lassen und einiges an Arbeit delegieren.

In unserer Familie haben die Kinder bestimmte Pflichten und Aufgaben, die sie jeden Tag zu erfüllen haben. Manche nennen das vielleicht Hausarbeit, aber ich glaube, dieser Ausdruck trifft nicht ganz darauf zu. Um einen Haushalt am Laufen zu halten, müssen viele Arbeiten erledigt werden. Es steht in unserer Verantwortung, unseren Kindern gewisse Fertigkeiten fürs Leben mitzugeben. Deshalb haben sie jeden Tag gewisse Verantwortungsbereiche, die dazu beitragen, dass alles im Haus gut läuft. Dazu zählen Kochen, Putzen, Wäschewaschen, Kehren, Gartenarbeit usw.

Es gibt viel zu tun, aber wenn viele Hände zusammenarbeiten, wird meine Last dadurch leichter. Ein guter Manager delegiert Aufgaben, und als Profi muss eine Mutter dies auch tun. Ich muss meine »Mitarbeiter« darin anleiten, und das braucht Zeit. Aber es ist Zeit, die gut angelegt ist, weil die Familie noch viele Jahre vom Ergebnis profitiert. Uns sollte es also nichts ausmachen, um Hilfe zu bitten.

Vor einigen Jahren wurde Mark und mir die Notwendigkeit bewusst, einige Abende nur für uns zu haben. Wir hatten jedoch nicht das Geld, um jede Woche einen Babysitter zu bezahlen. So überlegten wir, ob wir nicht Freunde *bitten* könnten, ob sie nicht auf die Kinder aufpassen wollten und wir im Gegenzug auf ihre. Das funktionierte wunderbar, und wir genossen diesen Austausch mehrere Jahre lang.

Es hat ein paar Jahre gedauert, bis wir auf diese Lösung gekommen sind. Vielleicht bewährt sie sich ja auch bei Ihnen. Ihr Mann kann Ihre Gedanken nicht lesen. Ich dachte immer, mein

Mann könnte es. Und obwohl ich ihm oft durch Zeichen- und Körpersprache auf die Sprünge zu helfen versuchte, verstand er es oft nicht. Ich lernte, dass ich klar zum Ausdruck bringen musste, was ich brauchte, und gegebenenfalls um seine Unterstützung bitten musste.

Elisa Morgan, Autorin von *What Every Mom Needs* (»Was jede Mutter braucht«), formuliert es so: »Wir müssen lernen, uns selber zu helfen. Wir müssen lernen, zu bitten – direkt und mit Worten. Niemand kann Ihre Gedanken lesen. Niemand wird hereinspaziert kommen, Ihre Not erfassen und Sie erlösen.«

Sie wissen selbst am besten, was für Sie das Beste ist

Vor einigen Jahren habe ich festgestellt, dass mir bestimmte äußere Gegebenheiten helfen, Stresssituationen besser zu bewältigen. Zum Beispiel mag ich gedämpftes Licht. Ich fühle mich dann wohlig warm und entspannt. Auch Duftkerzen mit einem süßen Aroma haben es mir angetan. Ihr heller Schein und ihr Duft reduzieren bei mir Stress. Ich halte gerne Stille. Ich mag es nicht, wenn das Radio einfach so dudelt oder der Fernseher nebenbei läuft.

Was mögen Sie? Was beruhigt Sie? Was für eine Atmosphäre tut Ihnen gut? Beobachten Sie sich einmal selbst, und setzen Sie diese Dinge dann auch so oft wie möglich ein. Es geht um kleine, aber nützliche Dinge, mit denen Sie sich selbst etwas Gutes tun können.

Einmal moderierte ich die Live-Radiosendung *Midday Connection* mit Andrea Fabrey, bei der Zuhörer spontan anrufen können. Wir sprachen dabei über den Beruf »Mutter«. Während der Sendung rief eine junge Mutter an, die uns erzählte, dass sie immer sehr müde wäre und sich emotional und körperlich erschöpft fühlte. Sie hatte ein Baby, das mehrere Male am Tag ein Schläfchen hielt. Sie meinte jedoch, dass sie in dieser Zeit allerhand geschafft kriegen müsste – welche Berechtigung hätte sie denn sonst gehabt, zu Hause zu sein, wenn sie noch nicht einmal den Haushalt in den Griff kriegte? Sie fühlte sich schuldig, wenn sie sich ein wenig ausruhte. Ich fragte sie, ob sie eine

Erlaubnis dafür bräuchte, einmal ein Nickerchen zu halten. Brauchte sie jemanden, der ihr sagte, was eigentlich eine ganz selbstverständliche Sache sein sollte: nämlich dass sie auf sich selbst achten musste, damit sie dann wieder für ihre Familie da sein konnte? So hatte sie es noch nie gesehen. Ich sagte ihr: »Ich erlaube Ihnen, ein Nachmittagsschläfchen zu halten. Tun Sie es für sich, für Ihren Mann und für Ihr Baby.« Wir müssen uns selbst, unsere Bedürfnisse und unsere Grenzen besser kennen lernen. Dann müssen wir unser Leben entsprechend darauf einrichten und auch ein wenig an uns selbst denken.

Vielleicht fällt es Ihnen gar nicht so schwer, auch ein wenig an sich zu denken. Großartig! Aus meinen Gesprächen mit Frauen weiß ich jedoch, dass uns das in der Regel nicht besonders gut gelingt. Meistens warten wir solange, bis wir – emotional oder körperlich – zusammenbrechen oder ausrasten. Oder wir warten einfach solange, bis unsere Reserven erschöpft sind und nichts mehr übrig bleibt, was wir unserem Mann und unseren Kindern geben können.

Wenn Sie anfangen, auf sich selbst zu achten, werden Sie überrascht sein, dass Sie plötzlich mehr Energie haben, gelassener sein können und mehr auf die Reihe bekommen. Ihre »berufliche Zufriedenheit« wird sich schlagartig bessern.

Der Beruf »Mutter« ist sehr anspruchsvoll. Die Arbeit ist es wert, getan zu werden. Wir müssen uns selbst jedoch sehr genau kennen, wissen, wo Grenzen zu ziehen sind, und auf unseren Geist und Körper achten. Mit der Zeit müssen wir die einzigartigen Bedürfnisse dieses besonderen Berufes erkennen und respektieren lernen. Wir müssen vor allem auch auf uns selbst Acht haben. Dazu müssen wir mehr über die Person erfahren, die sich um uns kümmern will.

Unsere Kraftquelle

Alle Punkte, die wir bis jetzt angeschnitten haben, sind sehr wichtig. Aber wenn wir den Einen vernachlässigen, der unsere Bedürfnisse wirklich stillen kann, werden wir im Grunde immer innerlich hungern. Unser Wert liegt in Christus. Die Sorge für die

Familie geht nicht ohne monotone Arbeiten ab. Es gibt viele Pflichten, die sich wiederholen. Vieles ist anstrengend. Aber Gottes Wort kann uns neu füllen. Gott möchte uns Ruhe schenken. Er möchte, dass wir bei ihm auftanken, indem wir mit ihm in Beziehung treten. Er möchte uns durch sein Wort ermutigen.

Wir sollen auf uns achten. Gott sagt: »Ich möchte für dich sorgen. Möchtest du das? Willst du wachsen und mich besser kennen lernen? Ich möchte das Leben mit dir teilen. Willst du mich in deine Welt hineinlassen?« Wir wollen auf uns achten. Das Wichtigste dabei ist, dass wir unseren Wert in Christus erkennen. Er ist der Einzige, der wirklich all unsere Bedürfnisse stillen kann. Er will uns helfen, unser Leben im Gleichgewicht zu halten. Er liebt uns bedingungslos.

Zum Weiterdenken

Folgende Fragen sollen Ihnen helfen, zu bestimmen, ob Sie auf sich selbst genug Acht haben. Geben Sie sich die entsprechende Punktzahl, je nachdem, welche Antwort zutrifft:

5 immer; 4 oft; 3 manchmal; 2 selten; 1 nie
- Ich gehe jedes Jahr zur Vorsorgeuntersuchung.
- Ich ernähre mich ausgewogen und trinke viel Wasser.
- Ich weiß, welche Aktivitäten mich beflügeln, und ich nehme regelmäßig daran teil.
- Ich weiß, wann ich nein sagen muss, und ich gehe Verpflichtungen außer Haus sehr bewusst ein.
- Ich bitte meinen Mann und meine Kinder um Hilfe.

Punktzahl:
20-25: Großartig! Sie geben wirklich auf sich selbst Acht.
15-19: Sie haben schon einige gute Angewohnheiten, sollten jedoch weiterhin daran arbeiten, Ihren Bedürfnissen besser gerecht zu werden.

10-14: Es ist an der Zeit, dass Sie Ihre emotionalen und körperlichen Bedürfnisse ernst nehmen. Nehmen Sie heute einige Veränderungen vor, ehe es zu spät ist.

5-9: Sie sind auf dem Weg zur völligen Erschöpfung. Lesen
Sie sich noch einmal das Kapitel durch, und setzen Sie
sich neue Ziele, um für Ihre emotionalen und körper-
lichen Bedürfnisse zu sorgen. Vielleicht macht Ihnen der
Beruf des Mutterseins nicht viel Spaß. In dem Maße, wie
Sie positive Veränderungen unternehmen, um auf Ihre
Bedürfnisse zu achten, wird Ihre »Zufriedenheit im Job«
allmählich steigen.

Wählen Sie sich selbst ein Lebensmotto. Folgende Fragen können Ihnen dabei eine Hilfe sein:
– Wenn ich sterbe, welches Vermächtnis möchte ich dann
hinterlassen?
– Wo möchte ich etwas verändert haben?

Listen Sie die Menschen und Aktivitäten in Ihrem Leben auf in
der Reihenfolge der Bedeutung, die sie für Sie haben:
– Spiegelt Ihre Investition an Zeit und Energie die Reihenfolge Ihrer Prioritäten auf der Liste wider?
Notieren Sie drei Punkte, die Sie im Umgang mit Ihrer Zeit ändern und denen Sie andere Prioritäten einräumen möchten.

1. _____
2. _____
3. _____

Gibt es ehrenamtliche Aktivitäten, die Sie an andere abgeben
sollten, um mehr Ordnung in Ihr Leben zu bringen? Listen Sie
diese nachfolgend auf, und fangen Sie diese Woche noch damit
an, sich daraus zurückzuziehen.

1. _____
2. _____
3. _____
4. _____

Greifen Sie zwei der zwölf Punkte aus dem Abschnitt »Lernen Sie, nein zu sagen« heraus, die Sie zukünftig praktizieren wollen. Bitten Sie eine Freundin, Sie wieder auf diese Punkte anzusprechen.

TEIL 2

Legen Sie sich eine Strategie zurecht

KAPITEL 4

Wissen Sie, was Sie wirklich wert sind?

Wie viel von dem, was wir als Mütter tun, wird von der Welt um uns herum überhaupt wahrgenommen? Es kann ganz schön an unserem Selbstwertgefühl nagen, einem kleinen Kind ein Buch nach dem anderen vorzulesen, einem Säugling zehn Mal am Tag die Windeln zu wechseln und zwölf Maschinen Wäsche pro Woche zu waschen. Wenn wir aber den Leistungsbegriff für uns neu definiert und eine neue Sicht für den Wert des Mutterseins gewonnen haben, dann haben wir im Hinblick auf unsere Berufswahl schon einen wichtigen Umdenkprozess vollzogen. Beim Festlegen unserer Strategie gibt es noch einen wichtigen Bereich, auf den wir uns nun stärker konzentrieren wollen: Der wahre Wert einer Mutter, die zu Hause ist, liegt nicht nur in dem, was sie *tut*, sondern in etwas viel Wichtigerem. Er liegt darin, wer sie *ist*.

Was ist eine Mutter wert?

Überlegen Sie einmal, wie viele Jobs eine Mutter auf sich vereint und wie hoch die Kosten wären, um jemanden einzustellen, der sie alle erledigt. Ihr Nettowert würde ein jährliches Einkommen von 200.000 DM übersteigen. Eine Mutter ist Wäscherin, Hauswirtschaftsleiterin, Krankenschwester, Innenarchitektin, Chauffeurin, Einkaufsmanagerin, Köchin und Beraterin für alle Lebensfragen in einem, um nur einmal einige Jobs zu nennen, die ein hohes Gehalt rechtfertigen würden. Außerdem übernimmt sie Dienstleistungen, die sich schwer in barer Münze beziffern lassen: das Baby schaukeln, ein verletztes Kind trösten und umarmen, endlose Fragen beantworten, für die Familie beten, die Kleinen in Gottes Wort unterweisen, Erziehung im Glauben vermitteln, um nur einige zu nennen.

Der Beruf »Mutter« ist mehr als nur eine Summe von Tätigkeiten. Er ist eine Berufung – eine Berufung, Jahre in das Leben anderer zu investieren. Eine Berufung, bedingungslos zu lieben. Auch eine Berufung, die viel Demut erfordert. Der Job einer »Familienfrau« wird vielfach von anderen für selbstverständlich gehalten. Das Gefühl, wirklich etwas geleistet zu haben, stellt sich bei Hausfrauen und Müttern oft gar nicht ein. Sie leisten harte Arbeit ohne Bezahlung. Dieser Job ist in unserer Gesellschaft mit Sicherheit nicht sehr hoch angesehen.

Der Beruf »Mutter« verlangt von uns, dass wir gegen den Strom des Egoismus und gegen das Bedürfnis zur Selbstverwirklichung anschwimmen. Er erfordert ein dienstbereites Herz und die Bereitschaft zum Geben. *Wenn wir unsere Perspektive über die Jahre der Mutterschaft hinweg nicht verlieren wollen, müssen wir uns neben den Aufgaben, die wir erfüllen, und den Opfern, die wir bringen, unseres Wertes bewusst sein.*

Unseren wahren Wert finden wir in einer persönlichen Beziehung zu Jesus Christus. Es kommt wirklich nicht darauf an, was ich tue – es kommt darauf an, zu wem ich gehöre. Es kommt nicht darauf an, was ich opfere – es kommt darauf an, was er für mich geopfert hat.

Mit Kindern zu Hause zu sein, kann ein recht eintöniger Job sein. Tage, ja sogar Monate können vergehen, ohne dass wir das Gefühl haben, etwas geleistet zu haben. Unser Wert lässt sich nicht durch das bestimmen, was wir erreicht haben, sondern durch das, was durch uns erreicht werden kann. Durch die Beziehung zu Jesus Christus können wir zu der Mutter werden, die wir sein wollen, und zu der Mutter, die wir vor Gott sein sollen.

Gott hat einen Plan für uns

Meine Kinder haben eine Kassette mit Kindermusik, die sie immer wieder anhören. Sie ist von Rob Evans (»The Donut Man«), der einfache Kinderlieder über Gottes Liebe singt. Sein musikalisches Erkennungszeichen ist eines unserer Lieblingslieder. »Das Leben ohne Jesus ist wie ein Donut (ein Schmalzkringel): In der Mitte deines Herzens ist ein Loch!«: Diese Strophe wird im ganzen Lied sehr oft wiederholt. Es ist ein ganz simpler Gedanke, aber der Vergleich stimmt.

Gott hat uns gemacht. Er hat das Leben erschaffen. Er ist der Urheber von Beziehungen. Er hat einen Plan für uns und möchte eine persönliche Beziehung, eine wirkliche Freundschaft zu uns. Wenn wir versuchen, das Leben ohne ihn zu leben, bleibt mitten in unserem Herzen eine leere Stelle. In unserem Leben ist eine Leere, ein freier Raum, den wir mit allem Möglichen, nur nicht mit Gott, zu füllen suchen.

Einige versuchen, diesen leeren Raum mit Besitztümern zu füllen. Andere versuchen, ihn mit einer guten Stellung zu besetzen. Andere versuchen es mit Geld. Wieder andere hoffen, dass sie die Leere mit oberflächlichen Beziehungen stopfen können, die nichts zu ihrem persönlichen oder geistlichen Wachstum beitragen. Viele probieren mit Essen, Alkohol oder sogar mit Drogen, die Leere in ihrem Herzen zu überdecken.

Vielleicht haben Sie ja auch schon mit Ihrem Kind versucht, verschieden geformte Klötzchen in ein Kästchen oder Plastiksteine in einen Formenball mit den entsprechend geformten Öffnungen zu stecken. Dabei wird das Dreieck in die dreieckige Öffnung gesteckt, dann das rechteckige Klötzchen in das Rechteck, das kreisförmige in den Kreis und das quadratische in die quadratische Öffnung. Würden wir versuchen, das Dreieck in die kreisförmige Öffnung zu stecken, würde das nicht passen. Es ist nicht für diese Stelle gemacht. Unser Leben funktioniert ähnlich. In unserem Herzen ist ein Platz frei, den nur Gott ausfüllen kann. Die freundschaftliche Beziehung zu Gott ist genau das, wonach wir immer gesucht haben! Sie ist das fehlende Teil, das uns die Erfüllung schenkt, die wir uns wünschen. Wir sind erst vollständig, wenn der leere Platz mit Gott besetzt ist.

Menschen können uns diese Erfüllung nicht geben. Sie werden uns immer enttäuschen. Besitztümer können diese Leere nicht füllen, weil wir nie genug Dinge haben können. Gott ist der Einzige, der den freien Platz in unserem Herzen ausfüllen und unsere Sehnsüchte stillen kann. Wenn ich in der Beziehung zu ihm wachse, kann ich auch die Mutter werden, die ich sein will.

Gottes einzigartiger Plan

Gott hat uns geschaffen, damit wir in Beziehung zu ihm leben. Wir sind aber keiner Marionetten, an denen Gott die Fäden zieht. Er hat uns geschaffen und lässt uns unsere Entscheidungen für unser Leben und die Ewigkeit selbst treffen. Dazu gibt er uns Wegweisungen, die uns die Richtung zeigen wollen.

Die Entscheidung liegt bei uns. Unsere Antwort darauf, ob wir an ihn glauben wollen oder nicht, wird unser Leben bestimmen wie auch unsere Ewigkeit. Wenn wir Gottes Richtlinien folgen, können wir seinen Frieden und seine Erfüllung erleben. Wenn wir uns aber dafür entscheiden, selbst die Richtung zu bestimmen, in die wir gehen wollen, müssen wir mit den Konsequenzen unserer eigenwilligen Entscheidungen rechnen. Das Leben mit Gott ist im Grunde das, wonach wir alle suchen, auch wenn uns das bisher nicht klar gewesen ist.

Gott hat seine Einladung an uns personalisiert. Er schickte nicht einen Brief, sondern einen Menschen: seinen Sohn Jesus, der auf der Erde lebte, der Menschen mehr über Gott beibrachte, und der schließlich starb, um die Kluft zwischen Gott und Menschen zu überwinden, die wir »Sünde« nennen. »So sehr hat Gott die Menschen geliebt, dass er seinen einzigen Sohn für sie hergab. Jeder, der an ihn glaubt, wird nicht verloren gehen, sondern das ewige Leben haben« (Johannes 3,16). Das ist eine starke Liebe. Ein vollkommener Plan.

Linda Weber beschreibt dies sehr schön in ihrem Buch *Mom, You're Incredible!* (»Mama, du bist umwerfend!«):

»Wenn wir davon reden, gute Eltern sein zu wollen, unsere Kinder in der rechten Weise zu erziehen und zu fördern, dann gibt es dafür kein besseres Vorbild als Gott selber. Wer liebt so wie Gott? Wer hat mehr geopfert als Gott? Wer hat besser für unsere Zukunft vorgesorgt als Gott?

Er hat uns das Leben gegeben. Er erhält unser Leben. Er

ermöglicht jeden Atemzug. Er möchte eine freundschaftliche Beziehung zu uns eingehen. Er ist derjenige, der uns immer in unserem Schmerz, unserem Leid und unserer Angst zur Seite stehen will. Er ist unser Tröster. Er ist derjenige, der uns zu guten Dingen anleitet und uns durch unser Gewissen vor bösen Dingen warnt.

Er ist der, der immer verzeiht, immer liebt, immer Geduld hat. Er freut sich über unsere Fortschritte und leidet mit, wenn wir traurig sind. Er ist *für* uns.«[4]

Ich kann mir keinen besseren Freund vorstellen. Eine solche Freundschaft wünschen wir uns doch alle. Wir sind für ein Leben mit Gott geschaffen. Linda Weber fährt fort:

»Denken Sie einen Moment lang darüber nach, wie für Sie die perfekte Mutter aussähe. Mit welchen Eigenschaften ließe sie sich beschreiben? Wäre sie vielleicht selbstlos, weise und klug, zufrieden, großzügig, uneigennützig, friedfertig, freundlich und liebevoll? Aber halt ... Wie kann sie das sein? Wie kann sie ruhig und zufrieden sein, wenn sie sich aufopfert, wenn sie gibt und liebt? Kann sie dabei ein erfülltes Leben haben? Wie steht es um ihre eigenen Rechte? (...)

Genau deshalb brauchen wir Gott. Die Welt um uns her will uns eintrichtern, dass wir immer die Nummer eins sein, für unsere Rechte eintreten und unsere Frau stehen müssen. Das wäre der Schlüssel zum Glück. Mit dem Ergebnis, dass es immer mehr Menschen gibt, die nur noch auf ihren eigenen Vorteil bedacht und egoistisch sind, aber gleichzeitig immer unzufriedener und unglücklicher werden.

Gott weist uns genau den Weg in die entgegengesetzte Richtung. Er möchte, dass wir mehr an andere denken und nicht so sehr an uns selbst, dass wir uns selbstlos einsetzen, großzügig sind, gerne verzeihen und den anderen lieben. Wenn wir uns um andere kümmern, werden wir selbst Zufriedenheit erleben. Wenn wir uns dagegen immer nur um uns selber drehen, werden wir nie glücklich und zufrieden sein.

Das steht der Logik einer Welt entgegen, die nur ihre Rechte fordert und einklagt. Aber es ergibt für denjenigen einen Sinn, der versucht, es einmal gründlich von Gottes Perspektive her zu durchdenken.«[5]

Gottes Wege sind anders als unsere Wege. Wir müssen das zuerst begreifen, bevor wir anfangen, unseren wahren Wert als Mutter und als Mensch zu entdecken. Er liebt uns anders als Menschen uns lieben. In seiner Liebe finden wir unsere Erfüllung.

Wo soll ich anfangen?

Als Kind ging ich jeden Sonntag mit meinen Eltern zur Kirche. Dadurch lernte ich viel über Gott. Heute kenne ich jedoch den großen Unterschied zwischen »um Gott wissen« und »Gott kennen«.

Als ich einundzwanzig Jahre alt und gerade Mutter geworden war, brachte mich meine Freundin Jamie dazu, in der Bibel zu lesen und für mein Muttersein von dem zu profitieren, was ich darin fand. Sie vermittelte mir vieles, was für mich als Mutter neu und wissenswert war. Ich wusste zwar viel von der Bibel, kannte sie jedoch nicht richtig. Ich hatte noch nicht bemerkt, dass ich sie auf mein Leben als Frau und Mutter anwenden konnte. Ich wollte mehr darüber erfahren und mir dabei helfen lassen. So langsam entdeckte ich, dass ich erst die Frau und Mutter sein konnte, die ich sein wollte, wenn ich gelernt hatte, mit Gott als meinem besten Freund zu leben. So begann die lange Reise, auf der ich mich heute noch befinde: die Reise, Gott kennen zu lernen.

Denken Sie mal daran, wie es mit neuen Freundschaften ist. Sie haben vielleicht eine neue Nachbarin, die sie ab und zu mit ihren Kindern draußen gesehen haben. Vielleicht haben Sie auch schon mal Hallo gesagt. Mit einer anderen Nachbarin haben Sie sich schon über sie unterhalten und Sie haben herausgefunden, woher sie kommt, wie viele Kinder sie hat und wie sie ihre Zeit verbringt. Aber bis jetzt wissen Sie nur wenig über sie. Sie kennen sie noch nicht richtig.

Eines Tages ruft sie Sie dann an und lädt Sie zum Mittagessen ein. Sie unterhalten sich, stellen sich gegenseitig Fragen, tauschen Gedanken und Meinungen aus, und zum ersten Mal überschreiten Sie den Punkt, von dem sie Ihre Nachbarin nur vom Hörensagen kannten, und lernen sie nun wirklich kennen. Ihre Beziehung wächst, wenn Sie mehr und mehr Zeit miteinander verbringen.

So ist es auch mit Gott. Wir können viel über ihn wissen oder wir können ihn wirklich kennen. Wenn wir anfangen, ihn auf einer persönlichen Ebene kennen zu lernen, schenkt er uns ein Leben, das wir nicht alleine leben müssen. Er will uns auch ein ewiges Leben im Himmel schenken. Wenn Sie Gott noch nie gesagt haben, dass Sie gern mit ihm Freundschaft schließen wollen, können Sie das jetzt tun. Sie müssen nur aufrichtig und von Herzen sprechen: »Herr, ich habe versucht, das Leben alleine zu meistern, und ich möchte dies ändern. Ich weiß, dass ich dich brauche. Ich möchte das Angebot deiner Freundschaft annehmen. Ich möchte dich kennen lernen, Herr, und nicht nur wissen, dass es dich gibt. Ich möchte meinen Selbstwert in der Gewissheit finden, dass ich zu dir gehöre. Ich möchte das Opfer Jesu annehmen, der gestorben ist, um uns mit dir zu versöhnen. Danke, Herr.«

Zunächst gilt es, Gottes Einladung der Freundschaft anzunehmen. Wenn wir seine Einladung annehmen, beginnt unsere Reise, auf der wir ihn kennen lernen können.

Ich bin geliebt und angenommen

Meine Freundin Cathy ist allein erziehende Mutter. Für sie ist das Muttersein Beruf. Sie bietet bei sich zu Hause eine Tagesbetreuung an. Dadurch sorgt sie für den Unterhalt ihrer Tochter. Doch die Herausforderung, ihr Kind allein zu erziehen, ist nicht die einzige Hürde, die Cathy in ihrem Leben nehmen musste. Sie hat früh ihre Eltern verloren. Und so wuchs sie bei Pflegeeltern auf. Damals herrschte noch die Meinung vor, dass ein Kind keine zu starken Bindungen zu seiner Pflegefamilie eingehen sollte. Deshalb wechselte Cathy in ihrer Kindheit jedes Jahr mehrmals die Pflegefamilie.

Während sie so aufwuchs, rätselte Cathy über den Sinn dieser Anti-Bindungs-Philosophie des Pflegesystems nach. Sie verstand lediglich, dass sie für einige Monate irgendwo lebte, nur um gerade dann weitergeschoben zu werden, wenn sie sich in ihrem neuen Umfeld eingewöhnt hatte. Jung wie sie war, verband sie die Wechsel mit ihrem Verhalten. Sie dachte, sie würde immer dann an eine neue Familie weitergereicht, wenn sie etwas falsch gemacht hatte. So begann ihr Streben nach Vollkommenheit. Sie hoffte, wenn sie nur gut genug wäre, würde sie in einer Familie bleiben können.

Cathy und ich sind zusammen in einer Kleingruppe für Mütter, in der wir das Buch *The Power of a Praying Parent* (»Von der Kraft des elterlichen Gebets«) von Stormie Omartian gelesen und besprochen haben. Vor kurzem haben wir uns über das Kapitel ausgetauscht, in dem es darum geht, dass wir für unsere Kinder beten, damit sie sich geliebt und angenommen fühlen. Für Cathy war es eine große Entdeckung, dass ihr all die Jahre in den Pflegefamilien jegliches Gefühl des Geliebt- und Angenommenseins genommen wurde. Jetzt als Erwachsene kennt sie Gott und sie hat gelernt, dass Gott anders ist als das Pflegesystem. Seine Liebe und Annahme hängen nicht von unserem Verhalten ab. Sie sind ein Geschenk. Seine Liebe ist bedingungslos. Cathy hat zwar nach wie vor mit den alten Denkmustern zu kämpfen, dass sie sich die Liebe und Anerkennung anderer erst verdienen muss. Aber sie versteht jeden Tag mehr, wie Gott wirklich ist.

Gott möchte, dass wir uns von ihm angenommen und geliebt wissen. Haben Sie schon begriffen, welchen Wert Sie bei ihm haben? Inwiefern macht Sie diese Tatsache als Mutter effektiver? Viele Frauen meinen, sie seien dieser Liebe nicht wert. Vielleicht sind Sie auch in einem Elternhaus aufgewachsen, wo Sie nie ein Lob gehört haben, und es geht Ihnen wie Cathy. Wenn Sie von Ihren Eltern oder Stiefeltern immer nur an Ihre Fehler und Schwächen erinnert wurden, fällt es Ihnen vielleicht besonders schwer, diese bedingungslose Liebe und Annahme zu begreifen. Wenn Ihnen immer nur vorgehalten wurde, dass Sie nie etwas richtig machen, sind Sie vielleicht zu der Überzeugung gelangt, dass Sie der Liebe Gottes nicht würdig sind.

Gott möchte, dass wir als Mutter Liebe und Anerkennung zeigen. Er möchte, dass wir unsere Kinder ohne Wenn und Aber lieben. Er möchte, dass wir unser praktisches Handeln als

Mutter an ihm orientieren. Um das zu können, müssen wir selbst verstanden und erfahren haben, was Liebe und Angenommensein wirklich heißt.

Mir ist vergeben

Die meisten Mütter heutzutage sind zu einer Zeit aufgewachsen, in der die Begriffe »richtig« und »falsch« allmählich zu verschwimmen begannen. Ich weiß noch, wie ich als junges Mädchen oft zu hören bekam, dass Richtig und Falsch persönliche Entscheidungen wären. Dies war die vorherrschende gesellschaftliche Meinung. Die absolute Wahrheit wurde zur relativen Wahrheit. Wenn man meinte, etwas sei für einen persönlich das Richtige, dann war es auch richtig. Es gab kein Richtig oder Falsch, bis man selbst entschied, was für einen richtig oder falsch war.

Mit den Konsequenzen der eigenen Entscheidungen lässt sich oft schlecht leben. Häufiger Partnerwechsel, Kinder die allein erzogen werden müssen, Abtreibungen, Drogen- und Alkoholmissbrauch zählen zu den greifbarsten Folgen. Anhaltende Orientierungslosigkeit, Niedergeschlagenheit und Depressionen sind häufige Erscheinungen in einer Welt, in der jeder selbst wissen muss, was für ihn gut oder schlecht ist. Gott hat uns aus einem bestimmten Grund Richtig und Falsch vorgegeben. Wir finden den Weg zum Leben in seinem Wort, in der Bibel. Er hat uns auch einen Weg eröffnet, mit den Fehlern, die wir in unserem Leben machen, fertig zu werden. Gottes Vergebung, die Jesus am Kreuz erwirkt hat, befreit uns von unserem Versagen und eröffnet uns eine neue Perspektive.

Wenn wir mit Gott Freundschaft schließen, können wir ihm sagen, dass uns unsre Fehler Leid tun, und wir erfahren Vergebung. So können wir die Vergangenheit hinter uns lassen und offen in die Zukunft blicken. Wenn wir einen Fehler, nachdem wir um Vergebung dafür gebetet haben, noch einmal zu Gott bringen wollen, sagt er: »Ich weiß gar nicht, wovon du redest.« Seine Vergebung ist umfassend. Er macht reinen Tisch. Wir können noch einmal von vorne anfangen. Wenn wir mit Gott leben, dann ist uns ein für alle Mal vergeben.

Eine funktionierende Familie muss Vergebung praktizieren. So wie uns vergeben ist, sollen auch wir anderen Menschen vergeben. Gott ist uns darin ein Vorbild, und wir können seinem Beispiel folgen.

Für mich ist gesorgt

Bis zu unserem sechsten Ehejahr hatten wir keinen Geschirrspüler. Als wir dann in eine Wohnung umzogen, die eine Spülmaschine hatte, waren unsere zwei Kinder noch recht klein. Ich genoss es dann nicht drei- oder viermal am Tag die Teller von Hand abspülen zu müssen. Als dann Kind Nummer drei kam, konnte ich zum ersten Mal die Fläschchen in den Geschirrspüler stellen und musste nicht mühsam versuchen, sie von Hand mit der Flaschenbürste zu reinigen. Für mich war das eine tolle Sache – eine einfache, aber spürbare Wohltat.

Zwei Jahre später: Wie das so mit allen Geräten passiert, gab auch unser Geschirrspüler schließlich einmal den Geist auf. Wir überprüften unsere Finanzen und stellten fest, dass wir einfach kein Geld für einen neuen hatten. Wir waren immer noch dabei, von den Schulden herunterzukommen, die wir zu Beginn unserer Ehe gemacht hatten. Deshalb wollten wir auch einen neuen Geschirrspüler möglichst bar bezahlen können. Wie wir es auch drehten und wendeten, ein neuer war bei unserem knappen Einkommen einfach nicht drin.

Einige Wochen lang schmollte ich und lamentierte über diesen traurigen Umstand. Ich wollte unbedingt wieder eine Spülmaschine haben. Schließlich machte es doch mein Leben so viel einfacher! Ich überlegte hin und her, wie wir uns doch einen leisten könnten, und zog selbst die Möglichkeit in Betracht, neue Schulden zu machen. Jedes Mal, wenn mein Mann und ich darüber sprachen, einigten wir uns doch wieder darauf, im Moment darauf zu verzichten.

Mit der Zeit stellte ich fest, dass der Verzicht auf dieses bequeme Gerät auch einige Vorteile mit sich brachte. Wir verbrachten nach dem Essen mehr Zeit als Familie zusammen mit dem Abwaschen und Abtrocknen. Wir unterhielten uns und lachten gemeinsam und kamen uns bei dieser alltäglichen Arbeit näher.

Wir hatten fast neun Monate ohne einen Geschirrspüler überlebt, als ich dies beiläufig einer neuen Bekannten gegenüber erwähnte. Sie lachte, als ich ihr von meinem anfänglichen Frust erzählte. Ich berichtete ihr von dem neuen Familienzusammenhalt, aber auch von der Annehmlichkeit, die ich so sehr vermisste. Da fragte sie mich, ob ich schon dafür gebetet hätte. »Für einen Geschirrspüler beten?«, fragte ich befremdet. Auf diesen Gedanken war ich noch nie gekommen. Gott hatte sich um wichtigere Dinge zu kümmern als um eine Geschirrspülmaschine. Sie legte mir aber ans Herz, doch einmal für einen Geschirrspüler zu beten. Wenn Gott einen für mich im Auge hatte, dann konnte er mich auch zu ihm führen. Wenn nicht, wüssten wir, dass Spüle und Seifenwasser seinem augenblicklichen Plan für uns entsprachen. Also fing ich an, Gott zu bitten, uns mit einem neuen Geschirrspüler zu versorgen.

Mehrere Wochen vergingen. Es war an einem Sonntag. Mark und ich waren an diesem Morgen getrennt zum Gottesdienst gefahren, weil er früher zum Kindergottesdienst dort sein musste. Als ich dann wieder auf dem Heimweg war, kam ich an eine Kreuzung, an der ich normalerweise links abbog. Im Bruchteil einer Sekunde fällte ich stattdessen die Entscheidung, geradeaus zu fahren und erst an der nächsten Kreuzung links abzubiegen. Das war immer noch der direkte Weg nach Hause, nur eine Strecke, die ich sonst nicht fuhr.

Als ich so die Straße entlangfuhr, bemerkte ich, wie ein Mann ein großes Gerät auf einem fahrbaren Gestell auf die Straße rollte. Sieht wie eine Spülmaschine aus, dachte ich bei mir. Aber ich konnte mir beim besten Willen nicht vorstellen, dass es eine war. (Oh, ich Kleingläubige!) Ich bog in eine Einfahrt ein und drehte, um mir die Sache genauer anzusehen. Als ich auf den Mann in der Einfahrt zufuhr, konnte ich sehen, dass es tatsächlich eine Geschirrspülmaschine war, auf der ein Schild angebracht war mit der Aufschrift: »Geschirrspüler 50 Dollar – tipptopp in Ordnung«. Ich konnte es nicht fassen. Ich ging auf den Mann zu, der gerade in der Garage hantierte, und fragte ihn, ob die Spülmaschine irgendeine Macke hätte. Er versicherte mir, dass sie noch in einwandfreiem Zustand war und nur nicht mehr zur Farbe der neu gestrichenen Küche passte.

Fünfzig Dollar waren zu dieser Zeit für uns zwar immer noch eine Menge Geld, aber wir konnten damit leben. Mark hatte kurz zuvor einem Freund bei einigen Arbeiten ausgeholfen, der ihm dafür Geld gegeben hatte. Das reichte genau für den neuen Geschirrspüler. Ich sagte dem Mann, dass ich die Spülmaschine nehmen würde und dass ich in fünfzehn Minuten zurückkommen wollte, um sie abzuholen. Ich fuhr die kurze Strecke nach Hause weiter und traf gerade ein, als Mark in die Einfahrt einbog. Ganz aufgeregt erzählte ich ihm von meiner neuen Errungenschaft. Und von meiner Erfahrung mit dem Gebet für eine neue Spülmaschine, und wie Gott mir den Weg gezeigt hatte.

Diese Spülmaschine wurde für uns zu einem konkreten Zeichen dafür, wie sehr Gott sich um uns sorgt. Er kümmert sich nicht nur um unsere Nöte, er kümmert sich auch um unsere Wünsche. Diese Begebenheit führte uns zu einer tieferen Freundschaft mit Gott. Ich erzähle die Geschichte trotz allem mit einer gewissen Vorsicht, denn Gott ist nicht ein großer Automat, der, wenn wir ein Gebet einwerfen und den richtigen Knopf drücken, das Richtige ausspuckt. Gott funktioniert nicht so wie eine Maschine. Aber er kümmert sich um uns und hat einen Plan für uns. Wir können mit ihm über unser Leben, unsere Beziehungen, unsere Nöte und auch unsere Wünsche sprechen. Wenn wir unsere Herzenswünsche offen vor ihn legen, wird er uns seinen Plan für unser Leben zeigen.

Gott liegen die Dinge am Herzen, die uns am Herzen liegen. Nichts ist zu banal, als dass wir es im Gebet nicht vor ihn bringen könnten. Die Bibel sagt uns, dass Gott für alle Dinge in unserem Leben sorgt. Er kennt uns ganz genau. Er weiß sogar, wie viele Haare auf unserem Kopf sind. Er kümmert sich selbst um Ihr Kind, das nicht sauber werden will. Er kümmert sich um die Arbeitsstelle Ihres Mannes. Er möchte, dass Sie mit ihm auch über Ihren aufmüpfigen Teenager sprechen.

Wenn Sie Ihre Strategie für den Mutterberuf festlegen, bedenken Sie eines: Wir können keine perfekten Mütter sein, aber wir können uns mit einem vollkommenen Gott verbünden. Und das ist mit Sicherheit eine Erfolg versprechende Strategie!

Zum Weiterdenken

Wenn Sie Gott besser kennen lernen möchten, wenden Sie sich an einen christlichen Freund und suchen Sie einen erfahrenen Seelsorger. Die Adressen von Kirchen und Gemeinden finden sich in jedem Telefonbuch oder über die Telefonseelsorge.

Welche Last von Fehlern aus Ihrer Vergangenheit schleppen Sie noch mit sich herum? Nehmen Sie sich Zeit, mit Gott zu reden. Bitten Sie ihn um Vergebung, und nehmen Sie seine Liebe an.

Was würde Ihnen dabei helfen zu erkennen, wie wertvoll Sie für Gott sind? Macht Sie solche Erkenntnis als Mutter effektiver?

Wo haben Sie es nicht zugelassen, dass Gott sich auch um die kleinen Dinge in Ihrem Leben kümmert (wie etwa einen Geschirrspüler!)? Über was müssen Sie mit ihm reden? Nehmen Sie sich jetzt einige Minuten Zeit, um diese Dinge mit ihm zu besprechen.

KAPITEL 5

Das Fundament Ihrer Familie: eine erfüllte Ehe

Es war Valentinstag. Wir schrieben das Jahr 1994. Für Mark begann der Tag mit der Männergruppe, die er jeden Dienstag leitete. Dieser Dienstag war jedoch etwas anders als sonst. Nachdem die Gruppe an diesem Morgen auseinander gegangen war, nahm einer der Männer Mark beiseite. Er eröffnete ihm, dass er an einem Wettbewerb für Verkäufer teilgenommen und drei Reisen für zwei Personen nach Rom gewonnen hatte. Er und seine Frau würden ein Set Reisetickets, ein Angestellter und dessen Frau das zweite Ticketset nehmen, und nun fragte er Mark, ob er und ich nicht das dritte Ticketset für diesen »All-Inclusive«-Trip in Anspruch nehmen wollten. Das war eine Gelegenheit, die nur Gott geschenkt haben konnte!

Mark sagte (natürlich!) sofort zu und verbrachte dann den ganzen Tag damit, sich über die Einzelheiten der Reise Gedanken zu machen. Unsere Kinder waren zu diesem Zeitpunkt drei, sechs und neun Jahre alt. Es galt, für sie eine gute Betreuung zu finden. Deshalb rief er meine Eltern an, die drei Stunden von uns entfernt wohnen, um gleich anzufragen, ob sie in den acht Tagen auf die Kinder aufpassen könnten. Sie wollten gerne kommen. Er klärte noch ab, ob er in dieser Zeit Urlaub bekommen konnte, und trug gleich seinen Urlaub ein. Als Nächstes entwarf er eine Valentinskarte für mich, mit der er mir auf originelle Weise mitteilte, welch tolle Gelegenheit sich uns bot.

Er glaubte sich schon in der Rolle des »Valentinshelden 1994«! Welcher Ehemann wäre nicht auch glücklich bei der Vorstellung, seiner Frau eröffnen zu können, dass sie kostenlos eine

Reise nach Italien mit allem Drum und Dran antreten würden. Eine Reise, die sich eine Familie mit nur einem Verdienst sicher nie hätte träumen lassen! Aber der Arme war auf das, was ihn zu Hause erwartete, ganz und gar nicht gefasst.

Er strahlte vor Glück, als er zur Haustür hereinkam. Ich dachte mir schon, dass er irgendetwas im Schilde führte. So setzte ich mich erst einmal auf seine Bitte hin, während er mir verkündete, dass er mir etwas Besonderes geben wollte. Dann zog er die selbst entworfene Karte heraus und bat mich, sie vorzulesen. Auf dieser Karte stand:

Herzlichen Glückwunsch zum Valentinstag!
Wir haben eine Reise nach Rom, Italien, geschenkt bekommen.
Es ist eine achttägige All-Inclusive-Reise,
die in der ersten Aprilwoche stattfinden wird.
Ist Gott nicht gut? – Ich liebe dich!
Mark

Ich konnte es nicht glauben! Ich dachte, er würde einen Witz machen. Aber dann erzählte er mir von dem Bekannten, der ihm die Reise an jenem Morgen angeboten hatte; dass er bereits für die Unterbringung der Kinder in dieser Zeit gesorgt und seinen Urlaub eingereicht hatte. Und dass er ganz aufgeregt sei, weil uns eine solche Reise geschenkt worden war.

Zunächst war ich sprachlos. Als ich schließlich meine Stimme wiedererlangte, waren meine ersten Worte: »Ich kann nicht mit.«

In meinem Kopf türmten sich die Fragen: Wie kann ich meine Kinder allein zurücklassen? Was ist mit Erica? Sie ist erst drei Jahre alt. Sie braucht mich! Wie können wir nur am anderen Ende der Erde sein – getrennt von unseren Kindern? (Meine Flugangst kam noch hinzu.) Ich verbringe doch keine dreizehn Stunden in einem Flugzeug! Und ich fliege sicherlich nicht über den Ozean! Ich kann nicht mit.

Nun, das sollte eine gehörige Lektion für mich werden! Gott wollte, dass ich durch diese Begebenheit reifte. Er wollte, dass ich etwas von der Rolle und Verantwortung verstand, die er mir übertragen hatte. Gott hatte mich zunächst dazu berufen, meinem Mann eine gute Ehefrau zu sein. Dann erst rief er mich in die Mutterrolle. Gottes Vorstellung von einer gesunden Familie ist, dass sie auf einer starken Ehe aufbaut. Ich hatte das noch nicht begriffen. Seitdem ich Mutter war, hatte sich nur alles um die Kinder gedreht. Ich hatte meine Kinder vor meinen Mann gestellt. Gott sollte diese Reise dazu benutzen, mich wieder auf den richtigen Kurs zurückzubringen.

Wenn wir ein Bügeleisen oder einen Mixer kaufen, liegt gewöhnlich eine Bedienungsanleitung von der Herstellerfirma bei. Die Erfinder haben einen bestimmten Zweck damit verbunden. Sie wissen genau, wie das Gerät funktionieren soll, und sie wissen auch um seine Grenzen. So ist es auch bei Gott. Die Bedienungsanleitung, die er uns hinterlassen hat, ist sein Wort, die Bibel. Wenn wir unser Leben nach ihm ausrichten, haben wir den Vorteil, dass wir den Gebrauchsanweisungen dessen, der uns, die Ehe und die Kinder geschaffen hat, folgen können. Er weiß, wie alles am besten funktioniert. Die Bibel informiert uns über alles, was wir wissen müssen, um unser Leben so leben zu können, wie es sich der Schöpfer erdacht hat.

Das 1. Buch Mose legt die Prioritäten fest. Zunächst hat Gott jeden von uns als Individuum geschaffen. Dann gab er uns in der Ehe einen Partner. Schließlich ließ er noch Kinder die Familie bereichern. Die Ehe ist auf Lebenszeit angelegt, während die Zeit der Kindererziehung im Leben einer Familie nur zwanzig bis dreißig Jahre dauert. Die Ehe ist das Fundament, auf das die Beziehungen in der Familie aufbauen – nicht die Kinder. Leider vergessen das viele; aber wenn die Kinder zu sehr im Zentrum stehen, wird die Familie auf Dauer nicht gedeihen.

Ich ging mit auf die Italienreise. Wir verbrachten fünf Tage in Rom, einen Tag in Florenz und zwei Tage auf Reisen. Was das Wichtigste daran war, wir verbrachten acht Tage allein als Mann und Frau. Wir waren nur zu zweit. Dadurch wurde mir neu der Wert dieser grundlegenden Beziehung für unsere Familie bewusst. Und ich lernte, wie wichtig es war, in erster Linie Ehefrau zu sein und erst in zweiter Linie Mutter. Die Reise ermöglichte mir, alles wieder im rechten Licht zu sehen.

Wir sind so geschaffen, dass Gott den ersten Platz in unserem Herzen einnehmen soll. Ein einziger Mensch kann die zweite

Stelle besetzen: unser Ehepartner. Auf diesem Fundament lässt sich eine Familie gründen. Die Kinder kommen zu dieser Gemeinschaft hinzu, verlassen sie aber auch wieder.

Eine Ehe kostet Zeit und Kraft

In einer Welt, in der so unendlich viele Stimmen und Meinungen auf uns eindringen, kann es schnell passieren, dass wir mit unseren Prioritäten durcheinander kommen. Wir stellen unsere Aktivitäten oder Alltagsgeschäfte vor die Zeit mit Gott. Wir nehmen Dinge wichtiger als Menschen. Und vielen Frauen werden ihre Kinder wichtiger als ihr Mann.

Wenn Sie sich eine Strategie für den Beruf »Mutter« überlegen wollen, ist es zunächst wichtig, über Ihre Ehe nachzudenken. Häufig sitzen Frauen einem Trugschluss auf und denken: »Mein Mann ist erwachsen. Der kommt schon klar.« Denn: »Meine Kinder brauchen mich wirklich dringend, ich bin voll für sie verantwortlich. Sie sind meine erste Priorität.«

Sie müssen sich jedoch Folgendes vor Augen halten: *Für Ihre Kinder ist es ungeheuer wichtig, dass Sie eine starke Ehegemeinschaft bilden, die der Eckstein der Familie ist. Wenn Ihre Ehe intakt ist, ist auch die Welt Ihrer Kinder in Ordnung. Eine starke Ehe ist ein Geschenk, das Sie auch Ihren Kindern machen.*

Der Journalist John Rosemond formulierte einmal treffend: »Manche Frauen werden Mutter und verhalten sich dann so, als hätten sie bei der Eheschließung versprochen: ›Ich nehme dich zu meinem Mann, bis dass die Kinder uns scheiden.‹«

Wir müssen Zeit in unsere Ehe investieren. Wenn wir einer Sache Zeit widmen, bringen wir damit zum Ausdruck, dass die Angelegenheit für uns von Bedeutung ist. Niemand schenkt uns diese Zeit. Wir müssen sie uns selbst nehmen.

Wenn ich mit meinem Mann ausgehen will, muss ich im Kalender einen passenden Termin aussuchen, den Babysitter anrufen, die notwendigen Vorkehrungen treffen und mein Vorhaben »durchziehen« – egal wie viel Aufwand damit verbunden ist. Es lohnt sich!

Wir können als Frauen auch nicht ständig darauf warten, dass unser Mann den ersten Schritt unternimmt. Wir müssen den ersten Schritt tun, weil es notwendig und wichtig ist, eine gesunde Beziehung aufzubauen, die wiederum unseren Kindern die Sicherheit schenkt, die sie brauchen. Wir müssen den ersten Schritt wagen, weil es Nähe und Intimität in unsere Beziehung bringt. Ehen sind wie Autos. Sie haben Benzintanks. Wenn wir uns nicht die Zeit zum Auftanken nehmen, wird uns irgendwann der Sprit ausgehen, und wir werden am Straßenrand liegen bleiben.

Nach Jahren, in denen ich meine Kinder an die erste und meine Ehe an die zweite Stelle gesetzt hatte, war es für mich sehr schwer, mit dieser Gewohnheit wieder zu brechen. Aber es war dennoch möglich. Wenn Sie Ihr erstes Kind bekommen, wird von Ihnen zwangsläufig mehr Aufmerksamkeit gefordert. Das Leben ändert sich schlagartig, wenn ein Kind mit ins Spiel kommt. Das sollte aber nicht heißen, dass wir unsere Ehe einfach so wie beim Autopilot mitlaufen lassen. Die Mann-Frau-Beziehung muss bewusst gepflegt werden. Sie muss gezielt geplant werden, damit sie nicht auf Sparflamme läuft. Wenn sie nicht zur Priorität erhoben wird, kann sie in der Geschäftigkeit des Lebens leicht untergehen.

Soll die eheliche Beziehung tatsächlich ein Leben lang halten, dann müssen wir in diese Beziehung investieren, solange die Kinder noch zu Hause sind. Wenn wir das versäumen, werden wir eines Tages in einem leeren Haus aufwachen und uns fragen, wer der fremde Mann neben uns ist.

Elise Arndt schneidet dieses Thema auch in ihrem Buch *A Mother's Time* (»Die Zeit einer Mutter«) an:

»Vielleicht bedarf es eines Schrittes im Glauben, insbesondere wenn Sie keine Liebe mehr für Ihren Mann empfinden oder glauben, dass er Sie gar nicht schätzt oder nur ausnutzt. Bitten Sie Gott, Ihnen ein mitfühlendes und liebevolles Herz für Ihren Mann zu geben – ein Herz, das über seine Schwächen und Fehler hinweg auf die Stärken sieht, die Sie anfänglich bei ihm so anziehend fanden. Sind sie nicht immer noch vorhanden? Wenn Sie Ihren Mann wieder an die erste Stelle vor Ihren Kindern rücken, wird dieser Entschluss gesegnet sein.«[6]

Blicken Sie mit mir einen Moment lang zurück in die Vergangenheit. Denken Sie einmal darüber nach, wann Sie Ihren Mann kennen gelernt haben. Was fanden Sie so anziehend an ihm? Was bewegte Sie dazu, mehr Zeit mit ihm verbringen zu wollen? Denken Sie an die erste gemeinsame Zeit zurück. Was hat Ihnen am meisten gefallen? Wer waren Sie in diesem Zeitabschnitt Ihres Lebens? Wer sind Sie heute? Haben Sie die Spontaneität und Unbekümmertheit von damals verloren? Wie tritt Ihr Mann heute auf? Wo liegen seine Stärken? Haben Sie ihn in jüngster Zeit dafür gelobt? Ist er für Sie inzwischen nur ein weiterer Punkt auf Ihrer Erledigungsliste? Oder steht er nach wie vor an erster Stelle? Wissen Ihre Kinder, wie sehr Sie ihren Papa lieben, oder bekommen sie nur Schlechtes über ihn zu hören? Können Ihre Kinder sehen, dass Sie sich Zeit füreinander nehmen? Nehmen Sie sich heute vor, gezielt daran zu arbeiten!

Ich will die Frau werden, die Gott sich gedacht hat

Jedes Jahr halten mein Mann und ich mehrere Eheseminare ab. Bei der Vorstellungsrunde sagen wir oft: »Wir sind siebzehn Jahre verheiratet, davon sieben Jahre glücklich.« Ich wünschte, das wäre anders, aber es ist so. Wir hatten einen schlechten Start in unsere Ehe, und die ersten zehn Jahre waren äußerst schwierig für uns.

Anne kündigte sich an, als wir kaum zwanzig Monate verheiratet waren. Ich fixierte mich schnell völlig auf die Kinder. Aber das ist noch nicht alles.

Keiner von uns beiden verfügte zu Beginn unserer Ehe über die Fähigkeit, Konflikte zu lösen. Mark hatte mit seinem Hang zur Passivität und zu Wutausbrüchen zu kämpfen. In seinen jungen Jahren hatte er viel mit Pornografie zu tun gehabt. Ich dagegen neigte dazu, vorschnell über andere zu urteilen. Außerdem hatten wir beide schon vor der Ehe intime Beziehungen mit anderen Partnern gehabt. Vergebung war für uns ein Fremdwort. Ungefähr im siebten Jahr unserer turbulenten Ehe kam dann der Zusammenbruch. Wir waren beide müde. Schon Jahre zuvor war die Liebe aus unserer Beziehung gewichen. Wir konnten einander kaum noch ertragen. Wir waren an einem Scheideweg angekommen und mussten jetzt eine Entscheidung treffen. Wollten wir die Dinge einfach lassen, wie sie waren, und weiterhin nebeneinander her leben? Wollten wir uns scheiden lassen? Oder wollten wir Hilfe annehmen für diese kaputte Beziehung?

Wir waren beide der Ansicht, dass Gott die Ehe eingerichtet hatte und dass deshalb eine Scheidung nicht zur Debatte stand. Wenn Gott der Meinung war, dass wir es schaffen konnten, dann würden wir es auch schaffen. Aber wir mussten noch einen langen Weg zurücklegen.

Auf unseren Eheseminaren sprechen Mark und ich immer von der Notwendigkeit, in der Ehe neue »Übungsfelder« zu haben. Das Zuhause, in dem wir aufwachsen, dient als unser Lern- und Übungsfeld fürs Leben. Dort lernen wir etwas über die Ehe, die Lösung von Konflikten, den Ausdruck von Gefühlen und vieles andere mehr. Wenn wir heiraten und eine neue Familie gründen, ist es wichtig, einmal innezuhalten und darüber nachzudenken, welchen positiven Erfahrungshorizont wir selbst mitgebracht haben. Was wollen wir davon an unsere Kinder weitergeben? In welchem Lebensbereich müssen wir noch dazulernen und uns einüben?

An diesem Punkt hatten wir beide neu anzusetzen. Wir beschlossen, uns in unserer kaputten Beziehung helfen zu lassen. Wir entdeckten allmählich die Bereiche in unserem Leben, die wir beide neu erproben mussten. Ganz langsam setzten wir einen Prozess in Gang, mit dem wir die Scherben unserer Ehe wieder kitten konnten.

Ein Blick auf mich selbst

Mark hatte sehr viel Ballast mit in unsere Ehe gebracht. Und ich hatte unsere eheliche Beziehung mit meinem eigenen Bündel an Problemen belastet, obwohl ich nicht so viele neue »Übungsfelder« zu bearbeiten hatte wie Mark. Das führte dazu, dass ich viel Gelegenheit hatte, mit dem Finger auf ihn zu zeigen. Und ich wurde ein wahrer Meister darin.

Ich vergeudete mehrere Jahre damit, dass ich Mark die Schuld für die belastende Situation, in der wir steckten, in die Schuhe schob. *»Schließlich war er es doch, der so viel Ballast mit in die Ehe gebracht hat!«*, dachte ich bei mir. Aber ich schadete mit meiner extremen Selbstgerechtigkeit, Unversöhnlichkeit und meiner unbewältigten Wut unserer Beziehung mindestens genauso sehr wie er. In diesen Bereichen meines Lebens hatte nämlich ich neue Verhaltensweisen einzuüben.

Ich kann mich noch gut an den Tag erinnern, der die Wende in unserer Ehe brachte. Es war der erste Tag, an dem ich selbst die Verantwortung für den Schaden übernahm, den *ich* in unserer Beziehung anrichtete. Ich stolperte beim Bibellesen über einen Abschnitt, den ich schon oft gelesen hatte. An diesem Tag jedoch sprangen mich die Worte aus Matthäus 7,3-5 förmlich an. Für mich bekamen sie folgende Bedeutung:

»Warum kümmerst du dich um den Splitter im Auge deines Mannes und bemerkst nicht den Balken in deinem eigenen? Wie kannst du zu deinem Mann sagen: ›Komm her, ich will dir den Splitter aus dem Auge ziehen‹, wenn du selbst einen ganzen Balken im Auge hast? Du Scheinheilige, zieh erst den Balken aus deinem Auge, dann kannst du dich um den Splitter im Auge deines Mannes kümmern.«

Gott hatte eine Botschaft für mich, die laut und deutlich war. Er zog den Balken aus meinem Auge und schlug ihn mir auf den Kopf. Es war Zeit, dass ich die Klappe hielt und mir an die eigene Brust klopfte. Ab diesem Tag betete ich nicht mehr: »Herr, ändere ihn«, sondern »Herr, ändere mich«.

Das war der Wendepunkt in unserer Ehe. Wissen Sie auch warum? Weil ich zum ersten Mal Mark in Ruhe ließ und er sich nicht mehr nur verteidigen musste. Nachdem er aufhörte, wie auf Zehenspitzen zu gehen und ständig darauf zu warten, dass ich ihm eins draufgab, fühlte er sich befreit dazu, an den Veränderungen zu arbeiten, die Gott von ihm erwartete. Er hatte sich schon deshalb nicht so verändern können, wie ich es von ihm erwartete, weil ich ihn selbst im Grunde daran hinderte. Er musste so viel Energie aufbringen, sich vor mir zu verteidigen, dass ihm keine Energie mehr blieb, an sich zu arbeiten.

Ein neues Übungsfeld für mich

Ich musste vieles lernen. Die meisten von uns müssen das. Die Frage ist nur, ob wir bereit sind, alles zu investieren, um die Änderungen in unserem Denken und Verhalten zu bewirken, die notwendig sind. Dieser Veränderungsprozess begann bei mir dadurch, dass ich alles las, was mir helfen konnte, die Frau zu werden, zu der Gott mich bestimmt hatte. Gottes Wort enthält viele gute Gedanken zum Thema Ehe. Daneben gibt es viele gute Bücher, die mir wertvolle Tipps gegeben haben.

Was mir auch geholfen hat, waren Beziehungen zu Frauen, die ich gebeten hatte, mich für mein Tun zur Verantwortung zu ziehen. Außerdem nahm ich unsere Eheberatungstermine ernster.

Doch wenn Sie jetzt meinen, dass von da an alles ein Kinderspiel gewesen wäre, dann muss ich Sie enttäuschen. Es lief nämlich überhaupt nicht glatt. Im Gegenteil. Bevor eine Besserung eintrat, wurde alles nur noch schlimmer. Zum ersten Mal arbeiteten wir konsequent an unseren Problemen, anstatt sie nur aufs Tapet zu bringen und die gleichen alten Argumente durchzukauen, um sie dann ungelöst zur Seite zu schieben. Die Lösung unserer Probleme nahm sehr viel Zeit und Energie in Anspruch. Wir waren jedoch fest entschlossen, jedes einzelne Problem so lange durchzusprechen, bis wir eine Lösung dafür gefunden hatten – egal wie lange es dauerte.

Die Lösung für einige Streitpunkte fand sich darin, dass wir uns entschuldigten und einander Vergebung zusprachen. Bei anderen Fragen arbeiteten wir ausdauernd an einer Lösung, die uns helfen würde, künftig mit bestimmten Situationen besser umzugehen. Wir rangen darum, einander unsere verschiedenen Denkweisen verständlich zu machen und gemeinsam einen Kompromiss zu erarbeiten. Manchmal schien es uns, als kämen wir nur im Schneckentempo weiter. Und es gab sogar Zeiten, in denen wir dachten, wir würden rückwärts anstatt vorwärts gehen. Aber so langsam machten wir Fortschritte. Wir waren fest entschlossen, uns mit Gottes Hilfe durch die Probleme durchzubeißen.

Glücklich bis an ihr Lebensende?

Auch wenn es manchmal den Anschein hatte, als ob Mark und ich unsere großen Probleme nie würden lösen können, schafften wir es schließlich doch. Wir lernten dabei auch, unsere Konflikte selbständig anzugehen. Das war ein wichtiger Schritt. Wir fingen an, aufeinander zu hören. Als wir lernten, unsere Fehler zuzugeben, konnten wir einander um Vergebung bitten und sie auch gewähren.

Ob wir auch heute noch an unseren Problemen zu knabbern haben? Sicher. Heute wissen wir allerdings, wie wir mit ihnen umgehen können, und wir verfügen über das nötige Handwerkszeug, um sie zu bewältigen. Und das tut richtig gut!

Sind auch bei Ihnen ein paar »Holzarbeiten« fällig? Gibt es da vielleicht einige Balken, die es aus Ihrem Auge zu ziehen gilt? Sind Sie vielleicht zu eifrig dabei, den Splitter aus dem Auge Ihres Mannes zu ziehen? Ich möchte Sie dazu ermutigen, mit dieser Unart aufzuhören. Ihre Aufgabe ist es nicht, die Rolle des Heiligen Geistes im Leben Ihres Mannes zu spielen. Gott kann das auch ganz gut ohne Sie. Ihre Aufgabe ist es, die Frau bzw. Ehefrau zu sein, zu der Gott Sie berufen hat.

Haben Sie Ihre Ehe aufs Abstellgleis gestellt? Tun Sie so, als hätte Ihr Eheversprechen gelautet: »Ich nehme dich zu meinem Mann, bis dass die Kinder uns scheiden«? Müssen Sie Ihren Mann wieder an den ersten Platz stellen? Tun Sie es jetzt! Nicht morgen, sondern heute! Bereiten Sie sich auf sein Nachhausekommen vor. Arrangieren Sie Ausgeh-Abende mit ihm, und engagieren Sie dafür einen Babysitter. Bitten Sie Oma und Opa oder Freunde um Hilfe, und entführen Sie Ihren Mann zu einem Überraschungsabend.

Es ist an der Zeit, wieder in erster Linie Ehefrau und erst in zweiter Linie Mutter zu sein. Wenn wir diese Reihenfolge nicht beachten, können wir uns leicht auseinander leben, bis die Kinder aus dem Hause sind. Wenn unsere Kinder wissen, dass Mama und Papa einander lieben, ist ihre Welt intakt. Sie fühlen sich sicher in dem Wissen, dass ihre Eltern sich Zeit füreinander nehmen und sich umeinander kümmern. Und schließlich werden unsere Kinder das Beispiel, das wir ihnen geben, selbst mit in ihre Ehen nehmen. Wir haben es in der Hand, was sie sich zu Hause aneignen und was sie einüben. Wir müssen ihnen ein gesundes Gleichgewicht und intakte Beziehungen vorleben.

Wenn sich an Ihrer Beziehung etwas ändern muss, Sie jedoch die Einzige sind, die die Notwendigkeit zur Veränderung sieht, verlieren Sie nicht den Mut. Schauen Sie darauf, was Gott aus *Ihnen* machen und wie er *Sie* haben möchte. Beten Sie für Ihren Mann, und verhalten Sie sich ihm gegenüber liebevoll und aufmerksam. Zumindest können Sie dann mit Ihrem eigenen Verhalten und Ihren eigenen Fortschritten zufrieden sein. Stellen Sie sich nur einmal vor, was sich ändern würde, wenn Sie ihm nicht länger zusetzen und ihn endlich einmal in Ruhe lassen würden. Vielleicht stellen Sie dann fest, dass die Energie, die Ihr Mann darauf verwendet, um sich gegen Ihre Anschuldigungen, Ihre Abwertungen und Ihren Ärger zur Wehr zu setzen, genau die Energie ist, die er braucht, um an einigen notwendigen Veränderungen zu arbeiten.

Gott hat einen großartigen Plan für die Ehe. Er hat diese Beziehung selbst entworfen. Er gibt uns das nötige Know-how, um eine stabile und gesunde Beziehung wachsen zu lassen. Die Prioritäten sollten also richtig gesetzt werden. Und unsere Ehe sollte der Grundstein für unsere Familie sein. Das ist eine Strategie, die immer zum Erfolg führt!

Zum Weiterdenken

Dreht sich in Ihrer Familie alles um die Kinder, oder steht Ihre Ehe im Mittelpunkt? Notieren Sie sich drei Ziele oder Vorhaben, die Ihnen dabei helfen, Ihren Schwerpunkt auf die Ehe zu legen. (Das können beispielsweise wöchentliche oder vierzehntägige Ausgeh-Abende sein. Dies setzt voraus, dass Sie bereit sind, Ihre Kinder eine Zeit lang abzugeben oder früher zu Bett zu bringen.)

Was haben Sie selbst im Elternhaus über Beziehungen gelernt, das Sie nun übernehmen möchten? Was möchten Sie Ihren Kindern weitergeben? In welchen Bereichen Ihres Lebens müssen Sie ein neues Verhalten einüben?

Welche konkreten Pläne haben Sie, um in diesem Monat Zeit in Ihre Ehe zu investieren? Wie wäre es dieses Jahr einmal mit einer Übernachtung außer Hause nur zu zweit? Nehmen Sie sich jetzt Zeit, um sich Schritte zu überlegen, wie Sie Ihre Ehe an die erste Stelle rücken können!

KAPITEL 6

Wo sind meine Kolleginnen?

Wenn man eine neue Arbeitsstelle antritt, zahlt es sich aus, wenn man andere in der gleichen Branche kennt. Als mein Mann noch im Verkauf arbeitete, bemühte er sich darum, andere Leute im gleichen Geschäftsbereich kennen zu lernen. Als er seine Verkaufstätigkeit beendete und seinen geistlichen Dienst antrat, bemühte er sich, auch die anderen Pastoren in der Stadt kennen zu lernen. Als ich noch unterrichtete, kannte ich die anderen Musiklehrer in der Gegend. Haben Sie sich schon einmal gefragt, warum es so wichtig ist, ein *Netzwerk* aufzubauen? Ich konnte dadurch Ideen und Materialien mit anderen austauschen. Dadurch, dass ich noch andere Lehrer in der Gegend kannte, fühlte ich mich nicht so auf einsamem Posten. Das half mir, mein Ziel nicht aus den Augen zu verlieren, meine Schwierigkeiten zu bewältigen und in meiner Arbeit immer neue Herausforderungen zu erleben.

Beim Mutterberuf ist es nicht anders. Wir sollten andere kennen, die den gleichen Job haben wie wir. Wir brauchen andere Frauen, die uns durch die Anforderungen des Lebens hindurchhelfen. Wir brauchen den Zugang zu Ideen und Materialien, die wir austauschen können. Und wir müssen wissen, dass wir nicht alleine sind.

Netzwerke sind von zentraler Bedeutung für Frauen, die zu Hause bleiben

Ganz zu Anfang meiner Karriere als Familienfrau sagte ich oft zu meinem Mann: »Ich bin die Einzige, die in meinem Büro arbeitet!« Was ich wirklich damit sagen wollte, war, wie isoliert ich mich bisweilen fühlte. Ich brachte damit zum Ausdruck, wie sehr ich das Gespräch und die Zusammenarbeit mit Kollegen vermisste. Ich vermisste es, andere Erwachsene um mich zu haben. Mir war gar nicht bewusst, dass ich nicht völlig auf erwachsene Gesellschaft verzichten musste. *Ich musste lediglich ein neues Netzwerk von Kolleginnen für meinen neuen Beruf finden.* Und ein solches Netzwerk kann man nur finden, wenn man weiß, wo man suchen muss.

Um andere Frauen zu finden, die von Beruf Mutter sind, muss man zunächst dorthin gehen, wo andere Mütter auch hingehen: auf den Spielplatz, in die Krabbelgruppe oder auch nur in die Fußgängerzone. Ebenso muss man bereit sein, Frauen ganz offen anzusprechen, die sich in der gleichen Lage befinden wie man selbst. Bevor wir aber darüber sprechen, wo man ein solches Netzwerk an Müttern finden kann, sollten wir über die einzigartige Situation reden, in der sich Hausfrauen befinden.

Als ich noch privaten Musikunterricht gab, hatte ich oft eine Warteliste für Klavier- und Gesangsunterricht. Wenn es mir möglich war, empfahl ich den Schülern auf meiner Warteliste einen anderen Lehrer. Immer wenn ich von neuen Lehrern in der Gegend hörte, rief ich sie an und stellte mich ihnen als Kollegin vor. In den Gesprächen erfuhr ich einiges über diese Lehrer, ihre Ausbildung, ihre Spezialfächer und ihre Honorare für Privatstunden. Ich informierte sie meinerseits über Musiklehrerverbände in der Gegend, Wettbewerbe und Aufführungen, an denen sie ihre Schüler teilnehmen lassen konnten, und die besten Musikgeschäfte der Stadt. Mein Ziel dabei war nicht nur zu erfahren, was diese Musikkollegen der Stadt und auch mir als Privatlehrerin bieten konnten, sondern ihnen auch das weiterzugeben, was wir zu bieten hatten.

Es erscheint vielleicht zunächst seltsam, unter Müttern genauso vorzugehen. Wenn ich einen Lehrer, der neu war, anrief, sagte ich meistens Folgendes: »Hallo. Ich heiße Jill Savage, und ich bin Musiklehrerin hier in der Stadt. Ich habe gehört, dass Sie auch Musik unterrichten. Deshalb würde ich Ihnen gerne einige Fragen zu Ihrer musikalischen Arbeit stellen.« Ich stellte mich also kurz vor, und dies öffnete die Tür für ein weiteres Gespräch, für mehr Fragen und schließlich für einen regen Informationsaustausch.

Unser Ziel, wenn wir jemanden kennen lernen, besteht darin, etwas über die andere Person in Erfahrung zu bringen und uns für sie zu interessieren. Das gilt für jede Art von Kontakt und insbesondere für die Art von Beziehung, die wir als Mütter aufbauen müssen, um uns ein Netzwerk Gleichgesinnter zu schaffen. Wenn wir jemandem signalisieren, dass wir uns aufrichtig für ihn interessieren, können wir umgekehrt auch Offenheit und Interesse für die eigene Person erwarten.

Allerdings wird nicht jede Frau, zu der wir Kontakt bekommen, eine gute Freundin werden. Vielleicht wird sie jedoch ein wichtiger Bestandteil des Mütternetzwerkes in unserer Gegend. Je mehr Sie sich mit anderen Hausfrauen treffen und sich mit ihnen austauschen, desto rascher wird sich eine Gemeinschaft von Müttern bilden, aus der ein wertvolles Unterstützungssystem werden kann.

Kaffee und Kuchen

Die Begegnung mit anderen Müttern ist also der erste Schritt. Aber wenn wir über das Anfangsstadium, jemand anderen zu treffen, nicht hinauskommen, wird die Beziehung nie mehr als nur eine lose Bekanntschaft sein, und es wird keine Freundschaft daraus entstehen.

Um eine festere Bindung entstehen zu lassen, müssen wir Zeit miteinander verbringen. Das geht am unkompliziertesten, wenn wir die andere Mutter und ihr Kind (oder ihre Kinder) zu uns nach Hause auf eine Tasse Kaffee und ein Stück Kuchen einladen.

Zu viele Frauen werden schon beim Gedanken daran, dass sie jemand Fremdes zu sich nach Hause einladen sollen, regelrecht nervös. Sie machen sich Sorgen darüber, wie das Haus aussieht und ob sie den Kuchen unbedingt selbst backen müssen. Dabei vergessen sie, dass viele andere Frauen genau dasselbe suchen wie sie selbst: nämlich Freundschaft. Es kommt doch nicht darauf an, wie es bei Ihnen zu Hause aussieht oder was Sie Ihren Gästen anbieten können. Was zählt, ist die Freundschaft, die sich daraus entwickeln kann.

Wünschen Sie sich auch, Zeit mit anderen Müttern verbringen zu können? Bekommen Sie es nicht auf die Reihe, jemanden zu sich nach Hause einzuladen? Hier sind einige Ideen, wie Sie damit beginnen können:

- Machen Sie sich keine Gedanken darüber, dass es bei Ihnen zu Hause nicht perfekt aussieht. Niemand führt einen perfekten Haushalt. Machen Sie sich keine Gedanken darüber, dass Sie noch alle Spielsachen aufräumen müssen. Sie werden sowieso wieder über die Wohnung verteilt.

- Wenn Sie jemanden zum Essen einladen, müssen Sie nicht alle möglichen Speisen auffahren. Wonach Ihr Gast sucht, ist Freundschaft – nicht ein Vier-Gänge-Menü. Ein überbackener Toast oder eine bestellte Pizza tun es auch.

- Wenn Sie eine Freundin mit ihrem Kind bei sich zu Hause zu Besuch haben, scheuen Sie sich nicht, dem Kind oder der Mutter die Verhaltensregeln bei Ihnen zu Hause zu erklären. Sie können freundlich die Grenzen abstecken, wenn es darum geht, mit dem Essen in der Küche zu bleiben oder nicht auf den Möbeln herumzuspringen.

- Wenn Sie der Gedanke an einen Besuch in Ihren eigenen vier Wänden zu sehr stresst, treffen Sie sich doch einfach im Park oder auf dem Spielplatz.

- Seien Sie im Park oder auf dem Spielplatz offen für neue Begegnungen, und scheuen Sie sich nicht, andere Mütter anzusprechen. Über die Kinder kommt man immer gut ins Gespräch. Wenn die Frau sympathisch wirkt und Sie den Eindruck haben, dass Sie sich auf Anhieb gut mit ihr verstehen, tauschen Sie gleich Ihre Telefonnummern aus, und nehmen Sie sich vor, einander wieder zu treffen. Rufen Sie dann auch an!

- Wie wäre es mit einem Frauenabend? Fragen Sie eine andere Mutter, ob sie nicht an einem Abend mit Ihnen ins Restaurant oder ins Kino gehen möchte.

- Veranstalten Sie mit einer Freundin zusammen einen Garagenflohmarkt.

– Frauenkonferenzen sind eine großartige Gelegenheit, für ein Wochenende rauszukommen. Laden Sie eine Freundin ein, mit Ihnen eine solche Veranstaltung zu besuchen.

Andere Frauen zu treffen ist der erste Schritt. Einander einzuladen vielleicht der zweite. Freundschaften brauchen Zeit, Energie und die Bereitschaft, sich zu engagieren. Aber es lohnt sich! Warum laden Sie nicht heute einmal jemanden auf eine Tasse Kaffee ein? Sie werden es nicht bereuen!

Mom2Mom

Am Anfang waren wir in unserer Frauengruppe acht Frauen. Acht Frauen, die sich einen regelmäßigen Austausch mit anderen Müttern wünschten. Acht Frauen, die mehr lernen wollten über das Frau-, Mutter- und Hausfrausein. Acht Frauen, die es sich wünschten, einander »Familie« zu sein. Wir trafen uns jeden Mittwochmorgen in unserem Wohnzimmer, und wir engagierten eine Collegestudentin, um während unserer Treffen auf unsere Kinder aufzupassen. Wir nannten unsere Gruppe schließlich *Mom2Mom* (ausgesprochen: »Von Mutter zu Mutter«).

Wir lachten zusammen. Wir weinten zusammen. Wir lernten zusammen. Die Mütter in meiner Gruppe wurden für mich zu den wichtigsten Bezugspersonen außerhalb meiner Familie. Die Zeit, die ich zusammen mit anderen christlichen Frauen verbrachte, motivierte mich dazu, die Frau und Mutter zu sein, zu der Gott mich bestimmt hatte.

Solche Müttergruppen sind nicht nur in den USA gefragt. Sie werden vor allem in den Städten überall auf der Welt immer beliebter. Die MOPS (»Mothers of Preschoolers«) haben dabei mit ihren speziellen Müttergruppen für Vorschulkinder eine Vorreiterrolle gespielt. Ihr Konzept, dass sich Mütter untereinander zu einem Netzwerk zusammenschließen, findet immer mehr Anklang. In Deutschland gibt es in jedem Ort Krabbel- und Spielgruppen für Kinder. Oft bieten die Kirchengemeinden sie an, und es wird darauf geachtet, dass auch die Frauen Zeit und Gelegenheit finden, sich auszutauschen. Erkundigen Sie sich in Ihrer Gemeinde oder beim Jugendamt, wo solche Gruppen stattfinden! Im Leben von uns Familienfrauen besteht eine große Notwendigkeit für solche organisierten Gruppen. Sie bieten sogleich ein Zugehörigkeitsgefühl und helfen, Frauen im Mutterberuf zusammenzuführen. Und sie öffnen Türen und Möglichkeiten für Freundschaften.

Es gibt zwei verschiedene Arten von Müttergruppen, und beide haben ihre Vorteile. Zum einen gibt es große, straff organisierte und oft von Kirchen unterstützte Gruppen. Zum anderen gibt es kleine, einmalige und oft individuell organisierte Gruppen.

Große Müttergruppen

Die Bedeutung von großen Gruppen liegt hauptsächlich darin, eine verbindliche und als Netzwerk angelegte »Müttergemeinschaft« zu bilden. Wenn Frauen wissen, dass sie sich regelmäßig mit anderen Müttern treffen können, entsteht ein Gemeinschaftsgefühl. Ein solcher Austausch schafft die Möglichkeit zur Netzwerkbildung, und ein Netzwerk hilft gegen das Gefühl der Isolation, gegen das so viele zu Hause gebliebene Mütter ankämpfen. Es entsteht eine Art Kameradschaft und Solidarität, die Mütter in ihrem Job ermutigt.

Erkundigen Sie sich nach offenen Veranstaltungen für Mütter in Ihrer Gemeinde oder am Ort. Bekannt sind mittlerweile die »Frauenfrühstückstreffen«, die vielerorts stattfinden und bei denen oft eine Kinderbetreuung angeboten wird.*

Wenn Sie nach einem großen Netzwerk Ausschau halten, können Sie sich über die Arbeit (und auch die deutschen Gruppen) von MOPS (Mütter von Vorschulkindern) z. B. im Internet unter www.mops.org informieren. Leider gibt es in Deutschland erst wenige Gruppen an US-Army-Stützpunkten – aber wenn Ihnen die Idee gefällt, was kann Sie daran hindern, eine ähnliche Gruppe an Ihrem Wohnort zu gründen?

Was die Programmgestaltung großer Gruppen angeht, so können Gastredner für ein gutes Programm sorgen.

---

* Adressen und Ressourcen für die im Buch genannten Organisationen und Angaben zu hilfreichen Büchern finden sich im Anhang.

Die Themen können recht vielfältig sein. Sie reichen vom Elternsein bis zur Ehe, vom Kochen bis zum Putzen und vom Gebet bis zum Verständnis der Bibel. Manche Mütterkreise sind als christliches Angebot gedacht. Diese Gruppen vermitteln ein an Christus orientiertes, praktisches Umfeld, in dem Mütter Tipps zur Erziehung, Ermutigung und Freundschaft finden können.

Die Betreuung der Kinder ist oftmals die größte Herausforderung für große Müttergruppen. Beachten Sie deshalb diesen Punkt bei Ihren Treffen. Eine Möglichkeit ist, dass sich Mütter bei der Betreuung der Kinder in den dafür vorgesehenen Räumlichkeiten abwechseln. Eine andere Möglichkeit ist, Leute anzuheuern, die die Kinder betreuen (zum Beispiel könnten Pädagogikstudenten gute Dienste leisten). Eine weitere Möglichkeit besteht darin, eine Gruppe älterer Frauen zu engagieren, die die Betreuung der Kinder ihrerseits als Aufgabe und Dienst versteht.

Große Gruppen brauchen ein gutes und starkes Leiterteam, das die Gruppe zusammenhält und sich vor Gott verantwortlich zeigt. Es gibt Hilfestellung zum richtigen Umgang in Beziehungen – insbesondere zur Konfliktlösung – und hat eine Schlüsselrolle inne, indem es für die Effektivität einer solchen Müttergruppe sorgt.

Kleine Müttergruppen

Eine ebenso effektive Gruppenbildung für Mütterkreise ist das in Deutschland sicher weit verbreitetere Kleingruppenkonzept. Kleingruppen haben in der Regel nicht mehr als sechs bis acht teilnehmende Frauen. Sie sind »geschlossene Gruppen«. Anders ausgedrückt, wenn sich die Gruppe einmal formiert hat, kommen eine bestimme Zeit lang keine weiteren Frauen zur Gruppe mehr hinzu. Ich kenne Kleingruppen, die schon seit mehr als zehn Jahren zusammen sind, und andere, die nur auf ein oder zwei Jahre angelegt sind mit dem Ziel, danach neue Gruppen ins Leben zu rufen.

Die Frauen in Kleingruppen werden meist von einer Leiterin zusammengebracht, die die Gruppe organisiert. Diese Gruppen können sich wöchentlich oder alle zwei Wochen zusammenfinden, um sich gegenseitig zu ermutigen, füreinander zu beten und sich gegenseitig zu motivieren, bessere Mütter und Ehefrauen zu sein. Im Rahmen solcher Kleingruppen bilden sich schnell Beziehungen, da Frauen die Gelegenheit haben, sich regelmäßig mitzuteilen.

Auf Grund der kleinen Anzahl von Frauen in der Gruppe dreht sich das Programm häufig um eine Bibelarbeit oder um ein Buch, das die Gruppe gemeinsam liest und bespricht. Die Frage nach der Betreuung der Kinder in dieser Zeit stellt sich bei diesen Gruppen meistens nicht, weil sich viele am Abend treffen, wenn die Väter zu Hause sind.

Kleingruppen funktionieren am besten, wenn die Kinder der teilnehmenden Mütter in etwa das gleiche Alter haben (Vorschulkinder, Schulkinder, Teenager usw.). Durch die gemeinsam verbrachte Zeit erleben Frauen ein Gefühl der Zusammengehörigkeit und Kameradschaft. Sie können dabei auch viel voneinander lernen.

Wenn Sie mit anderen Müttern in Ihrem Gemeinde- oder Stadtbezirk ins Gespräch kommen möchten, überlegen Sie sich doch einmal, ob Sie sich nicht auch einer Müttergruppe anschließen oder eine solche bilden könnten. Sowohl große als auch kleine Gruppen kommen dem Bedürfnis vieler Frauen entgegen, die das Muttersein zu ihrem Beruf erkoren haben. Daneben gibt es noch andere Gruppen, die nicht genau in dieses Schema passen. Bei »Mütter in Kontakt« zum Beispiel treffen sich Gruppen von Müttern, um für ihre Kinder, deren Schulen und Lehrer zu beten. Und schließlich gibt es noch die einfachste Gruppenform überhaupt, nämlich die, dass man sich regelmäßig zu Hause oder auf dem Spielplatz trifft – und während die Kinder spielen, unterhalten sich die Mütter zwanglos über ihre beruflichen Erfahrungen!

Eine Gemeinschaft von Müttern

In den ersten Jahren als Mutter nahm ich jede Gelegenheit wahr, mit anderen hauptberuflichen Müttern zusammen zu sein. Mir war klar, dass ich ein neues Netzwerk von Kolleginnen finden musste. Ich suchte nach Frauen mit Kindern im Alter von meinen und nach Frauen, die mir etwas voraus waren. Es gab noch so viel zu lernen, und so machte ich mich auf die Suche nach der Gemeinschaft von Frauen, die mich in meinem Job als Mutter unterstützen konnten.

In ihrem Buch *The Power of Mother Love* (»Die Macht der mütterlichen Liebe«) bemerkt Dr. Brenda Hunter, wie wichtig es ist, als Mutter Teil einer »mütterlichen Gemeinschaft« zu sein. Sie schreibt:

> »Vor Jahren hörte ich einen Vortrag des britischen Psychoanalytikers John Bowlby. Er sprach vor der Zuhörerschaft über die Notwendigkeit, dass die Mütter kleiner Kinder selbst ›bemuttert‹ werden müssen (...). Er nannte das Konzept ›Mütter bemuttern‹ und brachte dadurch zum Ausdruck, dass eine Mutter ihre Aufgabe desto besser erfüllen kann, je mehr Unterstützung sie erfährt.«

»Mütter bemuttern« ist keine neue Idee. Es ist eine, die unsere Gesellschaft jahrelang ganz natürlich praktiziert hat. Wenn eine Frau heiratete und Mutter wurde, wurde sie automatisch von ihrer Mutter oder Großmutter, die in der Nähe wohnten, unter die Fittiche genommen und unterstützt.

In unserer heutigen kurzlebigen Gesellschaft dagegen ist uns der natürliche Ablauf der gegenseitigen Hilfestellung und Beratung innerhalb der Familie abhanden gekommen. Viele junge Frauen und Mütter leben nicht in räumlicher Nähe zu ihrer Familie. Sie sind isoliert von ihrem Familienverband. Auch wenn sie in der Nähe ihrer Familien und Verwandten wohnen, sind sie trotzdem oft in ihrer neuen Mutterrolle allein, weil ihre Mütter und Großmütter (wieder) außer Haus arbeiten.

Unsere Gesellschaftsform hat deshalb das Bedürfnis, eine Gemeinschaft von Müttern zu bilden, in uns verstärkt; denn es liegt ohnehin in der Natur des Berufes »Mutter«, Bindungen zu schaffen und zu erhalten. Das Grundbedürfnis von Frauen, in Sachen Haushalt, Elternschaft und Ehe weiter zu lernen, ist außerdem nach wie vor vorhanden. Die Möglichkeiten, die früher gegeben waren, um diese Kenntnisse und Fertigkeiten zu erwerben, sind verschwunden. Deshalb sind offizielle und inoffizielle Müttergruppen und Netzwerke auch so wichtig. Sie gewährleisten, dass »Mütter bemuttert« werden.

Frauen im Mutterberuf brauchen eine Strategie und einen Plan zur Bildung von Netzwerken. Halten Sie am rechten Ort mit der rechten Einstellung Ausschau nach neuen Kolleginnen. Dies ist der erste Schritt. Der nächste Schritt besteht darin, von Bekanntschaften zu Freundschaften überzugehen. Der letzte Schritt ist dann der, sich einer organisierten Gemeinschaft von Müttern anzuschließen oder eine ins Leben zu rufen. Das sind im Prinzip die wichtigsten Schritte Ihrer Netzwerkstrategie.

Nachdem wir einen Umdenkprozess in Bezug auf unsere Rolle vollzogen haben, bildet eine gute Strategie die Grundlage für den weiteren beruflichen Erfolg als Mutter. Wenn die Grundlage gelegt ist, können wir in einem weiteren Schritt dazu übergehen, uns das Handwerkszeug für eine erfolgreiche Karriere als Mutter aufzubauen.

Zum Weiterdenken

Wie können Sie lernen, besser auf andere zuzugehen? Schreiben Sie sich auf, was Sie tun können, um einer neuen Bekannten ehrliches Interesse an ihrer Person zu signalisieren.

Schreiben Sie die Namen dreier Mütter auf, die Sie gerne besser kennen lernen möchten. Laden Sie eine zu sich nach Hause zu einer Tasse Tee oder Kaffee ein. Laden Sie die andere zu einem Ausflug mit den Kindern ein. Laden Sie die dritte zu einem Eis oder auf eine Tasse Kaffee und ein Stückchen Kuchen ins Café ein.

Halten Sie nach einer christlichen Frauenorganisation Ausschau und besuchen Sie deren Veranstaltungen. Suchen Sie nach einer Müttergruppe in Ihrer Gegend. Bauen Sie sich eine »bemutternde Gemeinschaft« auf, indem Sie Kontakte zu Einzelnen und zu Gruppen aufnehmen.

TEIL 3

Handwerkszeug

KAPITEL 7

Lebensfreude:
Sie sollten Spaß am Leben haben!

Vor einigen Jahren hat Mark mir für eventuelle Notfälle im Haus einen kleinen Werkzeugkasten zusammengestellt. Darin fand sich eine Grundausstattung an Werkzeugen, die ich in seiner Abwesenheit womöglich benötigen würde: ein Hammer, ein Schraubenzieher, ein Schraubenschlüssel, eine Zange und ein paar Nägel und Schrauben. Mark hat draußen im Schuppen ein Sortiment an Werkzeugen, mit dem er Dinge rund ums Haus baut oder repariert. Ich brauchte eine gewisse Grundausstattung, mit der ich die Dinge in Ordnung bringen konnte, die mir im Alltag unterkamen: ein Bild aufhängen, das Batteriefach eines Spielzeugs aufschrauben oder eine kaputte Halskette reparieren.

Jeder Beruf hat seine eigenen nützlichen Grundwerkzeuge. Lehrer, Klempner, Buchhalter, Sekretärinnen – sie haben alle ihre eigenen Werkzeuge, die sie zur Erledigung ihrer Arbeit benötigen.

Beim Muttersein ist es nicht anders. Es gibt einige grundlegende Werkzeuge, die wir für unseren Job brauchen. Mit diesem Handwerkszeug geht die Arbeit leichter von der Hand und macht mehr Spaß. Wenn das Werkzeug für den täglichen Gebrauch griffbereit in unserem Werkzeugkasten liegt, wird es uns bei unserer Arbeit unschätzbare Dienste erweisen. In diesem und den nächsten fünf Kapiteln werden wir sechs Grundwerkzeuge behandeln, die für jede Mutter ein Muss sind.

Sie sollten Spaß am Leben haben!

Meine Freundin Cathy ist die lustigste Mutter, die ich kenne. Ihre Vorstellung von beruflicher Erfüllung sieht so aus: Wenn es geregnet hat, rennt sie mit ihren Kindern zur Regentonne und springt mit ihnen durch die Pfütze, die sich gerade gebildet hat. Ich ziehe Cathy dann manchmal auf und sage, sie sei selbst ein großes Kind, das nicht erwachsen geworden wäre. Aber Spaß beiseite: Wie lange haben wir Mütter schon nicht mehr richtig gespielt? Wann haben wir uns gesagt, wir seien zu alt, um richtig zu lachen?

Meine Freundschaft zu Cathy erinnert mich daran, dass ich die Zeit mit meiner Familie wirklich genießen und einfach Spaß haben sollte. Wie oft nehme ich das Leben doch zu ernst! Ich denke immer nur daran, was noch erledigt werden muss und was ich noch fürs Abendessen vorbereiten muss. Dabei verpasse ich die Zeiten, in denen ich einfach nur spielen sollte.

Wussten Sie schon, dass ein Vierjähriger im Durchschnitt vierhundert Mal am Tag lacht? Ich habe ein vierjähriges Kind, und ich glaube, dass die Statistiken Recht haben. Mein Sohn kann sich über die einfachsten Sachen amüsieren. Er lässt sich gerne kitzeln. Sein Lieblingsspiel ist eines, das er sich selbst ausgedacht hat und bei dem er zwischen zwei markanten Punkten im Hof hin- und herrennt. Er nennt es in Anlehnung an das Gameboyspiel »Frogger« witzigerweise »Froschhüpfen«. Ist es nicht schön, wenn man sich an den einfachsten Dingen des Lebens von Herzen freuen kann? Wir können von unseren Kindern so viel lernen, wenn wir nur unsere Augen und Ohren dafür öffnen!

Das Spielen beginnt schon, wenn unsere Kinder noch klein sind. Es durchzieht die Schulzeit und ist in den späteren Schuljahren immer noch ein wichtiger Bestandteil des Familienlebens. Eigentlich sollte es ganz normal sein, als Familie gemeinsam zu spielen und zu lachen. Aber in meinen Gesprächen mit vielen Müttern wird mir bewusst, dass dieses Thema nicht nur für mich eine Herausforderung darstellt. Viele haben vergessen, wie sie Spaß haben können. Hier brauchen wir also für unseren Beruf als Mutter einen Auffrischungskurs zur Handhabung dieses Grundwerkzeugs.

Chaotischer Spaß

Es gibt auf dieser Welt zwei Arten von Müttern: die ordentlichen und die unordentlichen. Ihre Fähigkeit, Spaß zu haben, steht in direktem Zusammenhang dazu, in welche der beiden Kategorien Sie gehören. Oft bedeutet »Spaß« nämlich auch »Unordnung«. Das ist der erste Punkt, mit dem wir klarkommen müssen, wenn wir Spaß haben wollen. Wenn meine Freundin Cathy mit ihren Kindern durch die Pfützen springt, entsteht dabei immer auch Dreck. Die nassen und vielleicht sogar matschigen Kleider müssen zum Trocknen aufgehängt oder gewaschen, die Kinder geduscht oder gebadet werden. Wenn wir dazu nicht die richtige Einstellung haben, unterbricht so etwas nur störend unseren Tagesablauf. Die richtige Einstellung ist jedoch, dass das ein wichtiger Bestandteil unseres Tages ist. Spaß mit unseren Kindern zu haben, ist Teil des Mutterseins. Und mit der Unordnung und »Schweinigelei« fertig zu werden, gehört manchmal zum Spaßhaben einfach dazu.

Ich falle unter die Kategorie »Sauberfrau«. Allein die Vorstellung, dass alles in ein Chaos versinken könnte, hält mich oft davon ab, Spaß mit meinen Kindern zu haben. Ich habe zwar in dieser Hinsicht über die Jahre sehr viel gelernt, aber ich muss immer noch etwas dazulernen. Gott hat in diesem Bereich schon an mir gearbeitet – und ich bin mir sicher, dass meine Kinder sehr froh darüber sind. Ich möchte einmal, wenn die Kinder aus dem Haus sind, nicht wehmütig zurückblicken und mir wünschen, dass ich hätte lockerer sein und mehr Spaß haben sollen. Ich möchte jetzt mehr Spaß haben. Jetzt kann ich noch etwas ändern. Jetzt kann ich im Leben meiner Kinder eine Veränderung bewirken.

Spontaner Spaß

Ein paar Tage, bevor die Schule wieder anfing, machte ich mit meinen Kindern einen Tagesausflug nach Chicago. Von unserem Zuhause mitten in Illinois aus sind es drei Stunden Fahrtzeit. Eines meiner beiden älteren Kinder hatte sich diesen Ausflug am

Ende der Ferien gewünscht. Die größeren Kinder flanieren gerne am Navy Pier entlang, gehen gerne am Watertower Place, am alten Wasserturm, einkaufen und genießen einfach das Großstadtflair. Also fragte ich meine Freundin Doris, ob sie uns auf dem Ausflug begleiten könnte. Ich konnte noch gut eine Person mehr gebrauchen, um die fünf Kinder (eines von einer Freundin) im Stadtzentrum von Chicago in Schach zu halten.

Als wir gerade auf der Autobahn in nördlicher Richtung fuhren, kamen wir an einer Stadt namens O'Dell vorbei. Doris unterbrach die Unterhaltung und rezitierte: »Es war einmal eine Stadt namens O'Dell, die hatte einen sehr tiefen Quell.« Sie erzählte uns dann, dass sie jedes Mal, wenn sie mit ihrer Familie zu ihren Verwandten nach Michigan fuhr, diese Route nahm. Auf einer dieser Reisen vor mehreren Jahren, die sie allein mit ihrem Sohn unternommen hatte, hatte sie das Abfahrtschild Richtung O'Dell bemerkt und dann diesen Reim gedichtet. Ihr Sohn, Hunter, der zu diesem Zeitpunkt um die zehn Jahre alt war, griff den Versreim auf und dichtete die nächste Strophe. Und weil ihnen dieses neue Spiel so viel Spaß bereitete, machten sie weiter und erfanden immer neue Reime, bis sie sich vor Lachen bogen. Hunter ist heute sechzehn. Doris erzählte mir, dass sie dieses Spiel auf jeder ihrer Reisen dorthin heute noch spielen. Ihr spontaner spaßiger Einfall sorgte für viel Gelächter und begründete eine neue Familientradition.

Es kann Spaß machen, unerwartete Gelegenheiten beim Schopf zu ergreifen. Neulich rief uns Cathy an und lud unsere zehn Jahre alte Tochter zu sich nach Hause ein. Ihre achtjährige Tochter veranstaltete gerade für ein paar Freunde einen Garagenflohmarkt. Sie hatte ihr Zimmer ausgeräumt und ihre Sachen mit Preisen ausgezeichnet. Cathy war vom Geschäftssinn ihrer Tochter etwas überrascht, beschloss aber, das Beste aus der Situation zu machen. Sie half Erin, ihre Waren auf der Tischtennisplatte im Keller aufzubauen und bestellte für die Mädchen, die an dieser privaten »Verkaufsveranstaltung« teilnahmen, Pizza.

Gelegenheiten zum Spaßhaben gibt es wie Sand am Meer. Wir haben als Mütter die Möglichkeit, uns zu entscheiden: Wollen wir das meiste aus dem Augenblick herausholen oder

Freude und Spaß möglichst eingrenzen, weil sie zu viel Arbeit bedeuten?

Während ich dieses Kapitel schrieb, spielten unsere beiden Jüngsten ganz friedlich mit Legosteinen. Ich hörte ihr Getuschel, während sie ihr nächstes Projekt planten. Dann kamen sie wie der Wirbelwind in mein Zimmer gefegt und fragten, ob sie ihre Badehosen anziehen und in der Badewanne weiter mit ihren Legos spielen könnten. Auf meine Frage, warum gerade in der Badewanne, sagten sie, dass sie ein Boot bauen und sehen wollten, ob es schwimmt. Mein erster Gedanke war: »Bloß nicht!« Aber im gleichen Bruchteil einer Sekunde fragte ich mich: »Warum eigentlich nicht?« Ja, es bedeutet nasses Badezeug. Ja, die Legosteine müssen ins Bad getragen werden. Ja, und es könnte auch sein, dass das Bad unter Wasser steht. Aber andererseits ist es ein gemütlicher Sonntagnachmittag. Warum also nicht? Spaß bedeutet für einen Vier- und einen Zehnjährigen oft etwas anderes als für eine sechsunddreißigjährige Mutter. Ich muss lernen, die Welt von ihrer Warte her zu sehen und auch spontane Momente der Freude zulassen.

Haben Sie schon einmal Seifenblasen im Haus geblasen? Wenn nicht, probieren Sie es doch einfach aus! Ich weiß noch, wie ich es meinen Kindern das erste Mal verboten hatte. Und dann doch ins Grübeln kam. Warum sollte das nicht gehen? Wem würde es schaden? Wir haben doch einen Seifenblasenbehälter, der nicht ausläuft, wenn er umfällt. Also warum sich darüber Sorgen machen? Ich revidierte bald meine Meinung und erlaubte es den Kindern. Von Stund an war Seifenblasen nicht mehr nur eine sommerliche Beschäftigung im Freien, sondern wurde zur Gelegenheit, das ganze Jahr über Spaß zu haben. Gelegentlich muss man einfach mal unkonventionell denken und einen kreativen Freiraum zulassen, um sich zu amüsieren.

Spaß in der Ehe

Die meisten von uns erinnern sich nur allzu gut an die beschwingten Stunden in der Freundschafts- und Verlobungszeit mit ihrem Mann. In den ersten Jahren unserer Ehe gelang es uns noch, weiterhin viel Spaß zusammen zu haben, da wir nur für uns zwei planen mussten. Wir trieben gemeinsam Sport, gingen zelten, verabredeten uns mit Freunden oder besuchten zusammen ein Fußballspiel. Vielleicht gingen wir auch kegeln, ins Kino oder besuchten ein Konzert. Vielleicht gingen wir aber auch nur im Park spazieren, beobachteten an unserem Lieblingsplatz den Sonnenuntergang oder teilten uns einen Eisbecher in unserer Lieblingseisdiele. Was wir auch unternahmen, wir konnten uns dabei spielerisch verhalten.

Wie viel Spaß wir in der Ehe haben, ist ein gutes Barometer für den Spaßfaktor in der Familie. Für unsere Kinder, die uns beobachten, ist es bedeutsam, dass wir als Paar noch gemeinsam lachen. Und natürlich ist es auch für uns selbst wichtig, dass wir weiterhin miteinander Freude haben.

Wenn Kinder da sind, muss man sich dafür etwas mehr anstrengen als vorher; man kann die Gelegenheiten, gemeinsam etwas Schönes zu unternehmen, nicht dem Zufall überlassen. Eine Möglichkeit, um unsere Ehe mit Freude zu erfüllen, besteht darin, wieder so wie früher miteinander auszugehen. Beim Ausgehen geht es einfach darum, sich bestimmte Zeiten zu setzen, die man gemeinsam verbringen möchte. Mark und mir sind drei Arten gemeinsamer Zeit wichtig geworden, mit denen wir uns die Freude an unserer ehelichen Beziehung erhalten wollen.

Tägliche gemeinsame Zeiten. Diese Zeiten sind ein kleiner Ausdruck unserer täglichen Kommunikation und Liebe: Eine Nachricht in seiner Aktenmappe, ein Anruf am Mittag, um sich einfach mal zu melden, ein zärtlicher Klaps auf den Arm und ein »Ich liebe dich«. Diese kleinen Zeichen der Liebe sagen: »Du bist mir nicht egal. Ich denke an dich.« Sie zaubern ein Lächeln aufs Gesicht. Sie bewahren eine Atmosphäre der Freude in der Ehe.

Wöchentliche oder zweiwöchentliche gemeinsame Zeiten. Uns ist es wichtig, Zeit allein miteinander zu verbringen, um unsere Identität als Paar zu festigen. Dadurch bleiben wir im Gespräch und können gemeinsame Aktivitäten genießen, die unsere Beziehung als Paar weiter fördern. Und diese festen Zeiten sind eine perfekte Möglichkeit, Spaß einzuplanen. Eine Partie Minigolf, ein gemeinsamer Fahrradausflug, ein Picknick im Park – all das bewahrt uns einen Sinn für Humor und Spontaneität in unserer Beziehung.

Jährliche gemeinsame Zeiten. Ein einmaliger Tapetenwechsel im Jahr ist für ein verheiratetes Paar ungeheuer hilfreich und wahrt den Schwung in der ehelichen Beziehung. Eine Übernachtung in einer Pension, der gemeinsame Besuch eines Eheseminars oder ein kurzer Urlaub sorgen dafür, dass die Beziehung spannend bleibt. Meine Freundin Lisa und ihr Mann haben sich vorgenommen, jedes Jahr am Hochzeitstag eine Reise zu unternehmen. Sie plant die Hochzeitstage mit den geraden Jahreszahlen, er plant die mit den ungeraden Jahreszahlen. So ist die Vorfreude auf die gemeinsam verbrachte Zeit jedes Jahr groß, und jeder ist einmal an der Reihe, ein solch besonderes Ereignis zu planen.

Das Thema »Spaß in der Ehe« kann allerdings nicht ohne das Thema »Kinderbetreuung« angesprochen werden. Für uns als Alleinverdienerfamilie stellte es über die Jahre wohl die größte Herausforderung dar. Die Frage, die vielen dabei unter den Nägeln brennt, lautet: »Wie können wir für ein paar Stunden oder gar Tage weggehen, wenn wir uns keinen Babysitter leisten können?« Doch mit etwas Kreativität ist auch das möglich.

In den letzten fünfzehn Jahren haben wir diese Herausforderung auf ganz verschiedene Weise bewältigt. Eine der besten Möglichkeiten, Zeit miteinander zu verbringen, ohne große Kosten dafür zu haben, war, uns mit einer anderen Familie beim Aufpassen auf die Kinder abzuwechseln. Dadurch konnten wir oft länger oder über Nacht wegbleiben, denn wir mussten den Babysitter nicht nach Stunden bezahlen. Natürlich hatten wir im Austausch dafür auch die Kinder des anderen Paares zu beaufsichtigen. Das funktioniert ganz gut, wenn Sie ein Paar finden, dessen Erziehungsstil und Werte Ihren eigenen ähnlich sind. Hilfreich ist auch, wenn die Kinder des betreffenden Paares ein ähnliches Alter haben wie Ihre Kinder.

Wenn Ihre Verwandten in der Nähe wohnen, kann auch ein Abend bei den Großeltern oder eine Nacht bei der Lieblingstante oder dem Lieblingsonkel eine gute Alternative sein. Um die

Ausgaben für eine Übernachtung oder verlängerte Ferien zu decken, legen Sie am besten jeden Monat 10 bis 20 Euro als Investition in Ihre gemeinsamen Verabredungen oder Reisen zur Seite: eine Investition, die große Dividenden an Lebensfreude hervorbringen wird.

Wenn Sie es sich leisten können, einen Babysitter zu engagieren, überlegen Sie sich, ob Sie nicht einen regelmäßigen wöchentlichen oder zweiwöchentlichen Termin festlegen können. Viele Teenager, die als Babysitter aushelfen, freuen sich auf regelmäßige Einnahmen und die Möglichkeit, eine Familie näher kennen zu lernen. Und Ihnen hilft es, regelmäßig Zeit allein mit Ihrem Partner einzuplanen, ohne dass die so notwendige Zeit für Ihre Ehe in der Geschäftigkeit des Alltags untergeht.

Spaß mit der Familie

Spaß mit und an der Familie ist ein wichtiger Punkt, um eine starke Familienidentität herzustellen. Wenn eine Familie zusammen Spaß hat, schafft das eine Verbundenheit, die ein Leben lang anhalten kann. Traditionen bilden sich oft in Zeiten heraus, in denen man Freude an etwas hat. Und solche Traditionen tragen zum individuellen Charakter jeder Familie bei.

Im Hause Savage haben wir eine Tradition, die wir »Überraschungsfahrten« nennen. Diese stammt noch aus der Zeit, als unsere ältesten Kinder klein waren und wir sie mit einer spontanen Aktion überraschen wollten. Das kann ein Eisessen in der Lieblingseisdiele sein, ein spontaner Ausflug in den Park oder eine Frühvorstellung eines neuen Familienkinofilms am Nachmittag. Egal, was es auch ist, die Vorfreude ist dabei das Schönste. Ab dem Zeitpunkt, wenn Mark und ich »Überraschungsfahrt« rufen und alle schnell zum Auto rennen, bis zum Zeitpunkt, wenn wir an unserem Überraschungszielort ankommen, steigt die Aufregung beträchtlich. Inzwischen sind die Kinder älter geworden und haben oft von sich aus Überraschungsausflüge vorgeschlagen. Dann war es natürlich keine Überraschung mehr (es sei denn, Ihr Kind ist alt genug, um Sie selbst irgendwohin zu fahren), aber schon allein der Vorschlag zeigt, dass die Kinder mit der ganzen Familie zusammen Spaß haben wollen. Diese Fahrten haben unserem Familienleben ein gemeinsames Fundament gegeben, und das Insidervokabular trug zum Vergnügen bei.

Auch die Ferien bieten zahlreiche Gelegenheiten, miteinander zu lachen. Daraus können sich dann spezielle Traditionen entwickeln. Vor einigen Jahren habe ich einmal am 1. April das Abendessen in umgekehrter Reihenfolge serviert (den Nachtisch zuerst!). Das war ein gelungener Abend, aus dem eine neue Tradition entstand. Der 1. April ist seither bei uns der »Rückwärtstag«.

Familien müssen zusammen ausspannen. Wir brauchen unverplante Zeiten des zwanglosen Zusammenseins. Ich spreche hier nicht vom gemeinsamen Fernsehen, sondern von einem spontanen Fußballmatch oder vom Kartenspielen oder einfach nur vom Draußen-auf-der-Terrasse-Sitzen, bei dem man sich miteinander unterhält und zusammen lacht. Zelten, Angeln, Fahrrad fahren und Wandern sind ideale Aktivitäten für die Familie. Oft liegt es an uns Müttern, hierzu die Initiative zu ergreifen und solche Vorhaben in die Tat umzusetzen. Wir müssen verfügbar sein, und es muss uns etwas daran liegen, eine gute Zeit zusammen zu verbringen. Wenn wir gemeinsam Zeit verbringen – sei es bei spontanen oder geplanten Aktivitäten –, werden wir als Familie stärker zusammenwachsen.

Geburtstage

Als Mark und ich heirateten, brachten wir beide unterschiedliche Traditionen und Vorstellungen von »Vergnügen« mit in unsere neue Familie. Ein Bereich, in dem wir sehr große Unterschiede feststellten, war die Art und Weise, wie wir Geburtstage feiern wollten.

Marks Familie feierte Geburtstage mit einer Geburtstagstorte vom Bäcker. Er erinnert sich besonders gern an die kleinen Buchstaben und Blumen aus Zuckerguss auf seinem Kuchen. Für ihn war das ein Traum! Wenn ein Familienmitglied Geburtstag hatte, ging die Familie oft essen. Eine wahre Flut an Geschenken krönte dieses jährliche Fest.

Meine Familie feierte ihre Geburtstage mit einem selbst gemachten Geburtstagskuchen, der liebevoll verziert war. Meine Mutter ließ sich immer eine Menge einfallen, um die Torte individuell für jedes Geburtstagskind zu verzieren. Sie band immer das Thema der Geburtstagsparty ein oder die Hobbys bzw. Interessen der betreffenden Person. Unsere Feiern fanden meist zu Hause statt, und immer nahmen daran auch die Großeltern, Tanten und Onkel teil. Ein gemeinsames Geschenk von Eltern und Geschwistern war dabei ein Teil dieser besonderen Feier.

Mark und ich heirateten. Wir hatten ja keine Idee, auf was für Konflikte wir noch stoßen sollten. Als ich Mark einen selbst gebackenen Kuchen schenkte, der mit Liebe verziert war (die Kuchen sahen nicht immer toll aus, aber ich verbrachte viel Zeit damit) und ihm zu Hause ein besonderes Essen machte, war er enttäuscht. Wenn Mark an meinen Geburtstagen ein Abendessen in einem besonderen Lokal arrangierte und für mich eine Geburtstagtorte mit kleinen Kerzchen kaufte, versuchte ich, mich daran zu freuen, aber ich war auch enttäuscht.

Als dann die Kinder kamen, war es für uns an der Zeit, die alten Traditionen hinter uns zu lassen. Wir beschlossen, neue Geburtstagstraditionen in unserer Familie einzuführen. Abgesehen von einigen Geburtstagsideen, die wir bei Freunden abschauten, dachten wir uns unsere eigenen aus. Unsere neuen Traditionen zeugen von dem Spaß, den wir als Familie haben wollen, und werden von jedem Geburtstagskind mit großer Vorfreude herbeigesehnt.

An dem Abend vor einer Geburtstagsfeier bereiten wir ein besonderes Frühstück vor. Nachdem das Geburtstagskind zu Bett gegangen ist, wird der Tisch mit Geburtstagstellern, -tassen und -servietten geschmückt. Die Geschenke werden in der Mitte des Tisches platziert. Später huschen wir leise ins Zimmer des oder der Betreffenden und hängen Luftballons und Papierschlangen auf. Wenn das Geburtstagskind am nächsten Morgen aufwacht, ist der besondere Tag schon eingeläutet. Wir gehen dann die Treppe hinunter und versammeln uns um den Frühstückstisch, wo der schönste Teil der Feier stattfindet: Es gibt Kuchen und Eis zum Frühstück! Ja, ich weiß, es würde bei sämtlichen Tests für ein gesundes Frühstück durchfallen. Aber es hält dem zeitlosen Test stand, der Familie Spaß zu bereiten. Und damit gehört es zweifelsohne zu den beliebtesten Aktivitäten unserer Familie. Und bei sechs Familienmitgliedern bedeutet das, dass wir sechsmal im Jahr Kuchen und Eiscreme zum Frühstück bekommen.

Unsere Geburtstagsfeiern sind für unsere Familie zu beliebten Traditionen geworden – zu besonderen Erinnerungen, die wir Eltern nur genießen können, solange die Kinder noch zu Hause sind. Wir haben nur eine kurze Zeit, um solche Traditionen und lustigen Zeiten ganz auszukosten, denn nur allzu schnell werden unsere Kinder erwachsen sein und sich ihre eigenen Traditionen schaffen.

Die notwendige Grundausstattung

Es gibt einige grundlegende Dinge, die jede Familie braucht, um Spaß zu haben und die Phantasie anzuregen. Das sind nicht allzu teure, einfache Mittel und Ideen, die das Spiel anregen und Spaß machen. Wenn Sie sie noch nicht zur Hand haben, können Sie sie ganz einfach selbst zusammenstellen.

Spielknete: Knete gibt es überall im Handel zu kaufen. Sie kann aber auch ganz problemlos selbst hergestellt werden. Damit die Kinder auch richtig Spaß haben, ist ein gewisser Grundstock an kleinen Messern, Plastikgäbelchen und Knetrollern erforderlich. Hier sind zwei unserer beliebtesten Rezepte:

Grundrezept für Knete:
250 g Mehl
125 g Salz
250 ml Wasser (Lebensmittelfarbe je nach Bedarf dem Wasser zusetzen)
2 gehäufte Tl Weinstein (gibt's im Reformhaus) oder Alaun (aus der Apotheke)
1 Tl Speiseöl
ggf. Vanille

Alle Zutaten in einem Kochtopf aufkochen, umrühren, bis sich ein runder Kloß bildet. Abkühlen lassen. Viel Spaß damit!

Essbare Knete:
250 g Erdnussbutter
125 g Milchpulver
125 g Puderzucker
Zutaten mit einem Löffel verrühren, bis sich die trockenen Bestandteile mit der Erdnussbutter vermischt haben. Teigkloß zwischen zwei Lagen Backpapier flach drücken. Im Kühlschrank kühl stellen. Vor dem Spielen mit dem Knetteig die Hände waschen. Die Kinder können die Knete beim Spielen essen.

Kostümkiste: Alle Kinder brauchen die Möglichkeit, sich zu verkleiden. Halten Sie eine Kiste mit Kleidern bereit, um sie darin zu bestärken. Sie können Ihre Kollektion mit ein paar Ihrer alten Kleider beginnen. Die ersten Kleider, die wir Anne zum Spielen gaben, waren meine alten Ballkleider. Eines der Kleider kürzte ich etwas, das andere ließ ich lang. Mit der Zeit haben die Großeltern, Tanten und Onkel noch einiges dazu beigesteuert. In unserer Schachtel sind noch Marks alte Pfadfinderuniform, Tierkostüme, die uns Nachbarn nach Halloween geschenkt haben, Hüte, Handschuhe, Füßlinge, Schmuck, Halstücher (gut geeignet als Umhang), Krawatten, Schuhe ... Sie verstehen schon, was ich meine. Mit Kostümen können sich Kinder fast jeden Alters stundenlang beschäftigen und eine Menge Spaß haben. Selbst unsere Kinder im Teenageralter sind dankbar für die Kleidungsstücke, die bei Schulvorführungen oder speziellen Darbietungen Verwendung finden.

Bastelsachen: Klebestifte, Tonpapier, Schere, Garn, Zahnstocher oder Schaschlikspieße und Aufkleber sind ein Muss für jede Bastelkiste. Markier-, Blei- und Buntstifte sowie Malfarben bilden den Grundstock für einen kreativen Nachmittag.

Festtagsschmuck: Holly Schurter, Mutter von acht Kindern, erzählte mir einmal von ihrem Festtagsschrank, in dem sie besondere Papierteller, -tassen und Servietten aufbewahrt. Luftballons,

Girlanden und andere Utensilien zum Feiern sind ebenfalls darin zu finden. Sie eignen sich hervorragend für Überraschungspartys oder Anlässe zum Feiern aller Art: den ersten Schultag, eine Eins in der Mathearbeit oder ein besonderer Tag, den Sie feiern wollen.

Bastelutensilien zum Geschichtenerzählen: Um Ihre Lieblingsgeschichten zu untermalen, können Sie Puppen aus Papiertüten oder alten Socken basteln. Wenn Sie eine Geschichte vorlesen, kann das noch viel mehr Spaß machen, wenn Sie etwas Kreativität walten lassen. Benutzen Sie dabei verschiedene Stimmlagen, um die unterschiedlichen Charaktere herauszustreichen. Das wird die Kinder sehr amüsieren.

»Baumaterial« für drinnen und draußen: Kinder können Stunden damit zubringen, ein Häuschen oder Versteck zu bauen. Alte Bettlaken und Wäscheklammern sind alles, was sie drinnen dafür brauchen. Kissen und Decken leisten ebenfalls gute Dienste. Für das Grundgerüst können ein Klapptisch, ein paar Stühle oder sogar der Küchen- oder Esstisch nützliche Dienste erweisen. Falls Sie einen Garten haben, räumen Sie nicht alle Äste und Zweige gleich beiseite. Für ältere Kinder sind auch Steine und Bretter geeignet, um sich Hütten oder Baumhäuser herzustellen. Überflüssig zu erwähnen, dass man seine Kinder beim Bauen genau im Auge behalten und ihnen bei Bedarf zur Hand gehen sollte.

Verschiedenes: Straßenmalkreide, Spritzpistolen, Seifenblasenspiele und verschiedene Bälle sind zudem tolle Sachen für spontanes Spiel und Spaß. Seifenblasenschaum ist zwar nicht teuer, Sie können ihn aber auch sehr gut selbst herstellen. Hier ist, was Sie dazu brauchen:

Seifenblasenschaum:
1 Tasse Geschirrspülmittel
2 Tassen warmes Wasser
3-4 Teelöffel Glyzerin
1 Teelöffel Zucker

Alles langsam in einem großen Behältnis zusammenrühren. Um kleine Seifenblasen zu bekommen, nehmen Sie die normalen Seifenblasenstäbchen. Für die großen können Kleiderbügel aus Draht zu einem Kreis geformt werden.

Erlaubnis und Teilnahme

Wenn Kinder spielen, brauchen sie oft zwei Dinge von uns: unsere Erlaubnis und Teilnahme. Häufig spielen sie sehr schön alleine, brauchen aber die Erlaubnis von uns, sich oder die benötigten Haushaltsgegenstände dreckig zu machen. Ich möchte Sie dazu ermuntern – wie ich auch oft mich selbst ermahnen musste –, öfter ja als nein zu sagen. Es gibt berechtigte Nein-Zeiten, aber wir sagen viel zu oft nein, wenn wir eigentlich ja sagen könnten.

Außer unserer Einwilligung brauchen Kinder manchmal auch unsere Teilnahme. Sie möchten Zeit mit uns verbringen. Wir müssen uns vor Augen halten, dass das kostbarste Gut, das wir ihnen geben können, unsere *Zeit* ist. Die Zeit zu Hause mit unseren Kindern ist nur ein kleiner Abschnitt unseres Lebens. Wir müssen jetzt und heute das Beste aus unserer Zeit machen.

Spaß zu haben, ist ein wichtiger Bestandteil des Lebens unserer Kinder, und er gehört auch zu unserem Leben dazu. Ohne die täglichen Lacheinheiten kann man den Beruf »Mutter« nicht ausüben. Wenn Ihr beruflicher Alltag darin besteht, Kinder großzuziehen, ist das Werkzeug »Spaß« absolut notwendig, um langfristig diesen Beruf ausfüllen zu können, sich nicht zu verausgaben und sich ein Lächeln auf dem Gesicht zu bewahren.

Zum Weiterdenken

Sind Sie ein »ordentlicher« oder »unordentlicher« Typ? Beeinflusst diese Art Ihre Fähigkeit, Spaß zu haben?

Was unternahmen Sie und Ihr Mann gerne, bevor Kinder da waren? Was tun Sie jetzt noch gemeinsam? Wie können Sie tägliche, wöchentliche und jährliche Termine finden, um den Spaß und die Freude in Ihrer Beziehung zu vergrößern?

Geben Sie auf einer Skala von 1 bis 10 Ihre Fähigkeit an, kreativ zu spielen (1 für gering, 10 für groß). Sind Sie über diese Einschätzung glücklich? Welche Ziele wollen Sie sich setzen, um auf der Skala höher zu rücken?

Wie spielt Ihre Familie jetzt zusammen? Auf welche neue Art und Weise würden Sie gerne den Spaß in Ihrer Familie steigern?

KAPITEL 8

Gebet: Ein unerlässliches Werkzeug!

Eine der schwierigsten Aufgaben des Mutterseins ist der Prozess des Loslassens. Wir tun dies ständig – das ganze Leben unserer Kinder hindurch. In den ersten Lebensjahren beginnt die Unabhängigkeit des Kindes mit dem Essen und Laufen. Dann folgt die Schulzeit. Schließlich fahren unsere Kinder alleine Auto. Und zu guter Letzt haben sie dann ihre eigene Familie und ihren eigenen Hausstand.

Als Mutter haben wir den unbändigen Wunsch, sie auf jedem Schritt ihres Lebens zu begleiten. Wir wissen, dass wir loslassen müssen, und doch wollen wir ihnen noch etwas länger zur Seite stehen. Wir fühlen uns hin- und hergerissen, wenn wir neue Anzeichen der Unabhängigkeit bei ihnen entdecken. Wir stürzen in eine Identitätskrise, wenn sie sich weiter von uns entfernen. Es ist mitunter eine bittersüße Erfahrung und wir wissen, dass das Ziel der Mutterschaft letztlich die Unabhängigkeit des Kindes ist. Und doch möchten wir manchmal gerne die Zeit anhalten.

Als Anne in den Schulkindergarten ging, war dies die erste lange Trennung von ihr. Das Jahr zuvor hatte sie schon eine Spielgruppe besucht. Und sie ging jede Woche zur Sonntagsschule, aber das bedeutete ja keine tägliche Trennung von ihr. Nun gab es noch andere wesentliche Einflüsse in ihrem Leben wie etwa die Erzieherinnen und andere Kinder. Was mich noch mehr beunruhigte, war die Fahrt im Schulbus. Auf dem Weg zum Nachmittagsunterricht beförderte der Bus nur Schulkindergartenkinder (zu ihrem halbtägigen Unterricht). Auf dem Heimweg nahm der Bus jedoch auch viele ältere Kinder aus der 6. Klasse mit. Welchen Einflüssen war sie da wohl schon ausgesetzt?

Kurz nachdem Anne in den Schulkindergarten gekommen war, besuchte Mark eine Konferenz. Im Ausstellungsbereich der Konferenz nahm er sich einige Informationsblätter einer christlichen Organisation namens »Mütter in Kontakt« (»Moms In Touch International«) mit. Ich kannte diese Organisation bis dahin nicht, aber ich war neugierig geworden. Es war recht einfach: Es ging darum, Mütter jede Woche für eine Stunde zusammenzutrommeln, damit sie für ihre Kinder und deren Schule beteten. Ich rief die Nummer auf dem Faltblatt an und sprach mit Jane, der hiesigen Kontaktperson von MITI. Sie erklärte mir, dass es recht einfach sei, eine MITI-Gruppe ins Leben zu rufen. Das Ziel dabei sei, dass jede Schule durch eine Gruppe im Gebet abgedeckt wäre. Nach Überprüfung ihrer Unterlagen konnte sie mir mitteilen, dass noch keine Gruppe für die Schule meiner Tochter existierte. Sie fragte mich, ob ich Interesse daran hätte, eine zu gründen. Ich sagte ihr, dass ich interessiert wäre, mir aber offen gestanden nicht vorstellen konnte, eine ganze Stunde lang für die Schule zu beten. Über was könnte man schon eine ganze Stunde lang beten?

Jane schlug vor, dass ich zunächst damit anfing, einige Mütter für ein erstes Treffen zusammenzubekommen. Sie bot an, zu kommen und uns Hilfestellung beim Beten zu geben. Ich nahm ihr Angebot an. Noch wusste ich nicht, wie sehr dies mein Leben verändern würde.

Es kommt auf unser Gebet an!

Je unabhängiger unsere Kinder werden, desto weniger Zeit verbringen sie mit uns. Auch wenn wir sie nicht durch alle Höhen und Tiefen des Lebens begleiten können, so kann Gott es doch. Er kann dort sein, wo wir nicht sein können. Er kann sie leiten, wo wir keine Wegweisung geben können. Er kann beschützen, wenn wir nicht da sind. Ohne das Gebet können wir Angst, Unsicherheit und Zweifel empfinden, wenn unsere Kinder flügge werden und sich unserer Obhut entziehen. Mit dem Gebet können wir Hoffnung, Sicherheit und Vertrauen in den Einen setzen, der unsere Kinder erschaffen hat.

Das Gebet ist mit Sicherheit ein unerlässliches Werkzeug für den Beruf der Mutter. Es ist ein Muss bei der Erziehung unserer Kinder und für unsere Ehe – in einer Welt, die nicht genau weiß, was richtig und was falsch ist. Das Gebet für unsere Familie kann mit dem Auslaufen eines Schiffes in See verglichen werden, das seine Rettungsboote dabei hat. Wenn wir nicht beten, ist es so, als würden wir unsere Kinder in die Stürme des Lebens hinaussenden, ohne ihnen eine Schwimmweste mitzugeben. Es kommt wirklich auf unser Gebet an!

In dem Buch *The Power of a Praying Parent* (»Von der Kraft des elterlichen Gebets«) schreibt Stormie Omartian:

»Das Leben unserer Kinder muss nicht dem Zufall überlassen bleiben. Wir müssen nicht voller Sorge auf- und abgehen ... und uns vor dem schrecklichen zweiten Jahr oder den schlimmen Teenjahren fürchten. Wir müssen nicht in Angst leben ... vor den Gefahren, die hinter jeder Ecke lauern könnten. Und wir müssen auch keine perfekten Eltern sein. Wir können jetzt – in diesem Moment – damit anfangen, für die Zukunft unseres Kindes positive Akzente zu setzen. Es ist nie zu früh und nie zu spät ... Der Schlüssel liegt darin, dass wir nicht versuchen, alles – sofort – alleine machen zu wollen, sondern uns an den Experten aller Zeiten in Sachen Elternschaft – Gott, unseren Vater – wenden und ihn um Hilfe bitten ... Darin liegt eine große Kraft, die weit über das hinausgeht, was die meisten sich vorstellen können.«[8]

Für viele besteht die einzige Erfahrung mit dem Gebet darin, ein paar Sätze vor dem Essen, ein paar vor dem Zubettgehen und vielleicht einige Gebete im Gottesdienst zu sprechen. Für andere ist das Gebet etwas ganz und gar Fremdes – etwas, das nie Teil ihres Lebens gewesen ist. Wie aber geht das: beten? Dazu hier ein kleiner Exkurs, wie man das Gebet zu einem der meistgenutzten Werkzeuge im Werkzeugkasten einer Mutter machen kann.

Das Gebet ist mehr als ein Einkaufszettel

Bei unserem ersten MITI-Gruppentreffen erklärte uns Jane die verschiedenen Möglichkeiten des Gebets: Lob, Schuldbekenntnis, Dank und Fürbitte. Ich lernte an diesem Abend durch das Gebet in der Gruppe sowie durch unsere wöchentlichen Gebetstreffen im folgenden Jahr sehr viel über das Gebet. Die Erfahrung in der Gruppe half mir, besser für meine Familie zu beten, indem ich die Grundsätze, die Jane uns vermittelt hatte, auf mein persönliches Gebetsleben anwendete. Das ist nun schon elf Jahre her. Seit dieser Zeit ist Gott mir wirklich zum besten Freund geworden, und ich verbringe regelmäßig Zeit mit ihm. In den letzten Jahren habe ich begonnen, mein Gebetsleben am ASDF-Konzept (Anbetung, Schuldbekenntnis, Danksagung, Fürbitte) zu orientieren. Dadurch haben sich meine Zwiegespräche mit Gott verbessert. Ich möchte Ihnen hier einige Dinge weitergeben, die ich auf meinem Weg des Gebets gelernt habe.

A – Anbetung
S – Schuldbekenntnis
D – Danksagung
F – Fürbitte

Können Sie sich vorstellen, was das für eine Beziehung zu jemandem ist, der nur mit Ihnen spricht, wenn er etwas von Ihnen braucht? Was passiert in einer Beziehung, in der Dankbarkeit und Anerkennung nicht geäußert werden? Eine solche Freundschaft wird auf Dauer keinen Bestand haben. Man könnte diese Beziehung auch auf unsere Beziehung zu Gott übertragen, wenn sie nicht richtig funktioniert. Wenn wir eine »Einkaufszettel«-Mentalität haben, drehen sich unsere Gebete nur um Bitten wie: »Gib mir dies, und gib mir das.« Und wenn dann Krisen unser Leben erschüttern, wollen wir mit Gott verhandeln: »Ich verspreche dir, Herr, wenn du mir hilfst, mein verloren gegangenes zweijähriges Kind in diesem Rieseneinkaufszentrum zu finden, gehe ich wieder in die Kirche.« Das ist aber nicht die Beziehung, die Gott anstrebt. Er möchte eine freundschaftliche Beziehung zu uns. Er hat uns geschaffen, damit wir in Beziehung zu ihm stehen.

Gott sandte seinen Sohn Jesus, der auf dieser Erde lebte. Er sandte damit nicht nur unseren Retter, sondern auch ein großartiges Beispiel für uns. Wenn wir die Bibel lesen, sehen wir immer wieder, dass Jesus Zeit mit Gott verbrachte. Er ließ immer wieder die Hektik des Lebens und all die Menschen, die ihn brauchten, hinter sich, um Zeit im Gebet, im Gespräch mit Gott zu verbringen. *Sein Leben war dem Leben von uns Müttern ziemlich ähnlich: Es gab immer Leute, die ihn ganz dringend brauchten.* Ständig hingen sie an seinem Rockzipfel. Er arbeitete täglich viele Stunden, und leicht war seine Aufgabe gewiss nicht. Jesus war zugleich Lehrer, Mentor, Freund, Sohn und Bruder. Ich glaube, ich kann das zumindest teilweise nachempfinden.

Im Matthäusevangelium (6,9b-18) steht beschrieben, wie Jesus seine Jünger das Beten lehrte. Vielen ist dieses Gebet als »das Vaterunser« bekannt. Wir wollen einige Stellen des Gebetes und auch andere Stellen aus der Bibel näher betrachten, um Parallelen zum ASDF-Gebetskonzept zu ziehen.

»Unser Vater im Himmel! Dein Name werde geheiligt. Dein Reich komme. Dein Wille geschehe wie im Himmel so auf Erden.« In diesem Teil des Gebets wird Gott angebetet – er wird dafür gelobt, wer er ist. Das Wort »geheiligt« verweist darauf, dass Gott heilig ist. Wenn wir Gott preisen, geschehen mehrere Dinge gleichzeitig. Zunächst werden wir daran erinnert, wer Gott ist. Er ist vollkommen, wir sind es nicht. Für uns Mütter ist dieser Gedanke sehr wichtig. Ich fühle mich oft für meinen Job nicht geeignet, aber weil ich den vollkommenen Gott an meiner Seite weiß, kann ich meine Aufgabe trotzdem erfüllen.

Wie beten wir Gott an? Es gibt mehrere Möglichkeiten. Wir können zu seinem Lob singen. Ein Lieblingschoral oder ein Loblied sind nicht nur etwas für die Kirche oder Gemeinde. Wir können uns einen Lobpsalm aussuchen und ihn Gott vorlesen – wie etwa die Psalmen 8, 19, 23, 46, 95, 100, 148. Wir können uns beim Beten auch auf seine Eigenschaften konzentrieren. Hier nur eine unvollständige Liste:

allmächtig	freundlich	heilig
barmherzig	Friedensfürst	Helfer
Erlöser	gerecht	Herr
ewiges Leben	gnädig	herrlich
fähig	groß	Herrscher
Fels	gut	Hirte
Festung	Heiler	Hoffnung →

König	Majestät	treu
Lamm	Schild	Tröster
Leben	schön	Vater
Licht	Seelsorger	Versorger
Liebe	Stärke	wunderbar

Wenn wir Gott preisen, sagen wir einfach: »Gott, ich preise dich, weil du ... bist.« Das erinnert uns daran, wie Ehrfurcht gebietend Gott ist, und daran, dass er uns in jeder Lage helfen kann.

Im letzten Jahr hat mein Mann einen beruflichen Wechsel vollzogen. Diese Zeit des Übergangs und Wechsels hat einige finanzielle Probleme mit sich gebracht. Wenn ich so an meine Gebete in dieser Zeit zurückdenke, war Gott, der Versorger, sehr real für mich. Ich habe erfahren, dass er uns in materieller und finanzieller Hinsicht auf eine Weise versorgt hat, die ich nie für möglich gehalten hätte. Ob nun seine Hilfe darin bestand, dass er jemanden dazu bewegte, einige Lebensmittel an uns abzugeben, mir eine Gelegenheit schuf, einen Vortrag zu halten, oder uns half, unsere Finanzen neu zu ordnen, Gott hat in allem für unsere Bedürfnisse gesorgt. In dieser Zeit war er freundlich. Er war unsere Hoffnung. Er war unsere Stärke. Ich möchte ihn loben für alles, was er ist.

Im Vaterunser heißt es weiter: »Und vergib uns unsere Schuld, wie auch wir vergeben unsern Schuldigern.« Das ist der Punkt S (für Schuldbekenntnis) des Gebetskonzeptes. Wir sind Menschen und als solche ganz und gar nicht perfekt. Wir machen Fehler: in unserer Ehe, bei der Erziehung unserer Kinder und in unseren Freundschaften. Wir können gar nicht anders. Doch Gott hat uns einen Weg gegeben, um unsere Schuld hinter uns zu lassen: das Schuldbekenntnis und die Vergebung. Wenn wir unsere Schuld ehrlich eingestehen und sie Gott bekennen, passieren drei wichtige Dinge:

1. Unser Gewissen wird rein.
2. Wir fühlen uns durch die Vergebung erleichtert.
3. Wenn wir ganz ehrlich mit unserer Schuld umgehen, möchten wir auch eine Veränderung in unserem Leben erfahren.

Wie können wir das? Wir werden konkret und nennen die Schuld beim Namen (Überheblichkeit, Lüge, Eifersucht, Egoismus, Begierde, Diebstahl usw.).

Als mir zum ersten Mal bewusst wurde, wie wichtig es ist, vor Gott ehrlich zu meiner Schuld zu stehen, gab er mir auch gleich Gelegenheit, meine Erkenntnis in die Praxis umzusetzen. Ich hatte Probleme mit einer langjährigen Freundschaft, die sich im Umbruch befand. In meinen ersten Jahren als Mutter hatte ich eine enge Beziehung zu dieser Freundin gehabt. Wir hatten uns beim Babysitten abgewechselt, viele Stunden zusammen verbracht und sehr oft miteinander telefoniert. Schließlich wurde mir jedoch klar, dass sie mehr Zeit mit einer anderen Freundin und weniger Zeit mit mir verbrachte. Ich wusste nicht, wie ich mich in dieser Umbruchphase verhalten sollte. Ich fragte sie, ob ich sie auf irgendeine Weise verletzt hätte, aber sie verneinte. Ich versuchte, diese Veränderung zu verarbeiten, aber musste mir eingestehen, dass ich verbittert und zornig war. Als ich mir dieses Problem eines Tages durch den Kopf gehen ließ, sprach Gott sehr eindrücklich zu mir. Er zeigte mir den Fehler, dass ich auch an meiner Freundin schuldig geworden war: Ich war eifersüchtig.

Die Bibel ist ein Handbuch fürs Leben, durch das Gott uns viele Richtlinien für unsere Lebensführung gibt. Die bekanntesten sind die Zehn Gebote. Gott gab uns die zehn Leitlinien sowie unzählige andere, um uns dabei zu helfen, ein Leben in Fülle zu leben. Das zehnte Gebot lautet zum Beispiel: »Begehre nicht, was deinem Mitmenschen gehört ...« Das heißt ganz einfach, du sollst nicht das haben wollen, was andere haben. Ich wollte die Beziehung haben, die meine Freundin zu ihrer neuen Freundin hatte. Ich verzehrte mich vor Eifersucht. Sie nagte an mir und wirkte sich auf meine Freundschaft und sogar auf meine Familie aus. Als ich bemerkte, was wirklich in mir vorging, bekannte ich vor Gott, dass ich eifersüchtig gewesen war. Ich bat ihn um Vergebung. Durch das Bekenntnis und die Vergebung erfuhr ich sofort Erleichterung.

Als ich mir dann endlich nicht mehr selbst im Wege stand, konnte ich die Situation objektiver betrachten. Gott schenkte mir die Einsicht, dass Menschen ihre Beziehungen auf unterschiedliche Art angehen. Für mich sind Freundschaften etwas für das ganze Leben. Für meine Freundin sind einige Freundschaften nur etwas für eine gewisse Zeit. Unsere Erwartungshaltung war verschieden. Der Schmerz, der an mir nagte, war ganz real, und es dauerte seine Zeit, bis ich darüber hinauswachsen konnte. Ich hätte dies jedoch nicht geschafft, wenn ich mir meine Schuld nicht eingestanden, um Vergebung gebeten und die Freiheit der Treue Gottes in Anspruch genommen hätte. In 1. Johannes 1,9 heißt es: »Wenn wir aber unsre Schuld eingestehen, dürfen wir uns darauf verlassen, dass Gott Wort hält: Er wird uns dann unsere Verfehlungen vergeben und alle Schuld von uns nehmen, die wir auf uns geladen haben.«

Mit Gott über unsere Schuld zu reden, bedeutet, dass wir sie auch bewältigen können. Gott möchte nicht, dass wir uns immer wieder fertig machen, wenn wir eine Dummheit begangen haben. Deshalb gab er die Möglichkeit zur Vergebung. Wir erleben eine ungeheure Freiheit, wenn wir Gottes Vergebung annehmen. Wir erleben seine Führung, wo wir falsche Motive oder falsches Handeln an uns entdecken. Er zeigt uns Alternativen auf.

Ich verbrachte die ersten Jahre zu Hause mit meinen Kindern damit, auf meinen Mann und seine Freiheit neidisch zu sein. Ich wurde verbittert, weil er einfach so zum Zahnarzt gehen und seine Zähne in Ordnung bringen lassen konnte und ich nicht. Ich musste entweder die Termine für mehrere Kinder auf einen einzigen Tag legen oder ein Kind auf dem Schoß und eines zu meinen Füßen behalten, während der Zahnarzt mich behandelte.

Mein Mann ging an fünf Tagen in der Woche zum Mittagessen aus. Für mich gab es tagaus tagein nur Käsebrot und Chips. Er konnte sich vierzig Stunden die Woche ununterbrochen mit Erwachsenen unterhalten, während ich jeden Abend darum kämpfen musste.

Es ist nicht verkehrt, sich nach etwas zu sehnen, was eines Tages eintreffen könnte, oder sich zu wünschen, dass die Dinge etwas einfacher oder anders wären. Aber wenn aus dem Wunsch Eifersucht erwächst, wird er zur Sünde, die uns belastet. Wir können zu Gott beten: »Es tut mir Leid. Ich mag das an mir nicht. Ich möchte es lassen.« Er schenkt uns Vergebung und Gnade, wenn wir aufrichtig zu unserem Versagen stehen.

Jeder von uns kann täglich Anzeichen seiner sündigen Natur an sich entdecken, auch wir Mütter: Wir sind mit den Kindern ungeduldig. Wir ziehen über unseren Mann her, wir reden nicht die ganze Wahrheit. Gott hat uns in seiner Größe einen Weg aufgezeigt, wieder von vorn anzufangen: Wir können ihm unsere Schuld bekennen.

Nun kommen wir zum »D« in unserem Gebetsleben. Das steht für Danksagung. Wir können dankbar sein für alles, was Gott ist, und für alles, was er uns gibt. Was am Wichtigsten ist: Wir sollten unterscheiden lernen zwischen »dankbar sein« und »Dank zum Ausdruck bringen«.

Haben Sie schon einmal jemandem ein Geschenk gemacht, der sich nie bedankt hat? Vielleicht haben Sie ein Geschenk per Post verschickt und nie ein Dankeschön erhalten. Die Person, die es erhalten hat, ist zwar dankbar dafür, aber wenn sie es nicht auch zum Ausdruck bringt, weiß der Schenkende nicht, dass das Geschenk gewürdigt wird. Wir müssen Gott Dank sagen für all seine Segnungen: Gebetserhörungen, veränderte Herzen, Menschen in unserem Leben und die materiellen Dinge, die er uns gibt.

Wenn unsere Kinder sich für etwas bedanken, was wir für sie getan haben, oder für ein Geschenk, das sie erhalten haben, nützt das sowohl den Eltern als auch dem Kind. Das Kind äußert seine Dankbarkeit, und die Eltern merken, dass sie wertgeschätzt werden. Der ganze Prozess bereichert die Eltern-Kind-Beziehung.

In der gleichen Weise wird auch unsere Freundschaft zu Gott bestärkt, wenn wir unsere Dankbarkeit ihm gegenüber zum Ausdruck bringen. Die Bibel spricht immer wieder davon, wie wir Gott danken können. In 1. Thessalonicher 5,18 lesen wir: »Dankt Gott in jeder Lebenslage. Das will Gott von denen, die mit Jesus Christus verbunden sind.« Auch wenn manche Dinge nicht so laufen, wie *wir* uns das vorstellen, sollen wir *dennoch* Dank sagen für die Segnungen, die uns erreichen. Vielleicht gab es bei Ihnen auch schon Tage, an denen Ihre Kinder Sie auf die Palme gebracht haben. Seien Sie dankbar, dass Sie Kinder haben!

Seien Sie dankbar, dass sie gesund sind! Es gibt immer genug Dinge, für die wir dankbar sein können.

Das Vaterunser endet mit der Bitte:»Und führe uns nicht in Versuchung, sondern erlöse uns von dem Bösen.« Gott möchte, dass wir ihn um Hilfe für unser Leben bitten. Er möchte, dass wir mit ihm über unsere inneren Kämpfe, unsere Nöte und unsere Wünsche sprechen. Er möchte unsere Gebete beantworten. Er möchte uns durch die Höhen und Tiefen unseres Lebens begleiten. Das ist der Teil »F« des Gebetskonzepts. »F« steht für Fürbitte. Philipper 4,6 formuliert es so: »Macht euch keine Sorgen, sondern wendet euch in jeder Lage an Gott, und bringt eure Bitten vor ihn.« Bei der Fürbitte bringen wir unsere Anliegen vor Gott. Wir beten für unsere Nöte und die Nöte anderer. Als Mütter haben wir so manches, wofür wir beten können.

Unsere persönlichen Nöte

Es gibt so viele Bereiche in unserem Leben, für die wir beten sollten: Freundschaften, geistliches Wachstum, Charakterschwächen und moralische Probleme und sogar unsere körperliche Gesundheit und materiellen Bedürfnisse. Gott hat so viel, was er uns geben möchte, aber die Bibel lehrt uns, darum zu bitten. Nichts ist zu klein, als dass man nicht dafür beten könnte. Gott möchte in die »Alltäglichkeiten« unseres Lebens miteinbezogen werden – wie bei meiner Geschirrspüler-Episode. Gott sorgte sich um meinen alltäglichen Wunsch nach einem Haushaltsgerät. Ich bat darum, und er antwortete auf seine Weise und zu seiner Zeit.

Gott antwortet immer auf unser Gebet, auch wenn er das nicht immer auf die Art tut, wie wir uns das vorstellen. Wenn wir um bestimmte Dinge bitten, ist es wichtig, dass wir auf Gottes Weitblick vertrauen. Seine Perspektive ist anders als unsere, weil er allwissend ist. Haben Sie schon mal einen Umzug von einem hohen Gebäude aus beobachtet? Aus diesem Blickwinkel können Sie meistens den Anfang und das Ende des Festzuges sehen und auch das, was direkt vor Ihnen ist. Wenn Sie dagegen schon einmal bei einem Umzug mitmarschiert sind, wissen Sie bestimmt, dass Sie nur das sehen können, was direkt vor Ihrer Nase ist, weil Sie mittendrin stehen. Gottes Perspektive und unsere sind damit vergleichbar. Wir marschieren täglich im Umzug des Lebens. Wir können nur das sehen, was unmittelbar vor uns ist. Wir wissen nicht, was weiter vorne geschieht und wie das Ende des Umzugs aussieht. Aber Gott weiß es. Er hat einen Plan für jeden von uns, den nur er kennt. Wenn wir ihn um bestimmte Dinge bitten, müssen wir uns vor Augen halten, dass nur Gott allein weiß, was für uns am besten ist, weil er den Gesamtzusammenhang sieht. Deshalb können wir seiner Antwort vertrauen.

Unsere Kinder

Die Bedürfnisse unserer Kinder ändern sich von Tag zu Tag. Unsere Kinder wachsen, entdecken Neues und entwickeln sich jeden Tag weiter. Sie erweitern ihr Wissen über Beziehungen und die Welt um sie herum. Sie lernen Gehorsam. Wenn sie älter werden, erfahren sie sowohl die positiven als auch die negativen Konsequenzen ihrer Entscheidungen. Sie werden unabhängiger, und ihre Aufgaben- und Verantwortungsbereiche werden größer. Wir haben so viel, wofür wir beten können!

In ihrem Buch *The Power of a Praying Parent* (»Von der Kraft des elterlichen Gebets«) beschreibt Stormie Omartian dreißig verschiedene Gebetsanliegen von Eltern für ihre Kinder. Ich möchte hier nur ein paar nennen. Wir können dafür beten, dass sich unsere Kinder geliebt und angenommen fühlen; dass sie der Wahrheit folgen und der Lüge widerstehen; dass in ihnen der Wunsch entsteht zu lernen; dass sie auf ihren Körper achten, Alkohol und Drogen meiden; dass sie frei von Ängsten leben können; dass sie den passenden Partner finden und im Glauben wachsen. Das sind nur einige der vielen Dinge, um die wir für unsere Kinder beten sollten.

Cheri Fuller spricht in ihrem Buch *When Mothers Pray* (»Wenn Mütter beten«) darüber, wie wir je nach Entwicklungsstadium gezielt für unsere Kinder beten können. Sie schlägt vor, dass wir in der frühen Kindheit dafür beten, dass unsere Kinder ein Grundvertrauen aufbauen und ein starkes Gefühl der Sicherheit und Geborgenheit entwickeln, indem sie sich an uns binden. In der Kleinkindphase empfiehlt sie, dass wir dafür beten, dass sie ein gesundes Maß an Unabhängigkeit entwickeln. Beten Sie in der frühen Kindheit dafür, dass Ihre Kinder eine natürliche Neugierde entwickeln, dass sie lernen, mit anderen zu spielen, und ohne Angst vor Versagen ihre Umgebung erkunden sowie kreativ tätig werden. Im Schulalter können wir dann dafür beten, dass sie ihre von Gott gegebenen Gaben und Talente entdecken. Wir sollten zu diesem Zeitpunkt auch dafür beten, dass sich ihr Gewissen ausbildet.

Mit der Geburt eines jeden Kindes habe ich begonnen, für seinen oder ihren künftigen Ehepartner und dessen Eltern zu beten. Die Person, die mein Sohn oder meine Tochter eines Tages heiratet, wird ihre ganz eigenen Familienerfahrungen mit in ihre eheliche Beziehung bringen. Und diese Erfahrungen macht es *jetzt,* deshalb finde ich es sinnvoll, *schon jetzt* für die Familie dieses Kindes zu beten. Ich muss für seine Freundschaft zu Gott beten, für die Ehe seiner Eltern und dafür, dass sie ihre Kinder zu beziehungsfähigen Menschen erziehen. Es ist nie zu früh, für die späteren Ehen Ihrer Kinder zu beten!

Jeden Morgen, wenn sich meine Kinder auf den Weg zur Schule machen, bete ich dafür, dass sie lernen, Gottes Weg von dem der Welt zu unterscheiden. Ich bitte Gott, sie zu erinnern, was sie über Richtig und Falsch zu Hause gelernt haben, damit sie die richtige Wahl treffen, wenn sie Entscheidungen fällen müssen.

Es ist nicht nur wichtig, dass wir *für* unsere Kinder beten, sondern auch dass wir *mit* ihnen beten. Darüber mehr in Kapitel 14. Für unsere Familienangehörigen und mit ihnen zu beten, ist eine der wichtigsten Aufgaben einer Mutter.

Unsere Ehemänner

Wenn wir an unsere Kinder denken, fallen uns auch sofort ihre Bedürfnisse und Nöte ein. Wenn wir an unsere Ehemänner denken, gehen wir oft davon aus, dass sie erwachsen sind und sehr gut für sich selbst Sorge tragen können. Wenn wir diese Einstellung nicht ändern, verpassen wir eine der größten Gelegenheiten, die wir haben, um das Leben unserer Männer positiv zu beeinflussen. Unterschätzen Sie nicht die Möglichkeiten einer betenden Frau!

Unsere Männer arbeiten in einer Welt, die auf charakterliche Integrität und moralische Rechtschaffenheit oft nicht viel gibt. Wir müssen für unsere Männer beten, damit sie reife Entscheidungen treffen. Männer sind verletzlich. Wir müssen für ihre Ängste beten. Männer in Familien mit nur einem Einkommen tragen die Last, für die Familie zu sorgen. Wir müssen für ihre Arbeit beten. Männer beziehen ihr Selbstwertgefühl oft aus ihrem Beruf. Wir müssen dafür beten, dass sie ihr Selbstwertgefühl aus Gott beziehen.

In ihrem Buch *Mein Gebet macht uns stark* gibt Stormie Omartian Tipps, wie Sie für Ihren Mann beten können. Sie erteilt einfache und doch brauchbare Ratschläge, wie man für seine Arbeit, seine Versuchungen, Ängste, Entscheidungen, seinen guten Ruf, seine Prioritäten, Beziehungen, Einstellungen, Gefühle, seinen Glauben und vieles mehr beten kann! Als ich das Buch zur Hand nahm, war ich überwältigt von den Möglichkeiten, im Gebet für meine Ehe einzutreten. Die Autorin spricht alle Bereiche an, in denen ein Mann der Fürbitte seiner Frau bedarf. Sie führt dabei noch ermutigende Bibelstellen an, die helfen sollen, für jeden dieser Bereiche zu beten. Gottes Wort ist mächtig, wenn wir es im Gebet für unsere Lieben einsetzen!

Wie kann ich das bewerkstelligen?

Als ich das erste Mal davon hörte, dass das Gebet ein Teil unseres Tagesablaufes sein sollte, hatte ich zwei kleine Kinder, und ein drittes war unterwegs. Meine Reaktion darauf war: »Oh, klasse, genau das, was mir noch gefehlt hat: eine weitere Aufgabe für den Tag.« Vielleicht denken Sie so ähnlich?! Ich musste jedoch umdenken lernen. Das Gebet ist nämlich weit mehr als nur ein weiterer Punkt auf der Liste der zu erledigenden Arbeiten.

Jean Fleming spricht dies in ihrem Buch *A Mother's Heart* (»Das Herz einer Mutter«) an:

»Als unsere Kinder noch klein waren, hatte ich wenig Zeit, die ich ungestört im Gebet verbringen konnte. Ich stellte jedoch fest, dass ich meine Gebetszeit ausdehnen konnte, wenn ich mich durch routinemäßige Aufgaben zum Gebet anspornen ließ. Auch wenn die Kinder nun schon älter sind, praktiziere ich das immer noch. Wenn ich den Kindern zu essen gebe, bete ich, dass Gott auch ihre Seele nährt. Wenn ich sie bade, bete ich, dass sie die geistliche Reinigung durch Christus erfahren. Wenn ich sie anziehe, bete ich, dass sie mit Gerechtigkeit bekleidet sein mögen.«[9]

Wenn wir unseren Tagesablauf als Mütter nutzen, anstatt gegen ihn anzukämpfen, können wir auf kreative Weise versuchen, auch die Zeit zu finden, um unsere Freundschaft mit Gott zu festigen.

Wir sollten die Zeiten nutzen, die uns in unserem Tagesablauf als Mutter bleiben. Die Möglichkeit, eine stille Zeit des Gebets zu haben, hängt unmittelbar mit dem Alter der Kinder zusammen. Mütter von Klein- und Vorschulkindern müssen am kreativsten sein, um sich die Zeit zum Gebet zu nehmen. Es ist zwar nicht unmöglich, aber verlangt doch etwas Fingerspitzengefühl.

Welches sind die ruhigen Momente Ihres Tages? Wenn Ihr Kind gerade ganz im Spiel aufzugehen scheint, nutzen Sie diese Minuten, um mit Gott über das zu reden, was Ihnen auf dem Herzen liegt. Wenn die Kinder eine neue Packung Knete aufgemacht haben und ihr Interesse beschlagnahmt ist, nehmen Sie sich diese Zeit, um Gott für das zu loben, was er ist. Wenn Sie auf der Terrasse hinter dem Haus sitzen und Ihre Kinder beim Spielen beobachten, nehmen Sie diese Gelegenheit wahr, um Gott für das zu danken, was er Ihnen gegeben hat. Wenn Sie die Wäsche zusammenlegen, beten Sie für das Mitglied Ihrer Familie, dessen Wäsche Sie gerade zusammenfalten. Wenn Sie Ihre kleinen Kinder für ein Mittagsschläfchen hinlegen, nehmen Sie sich diese Zeit zum aufrichtigen Bekenntnis Ihrer Fehler. Freuen Sie sich an der Vergebung, die Gott Ihnen schenkt. Es wird Tage geben, an denen Sie etwas mehr Zeit mit Gott verbringen können. Verpassen Sie jedoch in der Zwischenzeit nicht die kleinen und doch so wichtigen Gelegenheiten, die sich Ihnen bieten.

Wenn die Kinder etwas älter sind, ist es dann schon eher möglich, sich regelmäßige Zeiten zum Gespräch mit Gott zu nehmen. In diesen Zeiten können Sie dann Gottes Wort, die Bibel, lesen. Sie können mit Gott reden und auf ihn hören. Ich persönlich fand es sehr hilfreich, dabei ein Gebetbuch oder Gebetstagebuch zu führen. Darin kann ich Gebetsanliegen aufschreiben, die ich im Auge behalten sollte. Es ist auch der Platz, an dem ich meine Liste mit Gottes Eigenschaften aufbewahre, die mir helfen, Gott zu loben.

Meistens schreibe ich meine Gebete gerne in Briefform auf. Das hilft mir, mich zu konzentrieren, und hält mich davon ab, im Geiste abzuschweifen. Meine Gebetsaufzeichnungen fungieren auch als Tagebuch. Ich kann in meinen Gebetstagebüchern nachschlagen, was Gott in den letzten zehn Jahren an mir verändert hat. Wir vergessen oft, was für uns zu einer bestimmten Zeit wichtig war und wie uns Gott hindurchgeholfen hat. So habe ich mit meinem Gebetstagebuch ein schriftliches Zeugnis an der Hand, das mir Gottes Treue dokumentiert.

In meinem Notizbuch führe ich auch immer einen kleinen Vorrat an Briefkarten, Umschlägen und Briefmarken mit. Wenn Gott mir in meiner Gebetszeit bestimmte Menschen ins Bewusstsein rückt, versuche ich, ihnen eine kurze Nachricht zukommen zu lassen, damit sie wissen, dass ich für sie gebetet habe. Ich finde es auch sehr praktisch, meine Aufgabenliste für den Tag direkt vor mir zu haben. Das ist in zweierlei Hinsicht hilfreich. Erstens bete ich für das, was auf der Liste steht, und bitte Gott um Weisheit beim richtigen Umgang mit meiner Zeit. Ich bete auch, dass meine Liste flexibel genug ist, damit ich, wenn Gott mir jemanden über den Weg schickt, der Ermutigung oder Zeit zum Gespräch braucht, dies als Gelegenheit ansehe und nicht als lästige Unterbrechung. Zweitens denken wir unweigerlich an Dinge, die noch erledigt werden müssen, wenn wir uns für einige Minuten ruhig hinsetzen. Das passiert oft, wenn ich bete. Wenn ich dann meine Liste vor mir habe, notiere ich mir einfach das, was noch zu tun ist, und mache mit dem Gebet weiter. So bin ich bei meiner stillen Zeit mit Gott nicht abgelenkt und versuche nicht krampfhaft, mich an das zu erinnern, was noch getan werden muss.

Vom Beten profitieren

Wenn wir uns mit Gott zusammenschließen, können wir unseren Beruf als Mutter am effektivsten ausüben. Wenn wir Zeit mit Gott verbringen, können wir uns in diesem unglaublich geschäftigen und chaotischen Job auf das Wesentliche konzentrieren. Das Gebet ist ein Werkzeug, ohne das wir nicht auskommen. Es ist viel mehr als eine Einkaufsliste der Dinge, die wir von unserem Leben haben wollen. Es gibt uns Hoffnung. Es öffnet uns den Blick für Gottes Perspektive. Es hilft uns, den Überblick zu behalten. Es schenkt uns göttliche Gemeinschaft. Es gibt keine bessere Freundschaft als die zu Gott!

Gott zu kennen hat nichts mit Religion zu tun, sondern mit Beziehung. Es geht um eine freundschaftliche Beziehung zu Gott. Freundschaften entwickeln sich, wenn wir miteinander reden. Deshalb ist das Gebet so ein wichtiger Faktor, wenn wir unsere Freundschaft zu Gott ausbauen wollen.

Haben Sie heute einen schlechten Tag? Dann sagen Sie es Gott! Freuen Sie sich über etwas? Erzählen Sie es Gott! Haben Sie Angst vor der Zukunft? Sagen Sie es Gott! Sind Sie ganz traurig? Sprechen Sie mit Gott! Mit Gott zu reden, hat nichts mit einem magischen Gemurmel salbungsvoller Worte zu tun. Es geht darum, Gott sein Herz zu öffnen. Wir reden mit ihm so, wie wir mit einem Freund reden würden. Wir teilen unsere Gedanken, Ängste, Träume, Hoffnungen und Wünsche mit ihm. Es gibt nichts, was wir vor ihm verbergen könnten.

»Gebet ist der Schlüssel, um Gottes Kraft in Ihrem Leben freizusetzen«, erläutert Bill Hybels in seinem Buch *Aufbruch zur Stille. Von der Lebenskunst, Zeit für das Gebet zu haben*.[10] Wir bei *Hearts at Home* haben ein schönes Sprichwort, das die Macht des Gebetes verdeutlicht: *Wenn wir arbeiten, dann arbeiten wir, aber wenn wir beten, dann arbeitet Gott*.[11] Ich für meine Person möchte mein Leben als Mutter nicht allein leben. Ich möchte Gottes Hilfe, Liebe und Führung bei meinen Verpflichtungen in Anspruch nehmen. Ich möchte ihn in meinem Leben, im Leben meines Mannes und in dem meiner Kinder wirken lassen. Wenn ich möchte, dass er sein Werk tut, muss ich durch das Gebet zu ihm in Kontakt treten.

Wie oft scheinen die Herausforderungen des Lebens unüberwindlich! Sie stellen sich wie Berge dar, die sich nicht bewegen lassen. Aber wenn wir unsere Augen von dem Berg abwenden und sie auf den richten, der Berge versetzen kann, fangen wir stattdessen an, neue Möglichkeiten zu sehen. Jesus hat gesagt: »Was den Menschen unmöglich ist, das kann Gott möglich machen« (Lukas 18,27).

Wenn wir Zeit mit Gott verbringen, bekommen wir Zuversicht für den Beruf des Mutterseins. Weil wir den zum Partner haben, der die Idee zur Mutterschaft hatte, können wir uns sicher fühlen. Wenn wir die Antwort auch nicht kennen, so kennen wir doch den, der die Antwort kennt. Darin liegt eine große Zuversicht!

Wenn wir Zeit mit Gott verbringen, können wir mit anderen barmherziger umgehen, und wir sind fähig, sie mehr zu lieben. Gottes Liebe ist vollkommen. Sie ist bedingungslos. Je mehr Zeit wir mit ihm verbringen, desto ähnlicher werden wir ihm. Auch wenn wir auf dieser Erde nie vollkommen sein werden, können wir durch Gottes Gnade ein Leben führen, das ihm gefällt, und wir können für andere um uns her eine Bereicherung sein. Da sich unser Leben mit dem Leben unserer Familienangehörigen, Freunde und Nachbarn kreuzt, profitieren diese davon, wenn wir Zeit mit Gott verbracht haben!

Der Nutzen des Gebets für unsere Familie ist immens. Niemand kann ihn ermessen, weil er mit Gottes großer Macht und Gnade multipliziert wird. Wir können uns selbst und unserer Familie keinen größeren Gefallen tun, als eine Freundschaft mit Gott aufzubauen und zu pflegen. Diese Freundschaft wird nur wachsen können, wenn wir Zeit mit Gott im Gebet verbringen. Was für ein wunderbares Werkzeug hat Gott uns doch mit dem Gebet gegeben!

Zum Weiterdenken

Was für Erfahrungen mit dem Gebet haben Sie als Kind zu Hause gemacht?

Welche Erfahrungen mit dem Gebet wünschen Sie sich für Ihre Kinder?

Für welche Eigenschaft Gottes können Sie ihn heute loben? Warum?

Müssen Sie Gott jetzt etwas bekennen, bevor Sie wieder zur Tagesordnung zurückkehren?

Was hat Gott Ihnen geschenkt, wofür Sie ihm noch nie gedankt haben? Nachdem Sie darüber nachgedacht haben, nehmen Sie sich bitte einige Minuten Zeit, um ihm für diese Dinge zu danken.

Überlegen Sie sich drei Dinge, die Sie persönlich betreffen und für die Sie anfangen möchten zu beten.

Fallen Ihnen drei Gebetsanliegen ein, die Ihren Mann betreffen und ihm in seinem täglichen Leben weiterhelfen können?

Für welche drei Dinge, die jedes Ihrer Kinder betreffen, möchten Sie anfangen zu beten?

KAPITEL 9

Kreativität: Lassen Sie Ihrer Vorstellungskraft freien Lauf!

Es versprach ein vergnüglicher Sonntagnachmittagsausflug zu werden. Wir hatten meine Schwester auf dem Campus der Universität von Evansville im Süden von Indiana besucht. Als wir zurück nach Bloomington, Illinois, fuhren, wurden unsere drei kleinen Kinder allmählich immer unruhiger. Es war Zeit für eine Pause.

Mark entdeckte in einer Stadt, durch die wir gerade fuhren, einen Park. Er hielt an, damit unsere sechsjährige Anne und unser vierjähriger Evan etwas überschüssige Energie loswerden konnten. Erica war zu diesem Zeitpunkt fünf Monate alt, und es war an der Zeit, sie zu stillen. Wir genossen den Sonnenschein und erfreuten uns an der kühlen, erfrischenden Brise.

Die Kinder sprangen von einem Spielgerät zum anderen. Mark spielte mit Anne und Evan, während ich auf einer Decke neben dem Auto saß und Erica stillte.

Die Kinder waren ein gutes Stück von mir entfernt, als ich bemerkte, dass Mark Anne festhielt, die weinte. Als sie näher kamen, schrie Mark nach einem Handtuch oder etwas anderem, um die Blutung zu stoppen. Ich griff nach ein paar Spucktüchern, die ich für die Reise eingepackt hatte, und rannte ihm zu Hilfe.

Anne war auf ein Spielgerät geklettert, das eine gebrochene Feder hatte. Weder Mark noch Anne hatten bemerkt, dass es kaputt war. Doch zu spät! Sie rutschte aus, glitt nach vorne und schlug mit ihrem Kopf gegen eine Schraube auf dem Spielgerät.

Uns war sofort klar, dass die Stelle genäht werden musste, damit die Blutung zum Stillstand kam und die klaffende Wunde gut ausheilte. Uns war beiden ein Wegweiser zum Krankenhaus aufgefallen, als wir in Richtung Park abgebogen waren. So verfrachteten wir die Kinder ins Auto, fuhren zum Krankenhaus und eilten zur Notaufnahme.

Anne hatte Angst. Wir beschlossen, dass Mark sich im Wartezimmer um die zwei kleineren Kinder kümmern sollte, während ich Anne zur Notaufnahme begleitete. Als der Arzt ins Zimmer kam, sprach er gleich mit Anne, fragte sie, wie das passiert sei, und versuchte, sie zu beruhigen. Er sah sich die Wunde an und bestätigte, dass die Stelle mit ein paar Stichen genäht werden musste. Beim Wort »Stiche« wurde Anne wieder ganz aufgeregt. Sie sagte immer wieder: »Ich will keine Stiche! Ich will keine Stiche!« Ich versuchte, sie zu beruhigen, und die Schwester versuchte ihrerseits ihr Glück. Aber nichts half.

Nachdem sich der Arzt einige Minuten lang den lautstarken Protest mit angehört hatte, reagierte er sehr klug und einfallsreich auf Annes Weinen, indem er sagte: »Okay, Anne. Du hast jetzt die Wahl. Möchtest Du lieber Stiche oder Nähte?« Anne überlegte einen Moment lang und sagte dann: »Nähte.« Er bot ihr an, dass sie eine Abmachung treffen würden. Sie dürfte bestimmen, was gemacht würde, und er würde dafür die Nähte machen.

Damit war die Angst besiegt. Sie lag ganz still da, während die Wunde gesäubert und genäht wurde. Es dauerte keine Stunde, und wir befanden uns wieder auf der Heimreise.

Ich muss immer noch schmunzeln, wenn ich an diesen Tag zurückdenke. Dieser Arzt verwandelte eine völlig chaotische Situation mit etwas kreativer Kommunikation in eine ruhige, entspannte Lage. Er verstand Annes Angst und ihr Gefühl der Hilflosigkeit und Verlorenheit. Durch seine gute Idee konnte die Situation blitzschnell gerettet werden.

Kreativität ist ein wichtiges Werkzeug, das wir als Mütter auf unterschiedliche Weise einsetzen. Wir wollen hier einen Blick auf acht Bereiche werfen, die davon profitieren, wenn Mutter das Werkzeug der Kreativität aus der Werkzeugkiste holt.

Kreative Kommunikation

Wie der Arzt, der seinen Einfallsreichtum dazu eingesetzt hatte, um unsere Tochter zu beruhigen, müssen wir als Mütter unserer Kommunikation einen kreativen »Touch« verleihen. Firmen geben horrende Summen dafür aus, genau das treffende Wort zu finden, um ihre Angestellten oder Kunden zu motivieren. Mütter müssen sich in ihrer Wortwahl auch als kreativ erweisen, um ihre Familie anzuspornen.

Bei uns zu Hause benutzen wir oft das Wort *Team*, um unsere Familie zu beschreiben. Ein Team ist eine Gruppe von Menschen, die gemeinsam auf ein Ziel hinarbeiten. Genauso wie eine Sportmannschaft auf das Ziel des Sieges zuarbeitet, arbeiten Familien auch auf bestimmte Ziele zu. Wenn wir uns als Team sehen, sind wir wahrscheinlich eher bereit, einzuspringen und einander zu helfen, wenn Not am Mann ist. Ob wir nun zusammen Gartenarbeit erledigen oder mit vereinten Kräften das Haus putzen oder gemeinsam das Abendessen zubereiten, wir tun es als Team, bei dem jedes Teammitglied seinen Beitrag zu leisten hat.

Ein anderer Ausdruck, den wir verwenden, ist »die *grundlegenden Dinge*« – er beschreibt die Aufgaben, die jeden Morgen erledigt werden müssen, wie Betten machen, Zimmer auf Vordermann bringen, Kleider in die Schubladen räumen, Zähne putzen und Haare kämmen. Anstatt sich über einzelne Teile der morgendlichen Routine immer wieder in die Wolle zu kriegen, fasst dieser Ausdruck ganz sachlich die Aufgaben zusammen, die morgens zu erledigen sind.

Viele Familien haben gewisse Hausarbeiten als Familienpflichten eingeführt. Dadurch wird auch der Teamgedanke mit ins Spiel gebracht, und die Pflichten und Dienste werden genau festgelegt. Vieles muss erledigt werden, um das Haus in Ordnung zu halten und einen ungestörten Ablauf zu ermöglichen: Gartenarbeit, Hausputz, Füttern der Tiere, Essenszubereitung, Abwasch in der Küche, Autopflege und Reparaturen rund ums Haus. Wenn die Kinder älter sind, ist es wichtig, dass sie für bestimmte Bereiche Verantwortung übernehmen. Diese gemeinsamen Aufgaben auch so zu bezeichnen und zu verteilen, fördert ein Klima, in dem Dinge gelehrt und gelernt werden können.

Kreative Kommunikation kann auch dabei helfen, Kindern Ordnung beizubringen. Nachdem ich von dem Konzept »Jedes Ding hat seinen Platz« gehört hatte, baute ich diesen Gedanken weiter aus und fing an, in Gegenwart meiner Kinder die Wendung »Alles braucht ein Zuhause« zu benutzen. Vor kurzem bekam eine Freundin zufällig mit, wie ich unseren vierjährigen Austin bat, ein bestimmtes Spielzeug aufzulesen und es zu seinem Zuhause zu bringen. Sie war etwas irritiert über den Gebrauch dieses Ausdrucks. Durch die Verwendung des Begriffes *Zuhause* für einen Ort, an dem Dinge »leben«, haben unsere Kinder eine klarere Vorstellung von Ordnung und Organisation bekommen. Unsere Teenager wissen, dass sich das Zuhause für ihre Aufgabenblätter, die sie aus der Schule mitbringen, in einem Ordner auf der Küchenanrichte, das Zuhause für ihre Stiefel auf dem Regal in der Garage und das Zuhause für Telefonnotizen auf dem Notizblock in der Küche befindet.

Ich habe auch kreative Mütter erlebt, die für das Aufräumen ein Lied eingesetzt haben: »Räumt auf, räumt auf, alle überall! Räumt auf, räumt auf, jeder trägt sein Teil!« Mit dieser Begleitung lernen kleine Kinder leichter, Spielsachen aufzuheben. In vielen Situationen können wir mit einem Lied eine weniger angenehme Arbeit in eine lustige und schöne Sache verwandeln. Meine Mutter sang meinen Schwestern und mir immer ein kurzes Guten-Morgen-Lied vor, um uns morgens aufzuwecken. Oft praktiziere ich das auch bei meinen Kindern. Ein wenig kreative Kommunikation kann viel dazu beitragen, einen fröhlichen Ton in der Familie anzuschlagen.

Den Samstag verbringen wir als Familie damit, gemeinsam die anstehenden Arbeiten in Haus und Garten zu erledigen. Früher habe ich meinen Kindern immer gesagt, was ihre Aufgaben für den betreffenden Tag waren, bevor sie ihren eigenen Interessen nachgehen konnten. Ich ertappte mich oft dabei, wie ich sie mehrmals an ihre Pflichten erinnern und auf sie einreden musste, damit sie ihren Aufgaben zur rechten Zeit nachkamen. An einem Samstag war ich so frustriert darüber, dass ich jedes Kind bei Laune halten musste, dass ich in einen nörgelnden Tonfall verfiel. Nachdem sie mit Mark zu einer kurzen Besorgung zum Einkaufszentrum gefahren waren, überlegte ich hin und her, wie ich den Kindern ihre Aufgaben »schmackhafter« machen könnte. Wie konnte ich ihnen bloß auf einfache und doch klare und kreative Weise mitteilen, was sie zu tun hatten? So entschloss ich mich, die Aufträge des Tages einmal schriftlich festzuhalten, anstatt sie nur mündlich zu erteilen. Ich machte jedem Kind eine kurze Checkliste seiner Aufgaben für den Morgen und legte auch den ungefähren zeitlichen Rahmen fest, den diese in Anspruch nehmen sollten. Nachdem sie nach Hause gekommen waren, händigte ich jedem der Kinder seine Liste aus. Ich bat alle, ihre Aufgaben zu erledigen, sie dann von der Liste zu streichen und ihre Aufgabenlisten nach Erledigung an mich zurückzugeben. Ich traute meinen Augen nicht! Jedes Kind hatte genau das gemacht, was ich ihm gesagt hatte. Die Kommunikation per Papier war weitaus effektiver als die mündlichen Anweisungen. Es bedurfte nur einiger Zeit, um kreativ zu kommunizieren.

Kreative Finanzen

Für die meisten Familien stellt es eine große Herausforderung dar, nur von einem Gehalt zu leben. Kinder großzuziehen und für ihre Bedürfnisse zu sorgen, kostet nun mal Geld. Essen, Kleidung, Hobbys, Schulbedarf und -ausflüge: Das summiert sich sehr schnell! Man braucht nicht nur einen gut durchdachten Haushaltsplan, sondern auch einiges an Kreativität, um über die Runden zu kommen.

Eine der verantwortungsvollsten Aufgaben einer Mutter ist es, für die richtige Ernährung ihrer Familie zu sorgen. Wie kann ich meine Familie mit dem Geld, das uns zum Einkauf von Nahrungsmitteln zur Verfügung steht, satt kriegen? Bei unserer sechsköpfigen Familie mit zwei Teenagern ist das keine einfache Frage. Wie kann ich mit den mir zur Verfügung stehenden Mitteln kreativ umgehen?

Viele Frauen nutzen Sonderangebote, um ihr Essensbudget nicht zu überschreiten. Das kostet zwar etwas Zeit, aber die Mühe zahlt sich oft aus.

Wir haben oft dadurch viel gespart, dass wir No-Name-Produkte gekauft haben. Auch wenn es immer noch einige Produkte gibt, für die wir keinen gleichwertigen Ersatz gefunden haben, schmecken die meisten dieser Produkte genauso gut wie die Markenwaren. Mit der Zeit haben sich die Geschmacksknospen unserer Familie auch an die anderen Produkte gewöhnt.

Eine kreative Art der Essenszubereitung ist auch ein wichtiger Punkt, um unsere begrenzten Mittel optimal auszuschöpfen. Wenn Sie beispielsweise aus einem Huhn eine Suppe kochen und anschließend aus dem Fleisch ein Frikassee oder einen Salat machen, maximieren Sie Ihre Ressourcen. Es braucht vielleicht etwas Zeit, das Fleisch von den Hähnchenknochen zu lösen, aber die Ersparnis lohnt sich.

Benutzen Sie, wenn Sie einkaufen gehen, eventuell eine vorgedruckte Einkaufsliste? Auch dadurch lässt sich Geld sparen. Ihr Einkauf ist gezielt geplant. Setzen Sie sich vielleicht einmal an den Computer und schreiben Sie eine Einkaufsliste mit all den Dingen, die Sie regelmäßig einkaufen, in der Reihenfolge, wie Sie sie im Laden vorfinden.

Wenn Sie mit der Familie essen gehen, gibt es auch kreative Möglichkeiten, die Kosten zu senken. Wo es keinen Kinderteller gibt, können Sie sicher ein Gericht mit Ihrem Kind teilen – oder zwei Kinder teilen sich eins. Getränke können Ihre Rechnung im Restaurant ebenfalls in die Höhe treiben. Normales Tafelwasser wird vielerorts schon in Literflaschen angeboten, das ist weitaus billiger, als jedem seine eigene Cola zu bestellen.

Kreative Wohnungsverschönerung

Meine Freundin Shawn lud mich ein, das Kinderzimmer ihres Sohnes zu begutachten, das sie neu gestaltet hatte. Ich war überrascht, mit welch geringen Mitteln sie ihrer Kreativität freien Lauf gelassen hatte. Wir können auch mit einem Minibudget schöne Dekorationen zaubern. Wir müssen nur unserer Kreativität freien Lauf lassen.

Shawn hatte sich vorgenommen, Nathans Zimmer unter das Motto »Dschungel« zu stellen. Sie wollte alle möglichen Tiere an die Wand malen: einen Löwen, einen Tiger, einen Elefanten und einen Affen. Sie fand Bilder der Tiere, die ihr vorschwebten, und machte daraus Overheadfolien (die Vorlagen lassen sich beispielsweise in Schreibwarenläden oder Copyshops auf transparente Folien kopieren). Danach nahm sie einen Overheadprojektor und projizierte die Bilder von der Folie an die Wände des Kinderzimmers. Dann zeichnete sie die Konturen der Bilder mit einem Bleistift nach, malte sie aus und vervollständigte die Details anhand der Vorlagen. In dem neu bemalten Zimmer reichten die Tierfiguren vom Boden bis zur Decke. Ein einmaliger Anblick! Dazu war nur ein klein wenig Kreativität nötig!

Meine Freundin und frühere Nachbarin Rita hat auch ein Händchen fürs Dekorieren. Sie hat es sich zum Hobby gemacht, alte und ausgediente Möbelstücke ausfindig zu machen und zu neuem Leben zu erwecken. So hat sie zum Beispiel eiserne Bettgestelle, alte Stühle und ausrangierte Tische aufgearbeitet und sie in nützliche Möbelstücke für ihr Zuhause verwandelt. Bei dem großen Angebot an vorhandenen Farben, Lacken und speziellen Mitteln zur Möbelrestauration kann nahezu jeder sich auf diese Weise kreativ betätigen.

Eine ganz neue Einrichtung ergibt sich oft, wenn man Möbelstücke auf andere Art und Weise nutzt. So haben wir vor kurzem die Kommoden in den Kinderzimmern umgerückt. Mark und ich hatten eine Kommode für unser Schlafzimmer geschenkt bekommen. Wir gaben unsere dafür an eines der Kinder weiter, das mehr Platz für seine Kleider brauchte. Dieses Kind wiederum hat seine Kommode an ein jüngeres Geschwisterkind weitergereicht. Zum Schluss hatten wir noch ein kleines Schränkchen übrig, das ich zuerst in die Zeitung setzen wollte. Zur gleichen Zeit überlegte ich aber auch, wie ich meinen Vorrat an Verpackungsutensilien besser verstauen könnte: das ganze Geschenkpapier, die Geschenktüten, Schleifchen, Scheren und Bändchen. So kam mir der Gedanke, dass wir dieses Schränkchen im Wohnzimmer platzieren, es mit einer Topfpflanze dekorieren und all unsere Geschenkverpackungen darin unterbringen könnten. Das hat besser funktioniert als all die Organisationssysteme, die ich hätte kaufen oder speziell für diesen Zweck hätte zurechtzimmern können.

Kreatives Lernen

Die Mutter ist die erste Lehrerin eines Kindes. Wir lehren unser Kind sprechen. Wir assistieren beim Schreibenlernen, und wir lehren es Verhaltensweisen und das richtige Benehmen. Wir helfen ihm dabei, Buchstaben und Zahlen zu lernen. Wenn das Kind älter wird, vermitteln wir ihm zwischenmenschliche Fähigkeiten, geistliche Wahrheiten und charakterliche Werte. Kreativität kann und sollte eine große Rolle bei der Weitergabe von Wissen und Erkenntnissen an unsere Kinder spielen.

Gott hat jedes Kind mit einzigartigen Gaben und einem einzigartigen Lernstil geschaffen. Es gibt visuelle Lerntypen, die am besten lernen, wenn sie etwas in geschriebener oder bildlicher Form vor sich sehen. Dann gibt es noch auditive Lerntypen, die am besten über das Gehör lernen – wenn jemand ihnen etwas mündlich erklärt. Schließlich gibt es noch kinetische Lerntypen, die am besten lernen, wenn sie einen Gegenstand berühren oder an einer Aktivität beteiligt sind. Es ist daher wichtig, zu wissen, wie unser Kind am besten lernt. Dann können wir ihm auf kreative Weise die Inhalte beibringen, die es wissen und verstehen sollte.

Unsere älteste Tochter, Anne, ist eher ein visueller Lerntyp. Wenn ich ihr etwas vermitteln will, kann ich ihr einen Zeitschriftenartikel geben, einen Bibelvers zeigen oder ein Buch empfehlen. Am besten lernt sie, wenn sie es selber liest. Unsere jüngste Tochter Erica dagegen ist eher ein kinetischer Lerntyp. Sie will die Dinge anfassen, in die Hand nehmen und mit ihnen experimentieren. Sie hat fast immer eine Art wissenschaftliches Experiment in der Küche laufen. Wenn ich ihr etwas beibringen möchte, muss ich es ihr erklären und dann vielleicht auch noch in Form eines Rollenspiels nahe bringen. Das erfordert zwar etwas mehr Zeit, aber es ist den Versuch wert, auf kreative Weise die Lernbedürfnisse der Kinder, die Gott uns gegeben hat, zu erfüllen.

Eine andere Möglichkeit, unseren Kindern kreativ Wissen und Erfahrungen zu vermitteln, ist, nach »Lernsituationen« Ausschau zu halten. Wir können unsere tagtäglichen Erfahrungen nutzen. Sie bieten oftmals ungeheure Möglichkeiten, bestimmte Dinge zu lernen. Wenn Erica mir beim Plätzchenbacken hilft, ist das die Gelegenheit, mit ihr die Maßeinheiten zu besprechen und die mathematischen Grundlagen anschaulich vor Augen zu führen. Als Anne und ich einkaufen gingen, um das passende Kleid für einen Schulball auszusuchen, gab uns das Gelegenheit, darüber zu sprechen, wie Gott Mann und Frau so wunderbar geschaffen und füreinander anziehend gemacht hat. Das half ihr, sich ein ihrem Alter und dem Anlass entsprechendes Kleid auszusuchen.

Wir können unseren Kindern auf die gleiche Weise auch geistliche Wahrheiten vermitteln. Die Autorin Elise Arndt spricht in diesem Zusammenhang von einem »religiösen Lebensstil«. Wenn wir einen Regenbogen sehen, kann uns das dazu veranlassen, mit unseren Kindern über Gottes Verheißungen (1. Mose 9,13-17) zu sprechen. Wenn unserem Kind Unrecht getan wurde und es jemandem vergeben soll, können wir ihm erklären, wie Gott uns vergibt, auch wenn wir seine Vergebung nicht verdienen. Wenn wir wissen, wie unser Kind am besten lernt und wir gleichzeitig auf tägliche Situationen achten, bei denen es etwas zu lernen gibt, können wir das, was wir unseren Kindern vermitteln wollen, mit Kreativität und effektiv vermitteln.

Kreatives Zeitmanagement

Sowohl Mütter als auch Kinder müssen mit ihrer Zeit sorgsam umgehen. Wir haben alle nur vierundzwanzig Stunden am Tag zur Verfügung, aber was wir daraus machen, hängt in erster Linie davon ab, wie wir unsere Zeit nutzen. Wenn nötig, gibt es Mittel und Wege, wie wir die Zeit, die wir haben, optimieren können.

Vor einigen Jahren hörte ich einmal einen Redner, der darüber sprach, wie oft wir zu warten haben. Wir warten in der Arztpraxis, im Frisörsalon, wir warten, dass die Musikstunde zu Ende geht, dass die Kinder abgeholt werden können – wir warten, warten, warten. Der Redner empfahl, eine »Wartetasche« mit sich zu führen. Eine Wartetasche ist der ideale Ort für die Zeitschrift, die wir schon immer lesen wollten. Sie ist der ideale Ort für das Kleidungsstück, das ein klein wenig ausgebessert werden muss (und für die Nadel und den Faden dafür). Sie ist auch der ideale Ort für Briefkarten und Umschläge, um die Danksagungen oder Worte der Ermutigung zu schreiben, die noch zu schreiben sind.

Eine Freundin verriet mir, dass sie immer die letzten Ausgaben ihrer Lieblingszeitschriften im Auto dabei hat. Wenn sie am Ende einer Schulstunde, des Sportunterrichts oder einer schulischen Aktivität auf ihre Kinder wartet, nutzt sie die Zeit zum Lesen. Sie erzählte mir, dass sie für gewöhnlich die Zeitschriften ganz durchgelesen hat, bis die nächste Ausgabe erscheint. Und sie sei auch sehr selten verärgert oder frustriert, wenn die Kinder zu spät einträfen. Das ist also ein Beispiel für einen kreativen Umgang mit der Zeit!

Wir müssen auch unseren Kindern beibringen, wie sie mit ihrer Zeit kreativ umgehen können. Das fängt damit an, dass wir diese Zeiten in kreativer Weise vorplanen. Wir sollten die Fernseh-, Nintendo- und Computerspiele abschalten und bei unseren Kindern stattdessen Lesen, Malen, Basteln, Rollen- und andere Spiele fördern. In den Sommerferien wird in unserem Hause nicht ferngesehen. In dieser Zeit stehen die Kinder morgens auf und unterhalten sich während des Frühstücks auch miteinander. Ehrlich gesagt finde ich, dass sie in dieser Zeit umgänglicher und weniger zerstreut sind als sonst. Während des Schuljahres läuft auch selten der Fernseher – aus dem einfachen Grund, weil die Hausaufgaben erledigt werden müssen und es viele schulische Aktivitäten gibt. Kinder müssen ermutigt werden, kreativ mit ihrer Zeit umzugehen!

Kreative Geschenke

Familien mit nur einem Einkommen oder mit einem engen finanziellen Spielraum können das Schenken zuweilen als finanzielle Herausforderung empfinden. Wenn die Kinder älter werden und zu mehr Geburtstagsfeiern eingeladen sind, können die Ausgaben für Geschenke schnell steigen. Oft vergrößert sich auch die Verwandtschaft jährlich, wenn Kinder geboren werden, wodurch die Zahl der Geburtstags- und Weihnachtsgeschenke steigt. Wie kann sich Kreativität beim Schenken positiv bemerkbar machen?

Die Geschenke, die von Herzen kommen, zählen zu den besten. Ein nicht zu teurer Rahmen mit einem Bild von den Großeltern, die ihr Enkelkind auf dem Arm halten, bedeutet viel mehr, als der Oma einen neuen Koffer zu kaufen. Ein handschriftlich verfasster Brief von einer Nichte oder einem Neffen kann einer Tante oder einem Onkel mehr bedeuten als ein Geschenkgutschein aus ihrem Lieblingsgeschäft. Der Anfang des kreativen Schenkens besteht darin, einmal nicht nach dem Schema »Geh in den Laden und kauf das Geschenk« zu denken.

Meine Freundin Diane erzählte mir vor kurzem von einem Geschenk, das sie bekam, als sie in eine neue Stadt umzog. Ihre Freundinnen schlossen sich zusammen und gestalteten für sie ein Buch. Jede Freundin übernahm eine Seite, auf der ihr Fingerabdruck, ihr Lieblingsbibelvers, ein ermutigendes Zitat, bezeichnende Aussprüche, die sie immer benutzte, und ein persönliches Wort an Diane zu finden waren. Sie schwärmte, wie toll sie dieses einmalige Geschenk fand, und dass sie auch noch Jahre später immer wieder einen Blick hineinwarf. Sie hätten sicherlich auch Geld zusammenlegen und ihr etwas kaufen können, aber ein Geschenk, das von Herzen kommt, nimmt man immer wieder in die Hand.

Rita ist erst seit kurzem Hausfrau und Mutter. Wir sind zusammen in einer Müttergruppe und fanden es schön, dass wir uns kennen gelernt haben. Weihnachten war für sie nun die erste Herausforderung, die Geschenke mit nur einem Einkommen bestreiten zu müssen. Sie rief mich eines Nachmittags an und wir sprachen über einige Ideen für nicht allzu teure Geschenke, die aber von Herzen kommen sollten. Ich erinnere mich noch gut an unsere ersten Weihnachtsfeste mit nur einem Einkommen und an einige Gaben, die wir selbst gemacht und verschenkt hatten: kleine Schlitten aus Schaschlikstäbchen, die den Namen des Beschenkten trugen, Sweatshirts für Oma und Opa mit den Fingerabdrücken der Kinder und Kränze aus Stoffresten. Im Verlauf unseres Gespräches fielen mir auch wieder zwei unserer Lieblingsgeschenke ein, die nicht nur witzig sind, sondern auch im Haus einen angenehmen Duft verströmen: Lavendelsäckchen und gedörrte Äpfel. Wenn Sie selbst so etwas noch nicht ausprobiert haben, versuchen Sie es doch einmal. Und so geht's:

Lavendelsäckchen

getrocknete Lavendelblüten (aus dem Garten, der Drogerie oder Apotheke)
kleine Leinensäckchen (fertig gekauft oder selbst genäht)

Lavendel gibt einen herrlichen Duft im Auto, unter der Wäsche oder in jedem Zimmer der Wohnung. Wer mag, kann die Säckchen bedrucken oder besticken. Sie werden mit einem kleinen dekorativen Band zugeknotet und sind dann reizende kleine Geschenke.

Dörräpfel

Ganze ungeschälte Äpfel
2 Tassen Zitronensaft
3 Esslöffel Salz
3 Esslöffel Zitronensäure

Zitronensaft, Salz und Zitronensäure in einer kleinen Schüssel vermischen. Den ganzen ungeschälten Apfel auf die Seite legen und von unten nach oben in ca. 5 mm große Ringe schneiden. Jede Apfelscheibe 3 Minuten lang in die Zitronensaftmischung tauchen, um das Bräunen der Schnittflächen zu vermeiden, und dann auf den Backrost legen. Bei einen Spalt weit geöffneter Tür im Ofen 6 Stunden lang bei 65 Grad backen bzw. dörren. Wenn die Äpfel abgekühlt sind, sollten sie sich zäh und lederartig anfühlen. Sie können gegebenenfalls mit einem Lack-Spray eingesprüht werden (ist aber nicht unbedingt erforderlich). Die Äpfel können danach zur Dekoration von Kränzen verwendet werden. Oder es kann zum Aufhängen ein Geschenkband durch das sternförmige Gehäuse in der Mitte gezogen werden.

Lavendelsäckchen wie auch Dörräpfel eignen sich hervorragend als Weihnachtsschmuck, Geschenkanhänger und Lufterfrischer fürs Zimmer oder Auto. Sie können auch zur Dekoration von Kränzen oder anderen Bastelarbeiten verwendet werden.

Andere großartige Geschenkideen aus der Küche sind selbst gemachte Plätzchen, Pralinen und besondere Brotsorten. Die

Menschen sind heutzutage so beschäftigt, dass sie sich kaum die Zeit dafür nehmen, etwas ganz und gar selbst zu backen, ohne zur Fertigpackung zu greifen. Selbst gemachte Delikatessen sind aber zumeist begehrte Geschenke. Sie können schon lange vor der Festzeit vorbereitet bzw. gebacken und eingefroren werden. Wickeln Sie Ihr Geschenk in Alufolie ein, und dekorieren Sie es mit einer Schleife. So haben Sie das perfekte Geschenk für Nachbarn, Freunde und Verwandte.

Eine weitere kreative Geschenkidee ist ein Heft mit Gutscheinen für einen Familienangehörigen oder auch einen Nachbarn. Der Schenkende erklärt sich mit den Gutscheinen bereit, bestimmte Arbeiten für den Beschenkten auszuführen. Bei einem solchen Geschenk ist für den Gebenden die Möglichkeit, dem anderen einen Dienst zu erweisen, genauso wichtig wie für den Empfangenden das Geschenk.

Kindern ein kreatives und nicht zu teures Geschenk zu machen, ist auch möglich, wenn auch zuweilen etwas schwieriger. Wir haben uns als Familie, die nur von einem Einkommen lebt, für Geburtstagsgeschenke ein Limit von zehn Dollar (das sind ungefähr zehn Euro) gesetzt. Bei einem solch engen Budget kann es mitunter schwierig sein, schöne Geschenke für Kinder zu finden. Ein kleiner Geschenkladen in unserem Ort, in dem alles nur einen Dollar kostet, ist für uns zu einer beliebten Adresse für Geburtstagsgeschenke geworden. Eines unserer Lieblingsgeschenke für Mädchen ist ein Körbchen mit Haarschmuck. Mädchen im Teeniealter mögen auch gerne Körbchen mit duftenden Hautpflegeprodukten. Jungs und Mädchen freuen sich über einen Geschenkgutschein, den sie im Kino oder Musikgeschäft einlösen können.

Man kann auch beim Einpacken des Geschenkes Kreativität walten lassen! Braune Papiertüten und Frühstücksbeutel können als Geschenkverpackung zweifach Verwendung finden. Die Kinder können diese Tüten für ihre Geschenke mit Aufklebern, Stiften, Markern und Glitter verzieren. Die Papiertüten können aber auch für Erwachsenengeschenke verwendet werden. Spitzendeckchen aus Papier, Geschenkband und Motivstempel können eine Pausenbrottüte in eine Geschenktüte verwandeln. Alternativ zu dieser Verpackung lassen sich auch Comics aus der Zeitung und weißes Pack- oder Wachspapier als Deko verwenden. Auch das können Kinder schön verzieren.

Kreative Geschenke und Geschenkverpackungen können das enge Budget einer jeden Familie entlasten. Sie verleihen zudem jedem Geschenk eine persönliche Note, sind praktisch und bereiten Freude!

Kreative Verabredungen

Um das Feuer der Ehe am Lodern zu halten, ist es notwendig, Zeit zu zweit alleine zu verbringen. Dabei kann es schon etwas Einfallsreichtum erfordern, als Paar Aktivitäten zu finden, die man sich angesichts knapper Finanzen auch leisten kann. Es ist aber nicht unmöglich. Mit etwas Kreativität ist meistens viel gewonnen!

Meine Freundin Tammy erzählte mir davon, wie sie und ihr Mann zusammen Unternehmungen planten, als sie nicht sehr viel Geld zur Verfügung hatten. Sie meinte: »George und ich hatten schon allein so viel Spaß dabei, uns so viele Unternehmungen wie möglich auszudenken, die wir mit 15 bis 20 Dollar bestreiten konnten. Wir trugen unsere spontanen Einfälle zusammen und machten Pläne, wie wir unsere begrenzten Mittel und unsere Zeit vernünftig ausschöpfen konnten. Es machte uns so viel Spaß, wenn es dann klappte.«

Gemeinsam verbrachte Zeiten müssen nicht viel kosten. Sie sollten nur die Gelegenheit zum Gespräch und zur Nähe bieten. Hier sind einige kreative Ideen, wie man Zeit zusammen verbringen kann:

- Machen Sie einen Spaziergang im Park. Halten Sie einander die Hände und nutzen Sie die Zeit zum Gespräch.
- Legen Sie eine Decke auf den Boden und genießen Sie zusammen den Sternenhimmel.
- Schlürfen Sie zusammen einen Milchshake oder Eiskaffee — mit zwei Strohhalmen.
- Gehen Sie mit ihm zu einem Fußballspiel.
- Bitten Sie ihn, mit Ihnen Fahrrad zu fahren.

- Teilen Sie sich ein Stück Kuchen, und reden Sie darüber, wie der Tag gelaufen ist.
- Machen Sie einen Ausflug aufs Land.
- Gehen Sie einen Eisbecher essen.
- Besuchen Sie den Ort Ihrer ersten Verabredung.
- Sehen Sie sich zusammen Ihr Hochzeitsvideo an.
- Lassen Sie die Kinder bei Freunden und Verwandten übernachten und verbringen Sie einen ruhigen Abend zu Hause.

Zeit zusammen zu verbringen, muss nicht teuer oder schwierig sein. Und gemeinsam verbrachte Zeit wird langfristig gesehen sehr viele Früchte tragen. Wenn Sie das Werkzeug der Kreativität einsetzen, um Ihre eheliche Beziehung zu verbessern, ist dies eine gute Investition.

Kreative Abende mit der Familie

Wir leben in einer sehr individualistischen Gesellschaft. Wenn wir nicht bewusst gemeinsame Unternehmungen organisieren, damit die Familie miteinander in Beziehung bleibt, werden wir mit der Zeit feststellen, dass wir uns mehr zueinander verhalten wie eine Wohngemeinschaft und nur noch sehr wenig wie eine Familie.

Als Mark und ich vor einigen Jahren über unsere Rolle als Eltern nachdachten, beschlossen wir, unser Elternsein bewusster als bisher wahrzunehmen. Wir wollten Ziele haben bei der Kindererziehung. Wir wollten sichergehen, dass bestimmte wichtige Dinge zu unseren familiären Gepflogenheiten gehörten. Wir wünschten uns eine Perspektive und eine bestimmte Vorgehensweise, um nicht nach achtzehn Jahren zurückblicken und unsere Plan- und Ziellosigkeit bedauern zu müssen. Um diese Vorstellungen gezielt in die Tat umsetzen zu können, haben wir daran gearbeitet, unser beider Leben mit seinem unterschiedlichen Erziehungshintergrund in einem elterlichen Erziehungskonzept zu vereinen, dem wir beide zustimmen konnten. Das war nicht immer ein einfacher Weg, aber sicherlich einer, den ich nicht bereut habe.

Das effektivste Werkzeug war für uns der Wunsch hinzuzulernen. Wir lasen Bücher, stellten Fragen, besuchten Konferenzen, sprachen darüber, wie wir erzogen worden waren, und besuchten mehrere Elternseminare. Das tun wir immer noch. Denn wir nähern uns immer wieder unerforschten Gewässern der Kindererziehung. Bei unseren Nachforschungen stießen wir auf die Anregung, einen Familienabend einzuführen. Das war ein Konzept, das für uns beide neu war, das uns jedoch sehr ansprach. Auch wenn es uns bis jetzt noch nicht gelungen ist, einen festen Abend in der Woche für unser familiäres Zusammensein zu finden, nehmen wir uns die Zeit, besondere Familienabende einzuplanen. Diese Abende laufen nie nach dem gleichen Schema ab, aber das Ergebnis ist immer dasselbe. Mit ein wenig Kreativität kommen wir uns näher, verstehen uns besser und haben das Gefühl, alle im gleichen Boot zu sitzen.

Eine mir bekannte Familie hat sich den Sonntagabend zum Familienabend erkoren. Die Mutter und der Vater übernehmen keine Verpflichtungen in der Gemeinde oder ehrenamtliche Tätigkeiten, die eine Anwesenheit am Sonntagabend erforderlich machen könnten. Und auch die älteren Kinder der Familie wissen, dass sie am Sonntagabend keine Einladung annehmen können. Manchmal spielen sie zusammen Brettspiele, ein anderes Mal gehen sie außer Haus, um Minigolf zu spielen. Die Vorzüge dieser gemeinsam verbrachten Zeit liegen in einer verbesserten Kommunikation, im Lachen, ganz zu schweigen von der intensiven Bindung der Familie, da die familiären Unternehmungen Vorrang haben.

Im Gespräch mit anderen Familien, die Familienabende schätzen, sind mir einige Dinge wichtig geworden, die ich gerne als Hilfestellung weitergeben möchte:

— Wenn möglich, reservieren Sie sich einen Abend die Woche, der Ihnen heilig ist, für Ihre Familie. Niemand nimmt an diesem Abend eine Einladung an, besucht ein Treffen oder geht einer sozialen Verpflichtung nach. Dieser Abend ist ausschließlich der Familie gewidmet.
— Wenn es für Ihre Familie aus terminlichen Gründen nicht möglich ist, sich einen Abend die Woche frei zu halten, set-

zen Sie sich zusammen und nehmen Sie sich Ihren Kalender zur Hand. Planen Sie wenigstens ab und zu einen gemeinsamen Abend ein. Teilen Sie jedem diesen Termin mit, und halten Sie sich diesen auch frei.

- Beziehen Sie Ihre Kinder in die Planungen mit ein. Fördern Sie ihre Kreativität. Wenn die Kinder merken, dass sie in die Planungen einbezogen werden, wächst auch ihr Wunsch, an dem Abend teilzunehmen.

- Lassen Sie sich nicht frustrieren, wenn es sich – gerade am Anfang – etwas schwieriger gestaltet, alle unter einen Hut zu bekommen. Wir haben alle eine selbstsüchtige Natur und müssen erst lernen, die Bedeutung eines Teams zu verstehen.

- Seien Sie bei der Gestaltung Ihrer Abende kreativ: Veranstalten Sie z. B. einen Spieleabend (Scrabble, Monopoly, Pictionary). Das gemeinsame Anschauen von selbst gedrehten Familienvideos oder Kinofilmen auf Video, Durchstöbern alter Fotoalben, Plätzchen backen, Kegeln, Minigolf spielen, Eislaufen oder Rollschuhlaufen kann im Familienverband eine Menge Spaß machen.

- Zweifeln Sie nicht am Nutzen eines Familienabends, nur weil Ihre Kinder altersmäßig weit auseinander liegen. In einem Sommer nahmen wir die Kinder mit zum Golfspielen auf einen kleinen Platz, der einen Familientag anbot. Die älteren Kinder spielten mit Begeisterung, und der zwei Jahre alte Austin genoss es sichtlich, auf dem Golfwagen mitzufahren.

Als Eltern haben wir nur eine einmalige Chance, unsere Kinder großzuziehen. Diese Aufgabe können wir nicht mehrmals übernehmen. Deshalb sind auch Unternehmungen, die die familiären Beziehungen stärken, so wichtig. Der christliche Kinderarzt und Autor Gary Ezzo, der einige Bücher zum Thema Kindererziehung geschrieben hat[12], meint: »Altersgenossen können nur dann wirklich starken Druck auf Kinder ausüben, wenn die Bindung an die Familie entsprechend schwach ist.« Diese Aussage ist mir im Gedächtnis haften geblieben. Kreative Familienabende sind mit Sicherheit ein Weg, um die Identität als Familie zu festigen und die familiären Beziehungen weiter auszubauen.

Lassen Sie Ihrer Vorstellungskraft freien Lauf!

Kreativität ist nicht notwendigerweise angeboren. Wenn ich von Kreativität spreche, geht es mir mehr um eine Strategie als darum, eine kreative Ader zu haben. Es geht nicht um die Fähigkeit, handwerklich geschickt zu sein und Dinge herzustellen, sondern klug mit seiner Zeit, seinen Finanzen, kommunikativen Fähigkeiten, Beziehungen und vielem mehr umzugehen! Auch beim Muttersein geht es darum, Ihrer Vorstellungskraft freien Lauf zu lassen, indem Sie Strategien entwickeln, Materialien sammeln und Pläne in die Tat umsetzen, um Ihre Ziele zu erreichen!

Zum Weiterdenken

Wie kreativ sind Sie in Ihrer Kommunikation mit Ihrer Familie? Für welche Aktivitäten oder Bezeichnungen suchen Sie noch einen kreativen Ausdruck? Tragen Sie die Einfälle Ihrer Familie in einem Brainstorming zusammen!

Überlegen Sie sich drei Möglichkeiten, wie Sie Ihr Zeitmanagement verbessern können, indem Sie die Minuten, die Ihnen zur Verfügung stehen, kreativ nutzen!

Welche kreative Verabredung könnten Sie und Ihr Mann in der nächsten Woche treffen? Bestellen Sie den Babysitter, und machen Sie noch heute etwas fest!

Tragen Sie mit ein paar Freundinnen Einfälle zusammen, wie Sie denkwürdige und lustige Familienabende gestalten können. Tauschen Sie Ihre Ideen aus, und unterstützen Sie sich gegenseitig bei der Umsetzung Ihrer Pläne.

KAPITEL 10

Barmherzigkeit schafft ein Zuhause

Ich war spät dran zu unserem frühen Treffen am Morgen. Das Musikteam der Gemeinde traf sich jeden Dienstag um 6 Uhr in der Früh zum Gebet und zur Planung, und ich hatte immer meine liebe Not, rechtzeitig auf der Matte zu stehen. Wieder einmal war ich nicht rechtzeitig von zu Hause losgekommen. Ich sprang ins Auto, das wir uns von meinen Eltern ausgeliehen hatten, da eines unserer Autos gerade in der Werkstatt war. In meiner Hektik, ja rechtzeitig zu unserem Gebetstreff zu kommen, überschritt ich die zulässige Geschwindigkeit. Auf den letzten Metern vor der Kirche bemerkte ich die roten Lichter hinter meinem Auto.

So bog ich auf den Parkplatz vor der Gemeinde ein und hielt an. Der Polizist kam auf das Auto zu und fragte mich, ob ich wüsste, dass ich zu schnell gefahren sei. Ich erklärte ihm, dass ich es eilig gehabt hatte und gerast sei und deshalb auch nicht auf die Geschwindigkeit geachtet hätte.

Als er mich um meinen Führerschein bat, drehte ich mich zur Seite, um nach meiner Brieftasche zu greifen. Schlagartig wurde mir bewusst, dass ich in der Eile nur nach meinem Notizbuch gegriffen hatte. Ich hatte keinen Führerschein dabei. Ich entschuldigte mich bei ihm und sagte ihm, dass ich ihn wohl im Eifer des Gefechts zu Hause vergessen haben musste.

Als Nächstes bat er mich um meine Fahrzeugpapiere. Ich suchte überall. Aber ich konnte sie im Auto meiner Mutter nirgends finden. So wandte ich mich nochmals verlegen dem Polizisten zu und gestand ihm, dass ich das Auto meiner Mutter ausgeliehen hatte und ihre Fahrzeugpapiere nirgends finden konnte. Ich wäre mir sicher, dass sie irgendwo im Auto sein mussten, aber ich wüsste einfach nicht wo.

In diesem Moment war ich schon auf das Schlimmste gefasst. Meine Gedanken rotierten im Kreis: »Bei dem Tempo kostet der Strafzettel mich ein Vermögen. Er könnte mich vielleicht sogar einsperren, wenn er wollte. Er könnte das Auto abschleppen lassen und den Führerschein einziehen. Was hab ich da nur gemacht?«

Ich stellte mich innerlich schon auf eine drakonische Strafe ein.

Der Polizist hielt einen Augenblick lang inne und sagte dann: »Nicht der Rede wert. Ich wünsche Ihnen noch einen schönen Tag. Fahren Sie das nächste Mal bitte langsamer.« Er drehte sich um, stieg wieder ins Auto und fuhr davon.

Da stand ich nun neben meinem Auto und konnte es nicht fassen. Ich war platt. Ich hatte eine gerechte Strafe verdient. Ich hätte die Konsequenzen für meine Übertretungen tragen müssen. Aber dieser Polizeibeamte hatte beschlossen, es auf sich beruhen zu lassen. Er tat so, als sei nie etwas passiert. Er ließ Gnade vor Recht ergehen.

Gnade und Barmherzigkeit sind nicht nur fromme Worte

Gnade und Barmherzigkeit sind Begriffe, die in unserer Gesellschaft nicht geläufig sind. Wir hören viel von Gerechtigkeit, Fairness und Rechtmäßigkeit, aber wir hören nur selten etwas über Gnade. Dieser Begriff kennzeichnet Gottes Beziehung zu uns. Um besser zu verstehen, was es mit der Gnade auf sich hat und wie sie mit dem Muttersein zusammenhängt, müssen wir zunächst Gottes Gnade verstehen und dem Beispiel, das er uns gesetzt hat, folgen.

Gott ist vollkommen. Wir sind es nicht. Wenn Gott uns seine Gnade schenkt, dann ist das so ähnlich wie im Fall des Polizeibeamten – mit dem einen großen Unterschied. Gott sagt nicht: »Nicht der Rede wert.« Sondern Gott sagt: »Du bist es wert.« Er sagt: »Ich weiß, dass du Fehler machst, aber ich liebe dich ohne Wenn und Aber. Meine Liebe beruht nicht auf deinen guten Werken. Sie basiert überhaupt nicht auf dem, was du tust. Sie gründet sich darauf, wer ich bin.«

Wahrigs Deutsches Wörterbuch definiert Gnade als »verzeihende Güte, Barmherzigkeit Gottes; das Heil ohne Rücksicht auf Verdienst; unverdiente Gunst«. Ich mag das Wort »*unverdient*«, weil es meiner Meinung nach das Wort Gnade recht treffend umschreibt. Gott schenkt uns seine Gnade, auch wenn wir sie nicht verdienen. Sie lässt sich nicht verdienen. Sie ist unverdient. Das ist das Schöne an der Gnade.

Gnade hängt unmittelbar mit der Vergebung zusammen. Barmherzigkeit und Vergebung sind für eine Mutter sehr wichtige Werkzeuge, die sie unbedingt immer bei sich tragen sollte. Dieses Rüstzeug hilft uns, als Frau und Mutter auch Schwierigkeiten zu überstehen. Wenn wir diese Werkzeuge einsetzen, wird langfristig das Selbstwertgefühl aller Familienangehörigen profitieren. Und wir selbst werden einen unerklärlichen Frieden in unserem Leben verspüren.

Mit Liebe antworten oder mit Vorwürfen reagieren?

Wenn Familienangehörige Fehler machen, haben wir zwei Möglichkeiten: Wir können ihnen ein schlechtes Gewissen und Schuldgefühle einflößen, oder wir können mit Gnade und Barmherzigkeit antworten. Unsere Worte werden unsere Herzenseinstellung widerspiegeln, und unser Herz wird unsere Liebe widerspiegeln. Ist unsere Liebe zu anderen mit Vorbehalten behaftet, und gründet sie sich auf deren Verhalten uns gegenüber? Oder ist sie bedingungslos und freiwillig und nicht abhängig von den guten Taten anderer?

Gottes Liebe zu uns ist bedingungslos und stellt ein vollkommenes Vorbild für uns dar, wie wir andere lieben sollen. Egal, wie oft wir versagen, wie oft wir die falsche Entscheidung treffen oder wie töricht wir sind, Gott liebt uns dennoch. Er antwortet mit Liebe.

Wenn unsere Kinder Fehler machen, liegt es an uns, sie mit Gnade aufzubauen oder ihnen Schuldgefühle und Scham einzuflößen. Wenn unser Mann einen Fehler macht, können wir ihm barmherzig begegnen oder aber ihn hämisch verspotten und kritisieren. Diese Entscheidung ist mit einer großen Verantwortung verbunden.

Epheser 4,29 spricht ganz deutlich zu uns: »Lasst kein giftiges Wort über eure Lippen kommen. Seht lieber zu, dass ihr für die anderen in jeder Lage das rechte Wort habt, das ihnen weiterhilft.« Unsere Worte und der Ton, den wir anschlagen, spiegeln Barmherzigkeit oder Lieblosigkeit wider. Wir müssen weise sein in dem, was wir sagen.

Gesunde und ungesunde Schuldgefühle

Gott hat Schuldgefühle aus einem guten Grund geschaffen. Sie begleiten das Wissen, etwas Falsches getan zu haben. Unser Gewissen versetzt uns in die Lage, Gut und Böse, Schuld und Unschuld zu verarbeiten. Wenn wir uns willentlich dafür entscheiden, Böses zu tun, empfinden wir Schuldgefühle, oder anders ausgedrückt, wir werden von unserer Schuld überführt. Diese Schuldgefühle bewirken in uns den Wunsch zur Veränderung. Wenn wir uns nicht von unserem Gewissen überführt sehen, werden wir uns nicht ändern und nicht wachsen wollen. Schuldgefühle sind sehr gesunde und normale Emotionen.

Leider kann aber das, was zum Guten bestimmt war, auch ins Gegenteil verkehrt und zu etwas Ungesundem werden. Es kann sein, dass wir uns so schuldig und beschämt fühlen, dass wir die bedingungslose Liebe Gottes zu uns außer Acht lassen und zur Überzeugung gelangen, dass' wir wegen unserer schlechten Taten nicht liebenswert sind. Dabei wird dann die Schwere der Schuld überbetont und verkehrt sich in eine zerstörerische Last. Ständig sagen wir uns dann, wie erbärmlich und schlecht wir sind.

Ein gut funktionierendes Gewissen und »gute« Schuldgefühle kommen vom Heiligen Geist. Man sagt sich: »Das war eine schlechte Entscheidung, ich möchte das nicht mehr tun.« Wir sollten uns auch bewusst werden, dass wir die gleichen Fehler nicht öfter begehen müssen und dass wir uns für ein besseres Leben entscheiden können, wenn wir uns auf Gott einlassen. Mit dem Eingeständnis von Schuld und der Vergebung Gottes kommt frischer Wind in unser Leben.

Ein schlecht funktionierendes Gewissen und »schlechte« Schuldgefühle äußern sich so, dass wir sagen: »Das war eine schlechte Entscheidung, und ich bin ein schlechter Mensch, weil ich es einfach nicht richtig machen kann.« Man nennt so etwas auch ein negatives Selbstgespräch: Wir haben uns so an die negativen Gedanken gewöhnt, dass wir sie uns immer und immer wieder vorsagen und gar nicht mehr die Fähigkeit haben, sie als das zu entlarven, was sie sind, nämlich Lügen.

Ein ständig schlechtes Gewissen, das uns fortwährend verurteilt, lähmt uns auch als Mutter. Es führt dazu, dass wir den negativen Gedanken in uns Glauben schenken. Sie drücken uns nieder, nehmen uns die Hoffnung und besetzen viel wertvolle Zeit und Energie.

Gottes Wahrheit ist die einzige Waffe, die im Kampf gegen die Selbstverurteilung eingesetzt werden kann. In Römer 8,1 ist zu lesen: »Keiner braucht mehr das Strafgericht Gottes zu fürchten, der sich an Jesus Christus hält.« Gottes Plan für uns sieht vor, dass wir uns mit seiner bedingungslosen Liebe und Gnade umgeben. Wir sind nicht wertlos, nur weil wir eine schlechte Entscheidung getroffen haben. Gottes Liebe bestimmt unseren Wert. Sie hängt nicht von unserem Tun ab.

Warum komme ich in einem Buch zum Thema Muttersein nur auf solche Fragen wie Schuld und Gnade? Aus zwei wichtigen Gründen: Unsere Haltung zu diesen Fragen beeinflusst unmittelbar unsere familiären Beziehungen. Und es gibt viele Frauen, die ständig unbegründet gegen ein schlechtes Gewissen kämpfen.

Meine Freundin Shawn beschrieb ihren Kampf gegen die Gewissensbisse, die sie als Mutter hatte, einmal in einem Artikel für den Rundbrief ihrer Müttergruppe. Hier ist ein Auszug ihres Berichtes:

»[In einem der früheren Rundbriefe] habe ich darüber geschrieben, dass ich in den letzten dreizehn Jahren oft über mein Leben als Mutter nachgedacht habe und oftmals von mir selbst enttäuscht gewesen bin. Ich war nicht immer liebevoll, versöhnlich, fürsorglich und selbstlos. Zu meiner Schande muss ich gestehen, dass ich sehr oft genau das Gegenteil davon war.

Ich weiß noch sehr genau, dass ich mir dabei als die schlimmste Mutter auf Gottes Erde vorkam. Wenn ich mich abends schlafen legte, war mein Kissen immer tränennass, und ich bereute meine falschen Entscheidungen. Ich bereute, dass ich immer laut wurde, dass ich zu oft nein sagte, dass ich das tat, was ich wollte, und nicht mit den Kindern Ball spielte oder ihnen beim Fahrradfahren zusah, wenn sie mich darum baten.

So verlor ich mich so sehr in meiner Trauer und meinem Schmerz, dass ich weiterhin die falschen Entscheidungen traf, weil ich der Lüge glaubte, ich sei eine schlechte Mutter. Warst du auch schon an diesem Punkt?

... Jesus kam, um uns Freiheit von unserer belastenden Schuld zu geben. Stattdessen schenkt er uns Hoffnung, Erneuerung und Befreiung! Er glaubt an dich, und er glaubt an mich! Und er kann uns sicherlich auch dazu befähigen, gute Entscheidungen zu treffen! Er steht uns die ganze Zeit über zur Seite.

Wenn du als Mutter Fehler machst, was bestimmt dich dann? Lässt du dich von deiner Schuld überwältigen und handlungsunfähig machen?«

Ich glaube, Shawns Frage trifft den Nagel auf den Kopf. Und ich glaube auch, dass ihre Erfahrung als Mutter mit der Schuld für viele Frauen eine alltägliche Erfahrung darstellt. Deshalb glaube ich auch, dass es für uns wichtig ist, das »Werkzeug« Barmherzigkeit zu verstehen und zu wissen, wie es im Berufsalltag einer Mutter eingesetzt werden kann.

Unser Zuhause als Lern- und Übungsfeld

Im Kapitel 5 habe ich im Zusammenhang mit der Ehe erstmals vom *Zuhause als Lern- und Übungsfeld* gesprochen. Der Gedanke, der dahinter steckt, ist der, dass das, was wir über die eheliche Beziehung wissen, in erster Linie von dem Zuhause stammt, in dem wir aufgewachsen sind. Vielleicht haben wir einige sehr wertvolle zwischenmenschliche Fähigkeiten mitbekommen, oder wir haben ein sehr negatives Beziehungsmuster vor Augen gehabt. Es ist daher wichtig, dass wir das häusliche Lernfeld unseres Elternhauses überdenken, um unsere Stärken und Schwächen als Ehepartner herauszufinden. Wenn wir erst einmal die Bereiche entdeckt haben, in denen wir schwach sind, können wir versuchen, ein neues Verhalten einzuüben und alles daranzusetzen, neue Verhaltensmuster zu erlernen.

Das Gleiche gilt für unser Verständnis von Schuld und Gnade. Wenn wir in einem Zuhause aufgewachsen sind, in dem die Gnade vorherrschte, werden wir aller Wahrscheinlichkeit nach auch unsere Kinder barmherzig erziehen und bereitwillig Gottes Vergebung annehmen. Wenn wir in einem Zuhause aufgewachsen sind, in dem wir uns ständig schuldig fühlen mussten, in dem Liebe und Zuneigung abhängig von gutem Benehmen waren, werden wir aller Wahrscheinlichkeit nach auch unsere Kinder mit Vorwürfen und Schuldzuweisungen erziehen. Von daher ist es wichtig, zu überdenken, was uns von Kind an geprägt hat, da es unser Verhältnis zum Thema Schuld und Gnade beeinflusst. Vielleicht müssen wir wieder ganz neu buchstabieren lernen, was Gnade heißt.

Gott möchte uns durch diesen Lernprozess hindurchhelfen. Er hat uns – in der Bibel – die Wahrheit vor Augen geführt. Sie soll unsere Lügen und unseren Hang zur Selbstverdammung ersetzen. Er hat uns zugesagt, dass er uns nie verlassen wird – auch nicht in diesem Lernprozess. Und er hat uns ein perfektes Beispiel der Liebe, Vergebung und Gnade gegeben. Im noch verbleibenden Teil dieses Kapitels werden wir einige neue Strategien entwickeln, mit denen wir das Werkzeug der Gnade im Berufsalltag einer Mutter einsetzen können.

Gnade und Vergebung: Welche Rolle spielen sie?

Vergebung ist ein häufig falsch verstandener Begriff, denn wir tun ihn sehr oft als Emotion ab. Vergebung ist überhaupt keine Gefühlssache. Sie ist eine Entscheidung. Sie ist eine Handlung. Sie besteht darin, dass eine Person einer anderen Gnade erweist. Anstatt einen anderen bloßzustellen und lächerlich zu machen, können wir uns dafür entscheiden, ihm seine Fehler zu verzeihen, und ihm dadurch Gnade schenken.

Einem anderen gnädig zu sein bedeutet, sich dafür zu entscheiden, dass das Böse der Vergangenheit angehört. Wenn wir unsere eigenen Unzulänglichkeiten erkennen, können wir auch anderen so etwas wie einen »Raum der Gnade« zugestehen. Bei diesem Spielraum geht es darum, dem anderen zuzubilligen, dass er anders ist als wir selbst, und zu erkennen, dass Gott jeden von uns ganz einzigartig geschaffen hat. Es kann nicht darum gehen, den anderen so zu verändern, dass er so wird wie wir. Wenn wir anderen zugestehen, dass sie anders sind, bestärken wir sie in ihren Gaben und Fähigkeiten und holen das Beste aus ihnen heraus. Wir bauen sie auf, denn wir akzeptieren ihre Andersartigkeit.

Können Sie sich vorstellen, in wie vielen Ehen es anders aussähe, wenn wir alle etwas barmherziger miteinander umgingen? Können Sie sich vorstellen, wie viele Kinder mit dem Bewusstsein aufwachsen würden, für das geschätzt zu werden, was sie sind, wenn wir alle etwas mehr Gnade vor Recht ergehen lassen würden? Die vielfältigen Auswirkungen wären beträchtlich, wenn wir dieses Konzept umsetzen würden! Sie würden die Welt verändern!

Barmherzigkeit und Kontrolle: Wie verhalten sie sich zueinander?

Ich saß da und hörte meiner Freundin – ich will sie hier einmal Janna nennen – aufmerksam zu. Sie klagte mir ihr Leid. Sie war so unzufrieden mit ihrer Rolle als Hausfrau und Mutter geworden, dass sie etwas daran ändern wollte. Sie wusste nur noch nicht, wo sie genau ansetzen sollte. Ihre Mutter hatte immer sehr hohe Erwartungen an sie gestellt. Sie bestimmte das Verhalten anderer, indem sie ihnen ihre Liebe und Zuneigung entzog. Sie schämte sich, wenn ihre Kinder sich danebenbenahmen. Liebe und Annahme erfuhren ihre Kinder nur unter Vorbehalt.

Jannas Mutter hatte diese verheerende Taktik nicht nur bei ihren Kindern angewandt, sondern auch in ihrer Ehe. Sie manipu-

lierte ihren Mann und setzte als Druckmittel Zorn und Liebes-
entzug durch Schweigen ein. So tat sie alles Erdenkliche, um die
Menschen um sich herum zu steuern und zu kontrollieren.

Meine Freundin stellte nun bei sich fest, dass sie sich ihren
Kindern und ihrem Mann gegenüber ähnlich verhält wie ihre
Mutter. Das behagt ihr zwar nicht, aber so hat sie es zu Hause
gelernt. Fehlverhalten wird von ihr mit hämischen Bemerkungen
geahndet. Herrschen Uneinigkeit oder Unruhe, versucht sie,
durch Zornesausbrüche wieder die Oberhand zu gewinnen. Ihrem Mann gegenüber ist sie eine Meisterin in Sachen nonverba-
ler Kommunikation. Durch Schweigen und Sexentzug löst sie auf
ihre Weise eheliche Konflikte.

Wer andere Menschen auf diese Weise manipuliert, hat ein
Ziel: Er will Kontrolle. Manche haben ein großes Bedürfnis, das
Handeln und Verhalten anderer zu kontrollieren. Bei Müttern
zeigt sich dieses Bedürfnis natürlich am stärksten im Verhalten
ihren Kindern und ihrem Mann gegenüber.

Wird dieses Reaktionsmuster nicht verändert, kann dies in
den betreffenden Beziehungen großen Schaden anrichten und
das Selbstwertgefühl der Opfer dieses manipulativen Verhaltens
ankratzen. Wir reden hier nicht darüber, gelegentlich einmal
»bei den Kindern auszurasten«. Wir reden hier darüber, wie es
ist, wenn Negativ-Botschaften die vorrangige Art der Kommunikation mit dem Ehemann oder den Kindern darstellen.

Jeff Van Vonderen beschreibt dieses ungesunde Verhaltensmuster in seinem Buch *Families Where Grace Is in Place* (»Familien, in denen die Gnade wohnt«). Er kategorisiert familiäre Beziehungen, die sich auf Scham und schlechtes Gewissen gründen, folgendermaßen:

1. *Verbale Angriffe*: Gesprochene oder angedeutete Botschaften wie »Was ist bloß los mit dir?«, »Warum kannst du
   nicht so sein wie ...?«

2. *Leistungsorientierung*: Gutes Verhalten findet Anklang und
   Akzeptanz.

3. *Unausgesprochene Regeln*: Das Verhalten wird von Regeln
   bestimmt, die nur selten ausgesprochen werden. Manchmal kann die Regel nur herausgefunden werden, wenn sie
   gebrochen wird.

4. *Codierte Kommunikation*: Sie erfolgt häufig, wenn Familienmitglieder Botschaften durch nonverbale Kommunikation oder durch andere Familienangehörige aussenden.

5. *Götzendienst*: Wie Dinge nach außen hin aussehen, was andere Leute denken, was einer besitzt, ist das Wichtigste im Leben.

6. *Kindern das Leben schwer machen*: Da der äußere Schein so wichtig ist, müssen Kinder lernen, sich wie kleine Erwachsene zu verhalten, um Schande und Bloßstellung zu vermeiden.

7. *Vorrangige Beschäftigung mit Fehlern und Schuldzuweisungen*: Wenn ein Familienmitglied sich falsch verhalten hat und das Familienansehen dadurch geschmälert wird, geht es nur noch um dieses Fehlverhalten und immer neue Vorwürfe. Auf diese Weise kann das »Problemkind« bloßgestellt und gedemütigt werden. Es bekommt so ein schlechtes Gewissen eingejagt, dass es dieses Verhalten nicht mehr an den Tag legt.

8. *»Geistige Fähigkeiten« sind wichtig*: Um sich selbst zu schützen, stellen die Familienmitglieder einander bloß, greifen sich mit scheinbaren Vernunftgründen an, putzen einander herunter und leugnen eigenes Fehlverhalten.

9. *Die »Stimme des Herzens« findet kein Gehör*: Gefühle werden als verkehrt, selbstsüchtig oder unnötig bewertet.

10. *»Arme Menschen«*: Familienmitglieder sind innerlich leer, aber sehen äußerlich gut aus.[13]

Jeff Van Vonderen beschreibt hier sehr zutreffend das Dilemma, in dem sich Eltern mit einem Kontrollbedürfnis befinden. Er schreibt dazu weiter: »Gottes Aufgabe ist es, zurechtzubringen und zu verändern. Unser Job ist es, [von Gott] abhängig zu sein, zu dienen und zuzurüsten. Das ist das Werk der Gnade. Und es ist befreiender, als Sie es sich vorstellen können.«[14]

Meine Freundin Janna war sehr erschöpft von ihrem Versuch, alles und jeden um sich her kontrollieren zu wollen. Und sie musste sich eingestehen, dass dies zu nichts führte. So wollte sie eine andere Reaktionsweise auf das Verhalten ihres Mannes und ihrer Kinder einüben. Sie erkannte auch, wie sehr sie mit ihrem

Kontroll-Spleen ihren Freundschaften geschadet hatte, und wollte auch hier eine Veränderung sehen. Der Punkt, an dem Janna ansetzen muss und an dem Sie und ich ansetzen müssen, ist die Gnade. Wenn wir ein bestimmendes, kontrollierendes Verhalten an den Tag legen, übernehmen wir eine Aufgabe, die uns nicht zusteht. Gott allein sitzt am Kontrollhebel. Wenn wir Gnade walten lassen, können wir das tun, was Gott von uns verlangt, und es getrost Gott überlassen, Menschen zurechtzubringen und zu verändern.

Jeff Van Vonderen beschreibt außerdem die Kennzeichen von Beziehungen, die von der Gnade bestimmt sind. Diese konzentrieren sich darauf, Menschen aufzubauen, anstatt zu versuchen, sie zurechtzubiegen. Nachfolgend werden zehn Eigenschaften genannt, mit denen sich Beziehungen beschreiben lassen, die von der Gnade erfüllt sind. Solches Verhalten bringt Kompetenz, Kreativität und Zufriedenheit bei anderen hervor.

1. *Verbale Bestätigung*: Familienangehörige erhalten Bestätigung, indem ihnen gesagt wird, dass sie fähig, wertvoll und akzeptiert sind und Unterstützung erfahren. Am wichtigsten ist, dass ihnen gesagt wird, dass sie geliebt sind.

2. *Am Menschen orientiertes Verhalten*: Liebe und Akzeptanz hängen nicht davon ab, wie Menschen sich verhalten. Die Menschen werden für das bestätigt, was sie sind, und nicht nur dafür, wie sie sich verhalten.

3. *Ausgesprochene Regeln und Erwartungen*: Die Erwartungen werden offen dargelegt. Regeln sind dazu da, dem Menschen zu dienen. Der Mensch ist nicht dazu da, den Regeln zu dienen.

4. *Die Kommunikation ist klar und offen*: Botschaften werden mit Worten vermittelt und nicht mit versteckten Anspielungen. Es erfolgt eine aufrichtige Rückmeldung (Feedback). Beispiel: Wenn Sie möchten, dass jemand den Müll hinausträgt, bitten Sie ihn darum. Sagen Sie nicht: »Es wäre ganz nett, wenn jemand den Müll mit hinunternehmen könnte.«

5. *Gott ist unsere Quelle*: Unser persönliches Befinden und unser Wert haben ihren Ursprung in Gott und nicht im Verhalten anderer Leute.

6. *Kinder sind eine Freude*: Kinder können sich kindgemäß verhalten. Sie müssen keine kleinen Erwachsenen sein, die keine Fehler machen dürfen. Beispiel: Als Eltern müssen wir uns nicht bedroht fühlen oder es persönlich nehmen, wenn unsere Kinder über die Stränge schlagen. Sie sind nicht »kaputt«, und wir müssen sie nicht zurechtbiegen. Sie entdecken einfach das Leben, um herauszufinden, wie die Wirklichkeit beschaffen ist.

7. *Verantwortung und Verantwortlichkeit*: Anstatt zur Strafe Fehler herauszustreichen und falsches Verhalten bloßzustellen und zu kontrollieren, sind die Menschen für ihre Entscheidungen verantwortlich, und es ist angemessen, sie dafür zur Rechenschaft zu ziehen.

8. *»Geistige Fähigkeiten« sind zum Lernen da*: Das Denken sollte nicht in erster Linie zur Entwicklung von Verteidigungsstrategien, sondern zum Lernen eingesetzt werden.

9. *Gefühle sind wertvoll und nützlich*: Familien, in denen die Gnade vorherrscht, sehen im Gefühl und im Ausdruck der Gefühle eine Chance der Familienangehörigen, miteinander in Beziehung zu treten, Beziehungen wieder zu kitten oder sich gegenseitig zu unterstützen, indem man ausgehend von seiner Gefühlslage kluge Entscheidungen trifft.

10. *Das Äußere muss sich mit dem Inneren decken*: Familien, in denen ein barmherziges Miteinander herrscht, geht es nicht um die äußere Fassade, sondern darum, wie die Menschen wirklich sind. Was wirklich ist, ist wichtiger als das, wonach die Dinge nach außen hin aussehen.[15]

Für uns Mütter ist es ja so wichtig, das Werkzeug der Barmherzigkeit zu verstehen und zu wissen, wie wir es in unserem Beruf einsetzen können. Unsere Worte und Einstellungen haben ein großes Gewicht und eine nachhaltige Wirkung auf unsere Familien. Wenn Sie selbst gegen den Zwang zu kontrollieren zu kämpfen haben, ist Gnade der Punkt, an dem Sie ansetzen sollten.

Schämen Sie sich nicht, sich in die Gruppe der Familien einzuordnen, die von Scham und schlechtem Gewissen beherrscht sind. Sehen Sie es vielmehr als Gelegenheit, das Werkzeug der

Barmherzigkeit zu verstehen und positive Änderungen vorzunehmen. Sehen Sie sich nochmals die Kennzeichen einer von der Gnade bestimmten Familie an, und legen Sie mit deren Hilfe Ihre Ziele fest.

Um zu verstehen, worum es bei der Gnade geht, ist es wichtig, zunächst unseren Wert in Gottes Augen zu erkennen. Jeff Van Vonderen stellt in diesem Zusammenhang fest: »Wenn unsere Zufriedenheit, unser Wohlergehen und unser Wert vom Verhalten anderer Menschen abhängig sind anstatt von Gott, werden wir immer Botschaften an andere aussenden, die besagen: ›Du verhältst dich lieber korrekt, sonst ...‹«[16]

Unser Selbstwert als Mutter muss von unserem Wert kommen, den wir in Gott haben, und nicht von dem Verhalten unserer Kinder oder dem Handeln unseres Mannes. Es ist außerdem wichtig, dass wir verstehen lernen, wie ein von der Gnade bestimmtes Leben als Ehefrau und Mutter unseren Mann und unsere Kinder bereichern kann.

Eine von der Gnade bestimmte Ehe

In den letzten sieben Jahren haben Mark und ich uns der Aufgabe verschrieben, Paare zu betreuen, die in ihrer Ehe Probleme hatten. Wir haben in der Tat viel Zeit mit buchstäblich Hunderten von Paaren verbracht, die sich in verschiedenen Stadien ihrer Ehe befanden: Einige hatten ihre liebe Not mit kleineren Alltagsproblemen; andere standen kurz vor der Scheidung. In den meisten dieser Beziehungen war ein Knackpunkt in der Ehe das Fehlen der Barmherzigkeit, das für Frustration oder gar ein Fiasko sorgte.

Nachdem die Flitterwochen vorüber sind, sehen wir allmählich, wie sich unser Partner wirklich verhält und lebt. Wenn dann die Kinder kommen, haben wir noch weniger Zeit füreinander, und die kleinen Dinge fangen an, uns zu nerven. Schließlich kommt dann der Punkt, an dem beide Partner wahre Meister darin werden, nur noch die Fehler des anderen zu sehen. Wenn hier nicht die Gnade zählt, werden stattdessen Schuldzuweisung und Verurteilung an der Tagesordnung sein.

Als es bei Mark und mir vor Jahren kriselte, gab es ein Hauptproblem: Ich urteilte ihn ständig ab. Ich glaube, dass viele Frauen damit zu kämpfen haben. Ich glaube sogar, dass wir Frauen oft sehr schnell dabei sind, unserem Mann unter die Nase zu reiben, was er alles falsch macht. Wenn wir in diese Falle tappen, werden sich unsere Männer ständig unzureichend fühlen. Ich habe mit sehr vielen Männern gesprochen, die sich darüber beschwerten, dass sie ihrer Frau nichts recht machen können. Sie können ihr einfach nicht das Wasser reichen. Dazu kommt es, wenn Schuldzuweisungen und Negativbotschaften die Kommunikation beherrschen und nicht die Gnade. Schuldzuweisungen bringen den anderen dazu, sich unterlegen zu fühlen, wohingegen die Barmherzigkeit ihn aufbaut.

Vor einigen Jahren fuhr unsere ganze Familie eine längere Stecke im Auto, um Freunde und Verwandte zu besuchen. Mit vier Kindern im Auto – das jüngste war gerade einmal zwei Jahre alt – war diese Reise zuweilen sehr anstrengend. Alles in allem benahmen sich die Kinder zwar recht gut, aber auf dem letzten Stück des Heimwegs sehnten Mark und ich uns wirklich danach, endlich zu Hause zu sein.

Austin fing an zu jammern, und so ging ich nach hinten in den Bus, um ihn abzulenken. Ich war vermutlich eine gute Stunde hinten bei ihm gewesen, als ich wieder auf meinen Sitz nach vorne ging. Als ich mich gerade anschnallen wollte, bemerkte ich, dass wir falsch fuhren. Wir hätten zu diesem Zeitpunkt eigentlich schon ganz woanders sein müssen und nur noch vierzig Minuten nach Hause gebraucht. Von da, wo wir jetzt waren, waren es aber noch gut zwei Stunden.

Mark war müde. Wir waren zwei Tage unterwegs gewesen. Er hatte eine Abzweigung verpasst. Ich war gerade zu dem Zeitpunkt, an dem vier Augen mehr als zwei gesehen hätten, eifrig damit beschäftigt, den kleinen Austin bei Laune zu halten.

Zu meiner Schande muss ich gestehen, dass ich meinen Mann erst einmal mit Vorwürfen überhäuft habe. Ich hätte auch barmherzig reagieren können. Aber das tat ich nun mal nicht. Ich war wütend und enttäuscht. Ich hatte die Wahl zwischen Barmherzigkeit und Schuldzuweisung, und ich habe die falsche Wahl getroffen.

Unser Urlaub endete durch meine unangebrachten Worte und den Tonfall sehr unschön. Mein Mann war verletzt. Meine Kinder waren gekränkt. Ich musste den Schaden wieder gutmachen und um Vergebung bitten und mich für mein Tun entschuldigen. Diese Episode ist leider ein perfektes Beispiel für die zehn Kennzeichen einer auf Scham und Negativbotschaften gegründeten Beziehung. Sie stellte aber auch für mich einen Wendepunkt dar. Wie oft versuchte ich mit meinen Worten, meinem Tonfall, meinem Handeln nur, meine Familie zu kontrollieren! Ich musste erkennen, dass ich um meiner selbst und meiner Familie willen etwas ändern musste.

Ich möchte hier aber auch noch eine andere Erfahrung weitergeben – mit einem anderen Ausgang.

Meine Freundin Doris reiste mit ihrem Mann und ihrem Sohn von ihrem Zuhause in Illinois zu einer Hochzeit ihrer Familie nach Nashville, Tennessee. Doris war am Steuer. Ihr Sohn, Hunter, schlief hinten auf dem Sitz, und ihr Mann, Charlie, saß auf dem Beifahrersitz und arbeitete am Laptop. Sie waren zu dieser Zeit gerade dabei, ihren Umzug von Illinois nach Florida vorzubereiten, und so war Doris während des Fahrens damit beschäftigt, sich zu überlegen, was sie dabei noch alles zu erledigen hatte. Nachdem sie schon eine lange Strecke hinter sich gebracht hatten, fing Doris an, sich Gedanken darüber zu machen, wann sie endlich auf die Grenze zu Kentucky stoßen würden. Es kam ihr so vor, als würden sie schon schrecklich lange fahren. Schließlich sah sie eine Brücke vor sich. Als sie immer näher kamen, machte sie ein Schild aus mit dem Hinweis »Mississippi River«. Und nach dem Passieren der Brücke bemerkte sie ein Schild mit der Aufschrift »Willkommen in Missouri«. Ihr wurde sofort klar, dass sie irgendwo eine Ausfahrt verpasst haben musste. Panik kam in ihr hoch.

Charlie war mit seinem Computer beschäftigt gewesen und hatte noch nicht einmal einen Wechsel im Landschaftsbild bemerkt. Nachdem Doris verkündet hatte, dass sie gerade den Mississippi nach Missouri überquert hätten, griff Charlie zur Karte. Er sah sofort, wo der Highway eine Abzweigung gemacht und Doris die Autobahn in die entgegengesetzte Richtung genommen hatte. Er fing nun an, sie auf die richtige Route zurückzulotsen, damit sie ihre Reise nach Tennessee zur Hochzeit fortsetzen konnten. Dieser Umweg kostete sie ungefähr zwei Stunden Fahrtzeit.

Kurz nach der Fahrt erzählte mir Doris von ihrem Missgeschick. Sie konnte noch nicht über sich selbst und die Spritztour nach Missouri, die sie auf ihrem Weg nach Tennessee gemacht hatten, lachen. Was sie jedoch beeindruckt hatte, war die Art, wie Charlie mit der Situation umgegangen war. Auch mich beeindruckte das. Er hätte schimpfen und sie angreifen können. Er hätte ihr sagen können, wie dumm sie gewesen sei, und sie immer wieder damit aufziehen können. Aber das tat er nicht. Er ließ Barmherzigkeit und Vergebung walten. Er reagierte ermutigend und nicht entmutigend. Er war sich bewusst, dass wir alle Fehler machen und dass wir alle in unseren Beziehungen unverdiente Barmherzigkeit brauchen.

Charlie musste auf Grund seiner Reaktion also die Beziehung nicht kitten. Er hatte mit seinem Verhalten niemanden verletzt. Doris konnte innerlich unbeschadet weiterfahren. Sie kamen schließlich doch noch gut in Tennessee an und verlebten dort eine sehr schöne Hochzeit. Das ist die Macht der Gnade.

Eine barmherzige Erziehung

Barmherzigkeit ist ein Werkzeug, das wir bei der Erziehung unserer Kinder täglich benutzen sollten. Sie baut unsere Kinder auf. Sie erlaubt ihnen, anders zu sein. Sie erlaubt ihnen, Fehler zu machen.

Allerdings sollte Barmherzigkeit nicht mit Nachlässig- und Nachgiebigkeit verwechselt werden. Barmherzigkeit ist nur eine Haltung, die wir auch dann einüben sollten, wenn wir unsere Kinder zurechtweisen. Kinder müssen für ihre Entscheidungen zur Verantwortung gezogen werden. Und sie müssen dazu befähigt werden, gute Entscheidungen zu treffen. Barmherzigkeit heißt nicht, dass wir wegsehen, wenn sie ungehorsam sind. Barmherzigkeit heißt, dass wir mit der Situation so umgehen, dass wir unsere Kinder nicht beschämen, sie nicht bloßstellen und nicht blamieren.

Wir alle – sowohl die Kinder als auch die Eltern – sollten begreifen, dass jedes Tun auch Konsequenzen hat. Wir sind für die Entscheidungen, die wir treffen, verantwortlich. Wir als Eltern sind daher in der Pflicht, unsere Kinder über diese Verantwortung aufzuklären. Wenn sie Fehler machen, ist es an uns, ihnen zur Seite zu stehen, damit sie aus ihren Fehlern lernen können. Vielleicht geschieht das manchmal recht beiläufig, indem wir einfach über das, was vorgefallen ist, mit ihnen reden, oder aber indem sie die Konsequenzen zu spüren bekommen.

Vor einigen Jahren hörte ich ein christliches Lied, das mich sehr angesprochen hat. Der Titel lautete: »Du bist der einzige Jesus, den einige je zu Gesicht bekommen.« An diesen Satz musste ich als Mutter oft denken. Wir repräsentieren für unsere Kinder in gewisser Weise Jesus. Wir sind der einzige Jesus, den sie sehen. Deshalb müssen wir ihnen Gottes Charakter und Wesen so gut wie irgend möglich vor Augen führen. Unsere Beziehung zu Gott gründet sich auf seine Gnade. Deshalb sollte unsere Beziehung zu unseren Kindern die gleiche Grundlage haben.

Bei allem Lehren und Erziehen unserer Kinder sollte Barmherzigkeit das vorrangige Werkzeug sein. Sie äußert sich in bedingungsloser Liebe, ausgesprochener Bestätigung, klarer und offener Kommunikation, Würdigung von Gefühlen und Emotionen und der Freiheit, nicht ständig nach außen ein perfektes Bild abgeben zu wollen. Wenn wir als Eltern diese Züge der Barmherzigkeit an den Tag legen, helfen wir unseren Kindern dabei, sich zu kompetenten und emotional gesunden Erwachsenen zu entwickeln.

Dazu bedarf es der Barmherzigkeit

Ich bin immer wieder erstaunt darüber, wie viel ich gelernt habe, seit ich den Beruf der Mutter ergriffen habe. Auch wenn mein eigenes Zuhause ein sehr positives Lernfeld für mich gewesen ist, gab es immer noch viele Dinge, die ich einfach nicht verstehen und anwenden konnte, bis ich mitten im »Mutteralltag« stand.

Gnade war für mich zum Beispiel ein solches Konzept, das ich vorher nicht begriffen hatte und das ich noch immer bemüht bin, in meinem Ehe- und Familienleben umzusetzen. Ich weiß zwar, dass ich über die Jahre schon Riesenschritte in diese Richtung gemacht habe, aber ich bin auf diesem Gebiet immer noch eine Lernende.

Ich möchte, dass mein Mann unser Zuhause als eine Art Zufluchtsstätte, als einen Ort der Ruhe, Bestätigung und Ermutigung empfindet. Mit der Barmherzigkeit ist das möglich. Ich möchte, dass meine Kinder in einem Zuhause aufwachsen, das ihre Individualität, Kompetenz und Zufriedenheit fördert. Dazu bedarf es der Barmherzigkeit.

Der Polizist, von dem ich zu Anfang erzählte, hat mir Barmherzigkeit entgegengebracht. Gott bringt uns allen Gnade entgegen. Wir wollen diesen Prozess nicht aufhalten, sondern der Gnade Gottes und der Barmherzigkeit untereinander einen festen Platz in unseren Familien einräumen.

Zum Weiterdenken

Wie waren Ihr eigenes Zuhause und Ihre Erziehung im Hinblick auf die Barmherzigkeit? Herrschte sie vor, oder wurden eher Scham und Bloßstellung eingesetzt? Wie haben sich diese Erfahrungen auf Ihr Elternsein ausgewirkt?

Überlegen Sie sich drei Situationen, in denen Sie Ihrem Mann einen »Raum der Gnade« zugestehen können.

Überlegen Sie sich drei Situationen, in denen Sie Ihren Kindern einen »Raum der Gnade« zugestehen können.

Wenn Sie Schwierigkeiten damit haben, andere nicht zu verurteilen, nehmen Sie sich einige Minuten Zeit, Gott zu bitten, Ihnen die Lügen aufzuzeigen, die in Ihrem Kopf kursieren, und sie durch seine Wahrheit zu ersetzen.

KAPITEL 11

Humor: Gönn dir ein Lächeln!

Sieben Schoko-Regeln:

- Wenn die Schokolade Ihnen schon in den Händen schmilzt, essen Sie sie zu langsam.
- Mit Schokolade überzogene Trauben, Kirschen, Orangenschnitze und Erdbeeren zählen als Früchte. Sie können also so viele davon essen, wie Sie wollen.
- Problem: Wie bekommen Sie zwei Pfund Schokolade in einem heißen Auto nach Hause transportiert? Lösung: Essen Sie sie auf dem Parkplatz!
- Tipp zum Abnehmen: Essen Sie vor jeder Mahlzeit einen Schokoriegel. Sie haben dann weniger Appetit und essen weniger.
- Eine ordentliche Schachtel Schokopralinen deckt den Tagesbedarf an Kalorien auf einmal. Ist das nicht praktisch?
- Frage: Warum gibt es eigentlich keine Organisation namens »Die Anonymen Schokoholics«?
Antwort: Weil niemand damit aufhören will.
- Setzen Sie »Schokolade essen« ganz oben auf die Liste der zu erledigenden Arbeiten für den heutigen Tag. So bekommen Sie wenigstens eine Sache getan.

Mussten Sie gerade schmunzeln? Zumindest hoffe ich, dass die Schoko-Regeln Ihnen ein leichtes Grinsen entlockt haben, vielleicht haben sie Sie auch zum Lachen gebracht. Wenn nicht, dann waren sie entweder heiterer Stimmung, oder es geht Ihnen wie meiner Freundin Becky, die keine Schokolade mag. Ehrlich gesagt, kann ich mir ein Leben ohne Schokolade gar nicht vorstellen. Ich esse sie so gerne, dass es selbst zu unserer Hochzeit

M&Ms gab. Auch wenn ich vielleicht ein ganzes Kapitel schreiben könnte, um die These zu untermauern, dass Schokolade ein notwendiges Werkzeug für den Beruf einer Mutter ist, lasse ich es lieber dabei und bleibe beim Thema Humor.

Humor ist gut für uns – in emotionaler und physischer Hinsicht. Gott erschuf das Lachen. Es ist Teil seines Planes, dass wir ein glückliches Leben führen. Wir müssen uns selbst das Lachen gönnen und bereit sein, auch über uns selbst zu lachen. Das Lachen ist ein überlebenswichtiges Werkzeug im Beruf der Mutter.

Eine der beliebtesten Rednerinnen auf den *Hearts at Home*-Konferenzen ist die Autorin und Referentin Becky Freeman. Sie erzählt oft Geschichten aus dem Alltag ihrer Familie. Und sie schreckt nicht davor zurück, auch sehr persönliche, dumme Fehler von sich preiszugeben. Viele Frauen können sich mit ihr identifizieren, und sie bringt sie sogar zum Lachen. Sie lachen und lachen und lachen. Sie bringt einen so sehr zum Lachen, dass man sich den Bauch halten muss und einem die Tränen kommen.

Die Auswertungskarten, die wir bei den Tagungen verteilen, bescheinigen uns immer eine positive Resonanz auf Beckys Vorträge. Die Konferenzbesucherinnen schreiben oft dazu, wie schön es für sie war, dass sie wieder mal lachen konnten: »Becky half mir, wieder nach Herzenslust zu lachen.« »Schon lange habe ich nicht mehr so herzhaft gelacht.« »Wow! Ich fühle mich als Mutter neu gestärkt. Es tat gut, so ausgiebig lachen zu können.« Ja, es ist gut zu lachen, und wir sollten das öfter tun.

In Kapitel 7 habe ich die Frage gestellt: »*Wann haben wir vergessen, wie man spielt?*« Hier frage ich nun: »*Wann haben wir vergessen, wie man lacht?*« Ein Durchschnittskind lacht über Hundert Mal am Tag. Ein Durchschnittserwachsener lacht nur ein Dutzend Mal.

Wann haben wir angefangen, das Leben so ernst zu nehmen, dass uns unser Sinn für Humor abhanden kam – und auch unsere Fähigkeit, über uns selbst zu lachen? Wann vergaßen wir die Macht eines Lächelns?

Dabei ist der medizinische Nutzen des Lachens unbestritten:

Lachen kann den Blutdruck senken, den Muskeltonus erhöhen und einen hohen Ausstoß an Endorphinen auslösen (das sind diejenigen chemischen Stoffe im Gehirn, die eine Euphorie bewirken können). Das Lachen hat einen tief greifenden Einfluss auf unser Immunsystem. Mit dem Lachen erhöht sich das Immun-Interferon (Gamma-Interferon), ein krankheitsbekämpfendes Protein. Das Gleiche gilt für B-Zellen, die Antikörper produzieren, welche Krankheiten abwehren, und für T-Zellen (T-Lymphozyten), die die Immunreaktionen unseres Körpers veranlassen. Durch das Lachen kann auch die Ausschüttung von Stresshormonen verhindert werden. Diese Alarmstoffe kommen immer dann ins Spiel, wenn wir Wut, Feindseligkeit und Stress empfinden. Stresshormone unterdrücken das Immunsystem. Sie erhöhen den Blutdruck und die Zahl der Blutplättchen (Thrombozyten) in unserem Blut, die zu fatalen Arterienverschlüssen führen können.[7] Lachen ist also offensichtlich nicht nur für unsere geistige und emotionale Gesundheit von Bedeutung, sondern auch für unser körperliches Wohlbefinden.

Die Perspektive

David Burke, ein talentierter Schreiber, der viele Beiträge für die Monatszeitschrift von *Hearts at Home* verfasst, veröffentlichte darin einmal einen Artikel unter dem Titel »*Kinder sind Anarchisten*«. Ehrlich gesagt war ich mir nicht so ganz sicher, was das Wort *Anarchist* eigentlich zu bedeuten hatte. Ich schlug es nach, und das Bedeutungswörterbuch gab mir die Erklärung, dass ein Anarchist jemand ist, der jegliche Ordnung ablehnt bzw. Unordnung stiftet. Wenn ich mir das recht überlege, denke ich, dass diese Umschreibung auch sehr gut auf Kinder zutrifft. Das Leben mit Kindern ist eine Art Anarchie, ein Zustand der Unordnung. Deshalb ist es ja auch so wichtig, dass wir lernen zu lachen. Die Dinge verlaufen nämlich selten so, wie wir sie geplant haben.

David hat nichts dagegen, dass ich seine Gedanken zu diesem Thema an Sie weitergebe. Ich hoffe, Sie profitieren ebenso wie ich davon.

Kinder sind Anarchisten

von David Burke

Sie zerknittern das ordentlich Gefaltete, entwurzeln das Frischgepflanzte und wecken die Schlafenden.

Sie verschütten das, was sie eigentlich gar nicht in der Hand haben sollten, sie zerbrechen, was sie eigentlich nicht anrühren dürfen, sie verewigen sich mit Edding-Stiften auf rein weißen Flächen.

Sie sind ein lebender Beweis für den Zweiten Thermodynamischen Hauptsatz: Alles verwandelt sich aus der Ordnung in eine stetig zunehmende Unordnung, bis das Universum schließlich aus den Fugen gerät.

Ich habe meine Jüngste dabei beobachtet, wie sie die Turnschuhe ihres Bruders in die Mikrowelle steckte und auf »An« drückte – mit der gleichen Selbstverständlichkeit wie ein hungriger Mann, der sich ein Acht-Minuten-Schnellgericht zubereitet.

Ich war Zeuge, wie mein zweitjüngster Sohn seine Initialen mit Buntstiften in den Teppich ritzte – vor dem Angesicht Gottes und seiner Großeltern – und dann sein aufrichtiges Erstaunen darüber bekundete, dass sich alle entrüsteten.

Ich habe miterlebt, wie mein ältester Sohn, nackt von der Taille abwärts, am obersten Treppenabsatz auf einem Schemel hin- und herbalancierte und sich nach einem Luftballon ausstreckte. Er hatte seinen Gang zum Badezimmer extra unterbrochen, um den flüchtigen Ballon einzufangen.

Ich habe alle drei zusammen dabei beobachtet, wie sie spontan und unaufgefordert meinen Wagen wuschen. Habe ich schon erwähnt, dass die Scheiben meines Wagens zum Zeitpunkt der Tat heruntergekurbelt waren?

Kinder verstreuen ein 700-teiliges Legoset, verlegen ausgerechnet die Eckteile eines Puzzles, posaunen in einem ansonsten andächtigen Gottesdienst laut heraus, dass sie auf die Toilette müssen.

Sie sind eine lebende Abwandlung von Murphys Gesetz: »Wenn irgendetwas schief gehen kann, dann wird es auch schief gehen ... Sie hätten es eigentlich wissen müssen, dass Sie Ihre Kinder nicht im gleichen Zimmer mit der Katze und dem Haargel lassen dürfen.«

Das Leben unter Anarchisten bedeutet auch, zu lernen, dass man nie überrascht sein darf – eine Lektion, die uns unser ältester Sohn erteilt hat, als er alle Spielsachen, Tupperware-Schüsseln, Kleidungsstücke, Möbelstücke und Kuscheltiere mitten im Wohnzimmer aufstapelte und darauf bestand, dass wir ihn »Müllmann« nannten.

Und doch – trotz dieses reichen Erfahrungsschatzes – hören wir nicht damit auf, uns a) fortzupflanzen und b) unsere Kinder auf die – nichts ahnende – Menschheit loszulassen. Blicken wir nur einmal auf die Ereignisse jenes denkwürdigen 20. Dezember 1996 zurück, als während des Krippenspiels der Vorschulkinder eines meiner Kinder verspätet zur Krippenszene erschien – ohne Kostüm versteht sich – und zweien seiner Mitspieler den Hirtenstab um die Ohren schlug (»Lasst uns nach Bethlehem ziehen und sehen, was der Herr uns kundgetan hat – dong, dong, dong«!).

Und obwohl wir doch bereits hinreichend vom Gegenteil überzeugt worden sind, nehmen wir sie weiterhin mit zu der geordnetsten aller Handlungen – zu Hochzeitsgottesdiensten –, und beharren steif und fest darauf, dass wir das Ergebnis voll unter Kontrolle haben. Können Sie sich da meine Überraschung vorstellen, als mein damals dreijähriger Sohn vor einigen Jahren gebeten wurde, bei einer Hochzeit in der Familie die Ringe zu tragen?!

Stellen Sie sich nur meine Besorgnis vor, als wir beide – trotz monatelangen Protestes – schließlich doch vorne am Altar als Teil der Hochzeitsgesellschaft landeten!

Dort standen wir nun also in unseren ach so schmucken, identischen Smokings. Meine Knie schlotterten, meine Augen warfen nervöse Blicke in die Runde, während mein Söhnchen auf der hölzernen Altarreling hinter mir herumnagte. Als sich dann seine Aufmerksamkeit auf die Klavierbeine verlagerte, beschloss ich, dass es an der Zeit war, allen Anschein von Feierlichkeit fahren zu lassen und ihn aufzulesen und festzuhalten.

Im Geiste habe ich diese Episode unter »Die dümmsten Momente des Lebens« verbucht. Ich werde nie vergessen, wie mein Sohn in meinen ausgestreckten Armen wie ein tollwütiger Biber wild um sich fuchtelte, aus voller Kehle »NEIN« schrie und mir sodann mit der herzlosen Wucht eines Mafiakillers mit seinem Kissen und den Ringen – dem Symbol von Liebe und Einigkeit – eine überbriet.

Als ich mein liebes Söhnchen wieder absetzte und mir mit den Fingern den roten Samtflor aus den Haaren strich, wogte mir schallendes Gelächter vom hinteren Ende des Saals entgegen. Als es schließlich die erste Bankreihe erfasst hatte, war ich immer noch etwas verdutzt, und ich fragte mich, ob irgendjemand diesen Moment auf Video eingefangen hatte und wie viel die Aufnahme wohl bei »Amerikas lustigsten Familienvideos« bringen würde. Doch als die Lachsalve schließlich auch auf das Hochzeitspaar überschwappte, wurde mir urplötzlich klar, wie sie es wohl gesehen haben mussten, und schon bald lachte ich mit.

Phyllis Diller hat einmal gesagt: »Sein Haus zu putzen [und auch sonst den Anschein eines normalen Lebens zu wahren], während die Kinder heranwachsen, ist so, wie wenn man die Einfahrt freischaufelt, während es noch schneit.« Die Anarchie des Elternseins ist also unumgänglich, und wollte man versuchen, ihr allzu sehr zu widerstehen, resultierte das vermutlich nur in einem schleichenden Verfall in den Wahnsinn.

Und außerdem könnten Sie dabei ja auch einiges verpassen. Ich habe schon genug in Erinnerungen schwelgende Großeltern um mich gehabt, um zu wissen, dass es gerade die chaotischen Momente mit unseren Kindern sind, an die wir uns später am liebsten erinnern (...).

So bleibt zu hoffen, dass ich wie an jenem Tag in meinem schlecht sitzenden Smoking und einen Schimmer zerknitterter Samtfusseln auf meinem Haar und Vorhaupt, etwas weniger Zeit damit verbringe, die Dinge um mich her im Griff behalten zu wollen, und etwas mehr Zeit damit, über das Ergebnis zu lachen.

Und ich werde die Videokamera laufen lassen. – Ich könnte das Geld gut gebrauchen.[18]

Ich finde David Burkes abschließende Bemerkung köstlich: »So bleibt zu hoffen, dass ich etwas weniger Zeit damit verbringe, die Dinge um mich her im Griff behalten zu wollen, und etwas mehr Zeit damit, über das Ergebnis zu lachen.« Das ist der Schlüssel zum Werkzeug des Humors. Wenn wir nur versuchen, die Welt um uns herum zu kontrollieren und in Schach zu halten, werden wir so viele Gelegenheiten verpassen, sie einfach nur zu genießen und noch Jahre später über sie zu lachen.

Spaßbremsen

Humor ist die Chance, unsere Welt aufzuheitern. Mit ihm können wir das Leben und unsere Beziehungen bewältigen. Manchmal finden wir aber einfach nicht den Einschaltknopf für den Humor. Wir finden nichts lustig. Wir hängen im »ernsthaften Modus« fest und wissen nicht, wie wir da wieder herauskommen sollen. Oder wir hängen im »ärgerlichen Modus« fest, und es gelingt uns einfach nicht, humorvoll zu sein.

Meine Freundin Charlene Baumbich beherrscht es meisterhaft, das Leben von der sonnigen Seite her zu betrachten. Sie hat mit ihrem Workshop »Humor – Mamas Geheimwaffe« auf den *Hearts at Home*-Konferenzen schon viele Frauen ermutigt. Bei diesen Workshops erzählt sie von den »Humorfesseln«, wie sie sie nennt – den Dingen, die uns in unserem Leben davon abhalten, Humor zu haben. Ich will Ihnen an dieser Stelle einige »Spaßbremsen«, wie ich sie bezeichnen möchte, nennen. Die ersten vier stammen von Charlenes »Humorfesseln-Liste«, die restlichen aus meiner Feder.

Spaßbremse Nr. 1: *Geschäftigkeit*: Wenn wir zu viel um die Ohren haben und in Eile sind, kann der Humor in unserem Herzen nicht zum Zuge kommen.

Spaßbremse Nr. 2: *Wenn wir aus Spaß Stress machen*: Wenn bei einer Arbeit nicht die Freude, sondern die Pflicht überwiegt. Und wenn wir etwas komplizierter machen wollen, als es eigentlich sein muss.

Spaßbremse Nr. 3: *Wir messen unwichtigen Dingen zu viel Wert bei*: Wenn wir uns über Dinge aufregen, die in zehn Jahren nun wirklich keinen mehr kümmern. Haben Sie sich schon einmal mit Ihren Kindern wegen etwas gestritten, was einfach nicht wichtig ist? Warum lassen wir uns bloß von solchen Nichtigkeiten gefangen nehmen?

Spaßbremse Nr. 4: *Angst, dass die Person, auf die Sie wütend sind, sich durch Ihre Wut nicht beeindrucken lässt:* Wenn Wut Ihr Herz regiert statt Gnade und Vergebung. – Nun einmal ganz im Ernst: Wenn wir Wut dazu einsetzen, einen anderen zu bestrafen, wer ist dann eigentlich der Bestrafte? Sind nicht wir es? Und ist das nicht eine Energieverschwendung?

Spaßbremse Nr. 5: *Die Erwartungen sind zu hoch gesteckt:* Wenn wir nicht akzeptieren, dass das Leben mit Kindern auch Unordnung mit sich bringt, werden wir immer frustriert sein, weil wir uns hilflos fühlen. Wir können von solch unrealistischen Erwartungen so besessen sein, dass sie uns die Freude rauben.

Spaßbremse Nr. 6: *Sie haben vergessen, wie man lacht:* Glauben Sie, dass Sie jetzt, wo Sie erwachsen sind, nicht mehr albern sein dürfen? Auch als Erwachsene können wir immer noch ein Ereignis daraus machen, bei einer Schulfreundin zu übernachten, uns Gefechte mit Wasserpistolen zu liefern oder Kissenschlachten auszutragen.

Haben Sie in Ihrem Leben solche Spaßbremsen? Es ist nie zu spät, etwas daran zu ändern und das Leben mit anderen Augen zu sehen. Lassen Sie sich nicht ausbremsen, sondern genießen Sie die Momente der Freude, die Gott Ihnen gibt!

Momente der Freude

Gottes Plan für uns ist, dass wir Freude am Leben haben. In der ganzen Bibel finden wir einen Vers nach dem anderen, der von der Freude spricht. Zu Beginn des fünfzehnten Kapitels im Johannesevangelium lesen wir von der Liebe Gottes zu uns. Danach heißt es weiter in Vers 11: »Ich habe euch dies gesagt, damit meine Freude euch erfüllt und an eurer Freude nichts mehr fehlt.« Gott freut sich auch dann an uns, wenn wir seinen perfekten Plan für uns durcheinander bringen. Genauso können wir uns an unseren Kindern freuen, auch wenn sie den scheinbar so perfekten Plan sabotieren, den wir für sie im Sinn haben.

Gott hat uns das Gefühl der Freude geschenkt, das ein Lächeln, Humor und Gelächter hervorbringt. Es ist kein Zufall, dass Lachen die physischen Auswirkungen hat, die ich eingangs in diesem Kapitel beschrieben habe. Gott hat uns so gemacht, dass Körper und Seele zusammenpassen. Die Freude spielt nach Gottes perfektem Plan sowohl in emotionaler als auch in physischer Hinsicht eine ganz besondere Rolle. Unsere Aufgabe als Mutter besteht nun darin, herauszufinden, wie wir in jedem Augenblick unseres alltäglichen Lebens Freude und Humor finden können.

Wenn Charlene Baumbich zu Frauen spricht, redet sie meistens in der Vergangenheitsform, aus der Perspektive derjenigen, die das Ganze bereits erlebt hat. Sie vermittelt dadurch ihren Zuhörerinnen Hoffnung für die Zukunft und eine unbekümmerte Sicht auf das, was war. So bringt sie oft Beispiele von ihren beiden inzwischen erwachsenen Kindern. Meistens erzählt sie von einem für sie schwierigen Erlebnis mit dem Sauberwerden eines ihrer Söhne. Sie war damals fest davon überzeugt, dass seine zukünftige Frau ihm auch noch die Windeln wechseln müsste. Bei dieser Bemerkung lachen immer alle Frauen, und Charlene stellt die Frage: »Warum finden wir das eigentlich so komisch?« Und ihre Erklärung ist meines Erachtens ganz zutreffend: »Weil wir erst erkennen, wie unwichtig eine Sache eigentlich ist, wenn wir sie überzeichnen!«

Ich glaube, dass Charlene mit dieser Frage genau ins Schwarze trifft. Mit ein klein wenig Fantasie (sich das Kind noch als Erwachsenen in Windeln gepackt vorzustellen) können wir den Moment fröhlich durchstehen und sogar über die Situation lachen. Wenn wir als Mütter nicht regelmäßig das Werkzeug des Lachens benutzen, verpassen wir die frohen und komischen Momente, die Gott uns gibt, wenn das Leben einmal nicht so läuft, wie wir es uns vorgestellt haben.

Welche Rolle spielt die Spontaneität?

Das Leben mit Kindern ist ein Leben, in dem die Unplanmäßigkeit vorprogrammiert ist. Dieser Gedanke wurde mir zum allerersten Mal so richtig bewusst, als ich mit unserem ersten Kind überfällig war. Zu meiner Bestürzung kam der Geburtstermin und verstrich. Als ich dann etwa zwei Wochen über der Zeit war, watschelte ich zu meinem wöchentlichen Arzttermin. Der Frauenarzt untersuchte mich, und ich merkte, dass er beunruhigt war. Ich werde seine Worte nie vergessen: »Jill, das Baby liegt mit den Beinen nach unten in Steißlage. Es ist Ihr erstes Kind, und Sie sind zwei Wochen über der Zeit. Ich glaube nicht, dass es für Sie und das Baby gut wäre, wenn Sie mit dem Kind in vollkommener Fußlage die Wehen bekämen. Ich würde gerne für morgen früh einen Kaiserschnitt anberaumen.«

Ich weiß noch ganz genau, wie ich nach diesem Arztbesuch mit tränenüberströmtem Gesicht nach Hause fuhr. *So sollte das doch gar nicht ablaufen! Ich will keinen Kaiserschnitt haben. Ich habe im Geburtsvorbereitungskurs noch nicht einmal aufgepasst, wenn über das Thema Kaiserschnitt gesprochen wurde, weil ich davon ausging, dass es mich nicht betraf!* Meine perfekten Pläne für diese perfekte Geburt lösten sich sehr schnell in Luft auf. Das Leben verlief so gar nicht nach Plan.

Noch wusste ich nicht, dass dies lediglich ein kleiner Vorgeschmack auf das war, was noch kommen sollte. Sicher, nicht alles, was danach kam, war so gravierend wie der Kaiserschnitt, aber vieles konnte immerhin die ausgeklügeltsten Pläne zunichte machen. Sicher kennen Sie alle auch solche Zeiten. Es ist ein kalter Wintertag. Sie sind gestiefelt und gespornt und wollen gerade zur Tür hinausgehen. Ihr Baby ist schön in einen Schneeanzug und eine Decke eingepackt. Als Sie es gerade in den Arm nehmen wollen, vernehmen Sie jenes unverkennbare Geräusch: Ja, es füllt gerade seine Windel. Nun überlegen Sie. Möglichkeit A: Sollen Sie das Kind wickeln, wenn Sie an Ihrem Bestimmungsort fünfzig Kilometer von zu Hause angekommen sind? Oder Möglichkeit B: Sollen Sie es gleich frisch machen? Schließlich können Sie das arme Dinge ja nicht die ganzen fünfzig Kilometer über in der vollen Windel liegen lassen! Also entscheiden Sie sich lieber für Möglichkeit B.

Aber damit noch nicht genug. Als Sie die Decke und den Overall weglegen, bemerken Sie, dass Ihr Kind nicht nur seine Windel voll gemacht hat, sondern seinen ganzen Anzug. Nun heißt es nicht nur Windel wechseln, sondern auch das Kind komplett umziehen und vielleicht sogar baden.

So viel zum Thema »Die Dinge verlaufen nicht nach Plan«. In diesen Momenten liegt es an uns, wie wir uns entscheiden. Wir stehen an einer Weggabelung. Wir können entweder mit Wut reagieren oder mit Gelassenheit und (jawohl!) sogar mit Humor. Wenn Sie lernen wollen, mit Gelassenheit und Humor zu reagieren, müssen Sie Ihre gut durchdachten Vorhaben und Pläne mit einer guten Portion Spontaneität versetzen.

Die Autorin und Referentin Susan Alexander Yates berichtet von der Zeit, in der ihre Kinder noch klein waren. Eines ihrer älteren Kinder musste an einer Sportveranstaltung teilnehmen, und sie mussten sich beeilen, um aus dem Haus zu kommen. In diesem chaotischen Moment konnte Susan ihre Zwillinge, die noch Vorschulkinder waren, nicht ausfindig machen. Sie stellte das ganze Haus auf den Kopf, bis Susan sie schließlich an einem abgeschiedenen Örtchen im Haus fand, wo sie ruhig miteinander spielten. Sie hatten eine Tube Wundschutzcreme in der Hand und kicherten und lachten ganz unbeschwert vor sich hin. Die Kleider hatten sie ausgezogen und schmierten sich nun gegenseitig am ganzen Körper mit der Windelcreme ein.

Das war mit Sicherheit nicht das, was Susan an diesem Tag für ihre Kinder vorgesehen hatte. Sie stand vor ihren Zwillingen und entschied sich, diese Situation mit Gelassenheit und Humor zu ertragen. Schnell zog sie den beiden klebrig-weißen Kindern ein paar Kleider über und verfrachtete sie ins Auto. Hätte sie sich weiter verspätet, hätte sie das Spiel des älteren Kindes verpasst. Susan erzählt weiter, dass die Kinder die ganze Zeit über neben dem Spielfeld im Gras herumpurzelten und spielten. Als es an der Zeit war, die Heimreise anzutreten, hatten sie überall am ganzen Körper Blätter und kleine Zweige kleben.

An Susans Wert als Mutter änderte sich durch den Aufzug der beiden Kinder nichts. Ihr Wert hängt nicht vom Verhalten oder Tun ihrer Kinder ab. Ihr Wert gründet sich auf Jesus Christus und ändert sich nie. Wenn wir das im Auge behalten, stört es uns nicht, dass manchmal selbst die perfektesten Pläne durchkreuzt werden. Wir können trotzdem das Ziel im Blick behalten. Und wir sind fähig, von unseren Erwartungen und Plänen abzurücken und den Augenblick ganz spontan zu nehmen. Und manchmal können wir sogar über uns selbst lachen.

Gönn dir ein Lächeln!

Renee ist eine viel beschäftigte Mutter von drei Kindern. Ihr ältestes Kind geht schon zur Schule, während ihr jüngstes knapp ein Jahr alt ist. Eines Nachmittags ging sie aus dem Haus, um ihr Kind von der Schule abzuholen. An diesem Tag war sie an der Reihe, auch die Kinder der Nachbarschaft mitzunehmen. Sie war früh genug dort, um sich recht weit vorne in die Autoschlange einzureihen. Als sie sich einen Überblick über die Warteschlange verschafft hatte, wollte sie nur kurz ihre Augen schließen, um sich für eine Sekunde zu entspannen. Der Tag war schon lang gewesen, und sie hatte sich nicht einen Moment lang setzen können. Das Nächste, an das sie sich erinnern konnte, war, dass sie aufwachte und sah, wie die Autos hinter ihr langsam um sie herumfuhren. Sie war für einige Minuten tief und fest eingeschlafen gewesen und hatte nicht mitbekommen, dass die Schule aus war und sich die Autoschlange in Bewegung gesetzt hatte.

Als Renee ihrer Schwester von dieser Episode erzählte, konnten beide nicht aufhören zu lachen. Die ganze Geschichte war Renee zwar ziemlich peinlich, aber nachdem sie ihren anfänglichen Schock überwunden hatte, konnte sie sich doch dazu durchringen, etwas barmherziger gegen sich selbst zu sein. Manchmal müssen wir einfach auch mal über uns selbst lachen.

Dabei kann es helfen, wenn wir über solche Dinge sprechen. Wenn wir unsere Erlebnisse anderen mitteilen, sind wir zunächst vielleicht noch ganz aus dem Häuschen oder ganz schön verlegen. Aber wenn wir merken, wie die anderen darüber herzhaft lachen, können wir es auch mit Humor betrachten und die Dinge anders sehen lernen.

Wir sind alle nur Menschen. Wir machen alle Fehler. Wir sagen etwas Verkehrtes. Wir tun etwas Verkehrtes und ärgern uns über uns selbst. Wenn solche Dinge passieren – und sie werden passieren –, sollten wir das Werkzeug des Humors zur Hand nehmen und auch einsetzen.

Wie mein Bekannter David Burke sagte: »Die Anarchie des Elternseins ist unumgänglich, und wollte man versuchen, ihr allzu sehr zu widerstehen, resultierte das vermutlich nur in einem schleichenden Verfall in den Wahnsinn.« Wenn wir nicht lernen, über uns selbst und die Umstände zu lachen, werden wir uns selbst in den Wahnsinn treiben. Gott gab uns die Freude aus gutem Grund. Deshalb wollen wir sie auch in Anspruch nehmen.

Zum Weiterdenken

Was können Sie tun, um auf die frustrierenden Situationen des Lebens mit mehr Humor zu reagieren?

Welche »Spaßbremse« ist am ehesten Ihr Problem?

Wie spontan sind Sie? Als Mütter müssen wir ständig das Unerwartete erwarten. In welchen Bereichen Ihres Lebens müssen Sie mit Ihren Erwartungen anders umgehen, um das Unerwartete besser bewältigen zu können?

Rufen Sie sich drei Begebenheiten ins Gedächtnis zurück, die für Sie stressig waren, aber im Nachhinein ganz amüsant sind. Erzählen Sie sie einer Freundin, und amüsieren Sie sich gemeinsam darüber.

KAPITEL 12

Organisation: Ohne meinen Terminkalender bin ich aufgeschmissen

Ich schaltete meinen Computer an und rief meine E-Mails ab. Eine E-mail von Karla war dabei. Karla war zuständig für den Lobpreis in unserer kleinen Gemeinde, in der mein Mann als kommissarischer Pastor seinen Dienst versah. In ihrer E-Mail stand: »Jill, wir haben dich gestern Abend im Chor vermisst. Ich hoffe, dass alles in Ordnung ist mit dir. Karla«. Einen kurzen Moment lang war ich in Panik. War gestern Mittwoch? (Dilemma Nr. 368 einer Hausfrau und Mutter: Manchmal weiß sie nicht, welcher Wochentag es ist!) Wie konnte ich nur den Chor vergessen? Ich war schließlich nicht nur ein Chormitglied wie jedes andere, ich war für eine kurze Zeit sogar Dirigentin gewesen. Wie konnte ich nur den Chor vergessen? Ich sauste ins Wohnzimmer und griff nach meinem Kalender. Mit einem Blick sah ich, dass ich für den gestrigen Abend die Chorstunde nicht in den Kalender eingetragen hatte. Für die beiden vorangegangenen Wochen hatte ich es getan. Aber aus irgendeinem unerfindlichen Grund hatte ich die weiteren Chorproben nicht vermerkt.

Ich weiß nicht, wie es Ihnen dabei geht, aber meine Fähigkeit, mir die Details des alltäglichen Lebens zu merken, ist von einem Stift und einem Blatt Papier abhängig. Und ich wüsste auch nicht, wie ich heute ohne Haftnotizen überleben könnte. Ich klebe sie überall hin: an den Spiegel, ans Telefon, den Computer, das Notizbuch und den Schreibtisch. Ich benutze sie im Haus, im Auto und führe sie sogar in meiner Geldbörse mit. Man sagt, dass man mit jeder Geburt eines Kindes Gehirnzellen verliert. Ich glaube, die meisten Gehirnzellen verlor ich im Gedächtnisbereich. Außerdem wäre es bei den vielen

Terminen jedes einzelnen Familienmitglieds praktisch unmöglich, sich ohne ein Hilfsmittel an alle Einzelheiten zu erinnern.

Im letzten Jahrzehnt sind Zeitplaner schnell zu einer Notwendigkeit für viele geworden. Tagesplaner und elektronische Helfer wie Palmtops und Computersoftware führen die Riege der Organizer an. Die meisten dieser Zeitplansysteme sind für Geschäftsleute gemacht. Aber auch viele Frauen, die den Übergang von einer Tätigkeit in der Geschäftswelt zum Beruf der Mutter vollzogen haben, sind in der Anwendung dieser Werkzeuge geschickt.

Die Technik mit all ihren Segnungen ist nicht nur für außer Haus Berufstätige da. Frauen, die im Mutterberuf stehen, brauchen auch eine Methode, um ihre Zeit, die vielfältigen Informationen und familiären Angelegenheiten zu organisieren. Ein Zeitplaner ist dabei ein ausgezeichnetes Rüstzeug, damit Mama die laufenden Aktivitäten der Familie im Auge behalten und managen kann. Er vereint wichtige Informationen an einem Ort. Dieses Hilfsmittel assistiert uns dabei, viele Kleinigkeiten des täglichen Lebens stets griffbereit zu haben.

Bei der Vielzahl vorhandener Organisationshilfen ist es wichtig, dass Sie sich Gedanken darüber machen, welche besonderen Anforderungen Sie an einen Terminplaner bei der Verwaltung Ihrer Zeit, Ihrer Unterlagen und Termine stellen. Die Möglichkeiten sind nahezu unbegrenzt, und die individuellen Bedürfnisse jeder Mutter unterscheiden sich beträchtlich. Wir wollen hier einen Blick auf die verschiedenen Möglichkeiten werfen und die speziellen Anforderungen an einen solchen Organisationshelfer unter die Lupe nehmen.

Wo fange ich an?

Die Auswahl eines Zeitplaners hängt weitestgehend vom persönlichen Geschmack ab. Was bei dem einen funktioniert, muss bei dem anderen noch längst nicht praktikabel sein. Zu Beginn müssen Sie für sich entscheiden, ob Sie lieber zu einem Planer in Form eines Notizbuches oder einer Agenda zum Einheften greifen wollen oder zu einem elektronischen Zeitplansystem. Bei mir hat sich eine Kombination aus beidem bewährt.

Dabei hat sich das Notizbuch in der Benutzung als flexibler erwiesen. Es kann an die jeweiligen Bedürfnisse angepasst werden. Suchen Sie einen Platz, an dem Sie Ihre Predigtmitschriften aufbewahren können? Legen Sie dafür eine Rubrik in Ihrem Notizbuch an. Suchen Sie einen Platz, an dem Sie Notizen für laufende Arbeiten unterbringen können, zum Beispiel wenn Sie gerade eines der Kinderzimmer umgestalten wollen? Legen Sie sich speziell einen Organisationsteil in Ihrem Notizbuch an, in dem Sie die Preise, Maße und Farbmuster aufbewahren. Die Flexibilität des Notizbuches ist dabei wahrscheinlich der größte Vorteil.

Beim elektronischen Helfer kann die Information in einem kleinen, handlichen Instrument gebündelt werden, das bequem in eine Hosen- oder Brieftasche passt. Hier erweist sich die Möglichkeit, die meisten der benötigten Informationen mit sich führen zu können, ohne ein sperriges Notizbuch mit sich herumschleppen zu müssen, als sehr dienlich. Der Nachteil eines elektronischen Organizers jedoch ist die fehlende Flexibilität. Viele elektronische Organisationshilfen bieten zwar Platz für Notizen, ermöglichen jedoch keine längeren Aufzeichnungen von Mitschriften.

Für mich haben sich sowohl der elektronische Helfer als auch der gute alte Terminkalender auf Papier bewährt. Ich führe meinen Kalender (Verabredungen, Gesprächstermine, Aktivitäten der Kinder usw.) am liebsten mit Hilfe des elektronischen Zeitplaners. Ich mache meine Termine – seien es ärztliche Routineuntersuchungen oder Besuche beim Kieferorthopäden – gerne, wenn ich meinen Kalender parat habe. Bevor ich einen elektronischen Kalender hatte, machte ich oft einen Termin aus, nur um dann zu Hause auf dem Familienkalender festzustellen, dass der vereinbarte Termin aus irgendeinem Grund nicht passte. Ein solcher Familienkalender hängt zusätzlich zu Hause bei uns in der Küche. Jedes Familienmitglied ist dazu angehalten, seine Unternehmungen in den Kalender einzutragen, um die anderen in der Familie über etwaige Termine und Aktivitäten auf dem Laufenden zu halten. Ich nehme mir jeden Sonntagabend einige Minuten Zeit, um die Termine auf dem Familienkalender mit meinem elektronischen Kalender abzugleichen.

Außerdem führe ich auch Telefonnummern und Adressen auf elektronischem Wege mit mir. Dies ist ganz praktisch für unterwegs, oder auch wenn ich in der Stadt Besorgungen zu machen habe. Wenn mir gerade beim Einkaufen einfällt, dass ich in der Schule der Kinder anrufen sollte, habe ich die Nummer parat und kann den Anruf bequem von meinem Handy oder einem Münzfernsprecher aus erledigen. Ein elektronischer Organizer muss auch gar nicht so teuer sein. Ich habe meinen im hiesigen Elektronikfachgeschäft für weniger als 100 Dollar erstanden. Da wir selten einfach so 100 Dollar extra herumflattern haben, wartete ich mit dem Kauf, bis ich mir die Summe von meinem Geburtstagsgeld zusammengespart hatte.

Das Notizbuch benutze ich für alle anderen Dinge. Einkaufszettel, Geschenkideen, Impftermine der Kinder, Erledigungslisten und Einzelheiten zu laufenden Vorhaben sind nur einige der Dinge, die in meinem dreifach gelochten Ringbuch ihren Platz haben. Es ist eine große Hilfe, wenn man weiß, wo man die Information findet, wenn man sie braucht.

Bei der Auswahl Ihrer Planungshilfe gibt es zwei Möglichkeiten. Sie können einen vorgefertigten Planer kaufen oder Ihr eigenes Notizbuch kreieren. Für beide gilt, dass Sie sich auf eine Größe festlegen müssen. Bevorzugen Sie einen Zeitplaner im DIN-A5-Format (Blattformat 148 x 210 mm) oder eher im Westentaschenformat (86 x 145 mm)? Wenn Sie Arbeitsblätter oder Informationsblätter der Schule für die Eltern in Ihrem Notizbuch mit sich führen wollen, wäre das DIN-A5-Format ganz passend. Wenn Sie mehr Wert darauf legen, es überall bei sich zu tragen, wäre das Westentaschenformat vorzuziehen.

Machen Sie sich am besten Gedanken darüber, was für Ihre Zwecke am geeignetsten ist, und listen Sie alle Informationen auf, die Sie gerne griffbereit bei sich hätten. Hier einige Anhaltspunkte dazu:

– *Kalendarium*. Jeder benutzt eine andere Art von Kalender. Manche haben lieber einen Tag auf einen Blick vor sich, andere eine Woche im Überblick und wiederum andere einen

Monat in der Übersicht. Entscheiden Sie, welchen Sie am liebsten haben, und suchen Sie sich den Kalender aus, der für Sie am passendsten ist. Mark und ich vergleichen jeden Monat unsere Termine im Kalender. So hält er mich über jede dienstliche Besprechung am Abend auf dem Laufenden, und ich mache ihn auf Schulkonzerte, Sportveranstaltungen und zusätzlich anberaumte Musikstunden aufmerksam.

– *Geburtstagskalender.* Es ist hilfreich, eine Liste der Geburtstage und Jubiläen von Freunden, Verwandten und anderen wichtigen Leuten zu führen. Jedes Jahr im Januar können die Geburtstage dann in den neuen Jahreskalender übertragen werden.

– *Ziele.* Vorsätze für das neue Jahr zu haben, ist eine gute Angewohnheit. Ziele für das geistliche, praktische, eheliche und persönliche Leben sind gut und wichtig. Daneben kann es auch sinnvoll sein, sich für jedes Kind ein bestimmtes Ziel zu stecken, und sich zu überlegen, was Ihr Kind in einem bestimmten Alter können sollte.

– *Checklisten.* Dabei gibt es drei wichtige Listen: die Erledigungs-, Einkaufs- und Telefonliste. Diese erinnern Sie an die Aufgaben, die Sie noch zu erledigen haben. Vergessen Sie nicht, sich neben den »zu erledigenden« Punkten auch die Inhalte zu vermerken, die Sie als Mutter vermitteln wollen (siehe Kapitel 2). Daneben gibt es noch weitere Listen wie die für die Campingausrüstung und die Urlaubspackliste, wenn Ihre Familie viel zum Campen wegfährt oder auf Reisen geht.

– *Informationen zu den Familienmitgliedern.* Bewahren Sie wichtige Nummern (Krankenversicherung, Mitgliedschaften etc.), Kleidergrößen und Geschenkideen alle an einem Platz auf. Ich weiß nicht, wie oft ich schon die Krankenversicherungsnummern meiner Kinder in ihrem jungen Leben gebraucht habe. Ich habe es geschafft, mir meine eigene Nummer und die meines Mannes zu merken, aber ich kann unmöglich vier weitere neunstellige Zahlen im Kopf behalten.

– *Medizinische Informationen.* Legen Sie eine Seite an mit den wichtigsten medizinischen Informationen zu jedem Ihrer Kinder wie Impfungen, Allergien, Krankheitsgeschichte, jährliche

Vorsorge- und Zahnarzttermine. Ich habe diese Seite dazu genutzt, viele allergische Reaktionen meiner Tochter Anne auf Antibiotika zu verfolgen. Über einen Zeitraum von mehreren Jahren fanden wir heraus, dass sie unter allen Arten von Antibiotika nur ein einziges vertragen konnte. Dadurch, dass ich einen bestimmten Platz hatte, an dem ich diese Informationen weiterverfolgen konnte, hatte ich die Information auch parat, als ich sie brauchte. Das war vor allem ganz praktisch, als sie sich vor Jahren einmal einer Notoperation am Blinddarm unterziehen musste. Als sie für den OP fertig gemacht wurde, sprach ich mit dem Anästhesisten und schilderte ihm kurz ihre Krankengeschichte. Er wollte wissen, welche Medikamente sie eingenommen und welche Reaktionen sie darauf gezeigt hatte. Meine Aufzeichnungen halfen dabei, schnell die genauen Informationen zu liefern, um ihr die beste medizinische Versorgung zu sichern.

– *Kochplan.* Dieser Organisationsteil kann Müttern helfen, Mahlzeiten je nach Unternehmung der Familie, vorhandenen Nahrungsmitteln und zusätzlichen Gästen gezielt zu planen. Sich vorab Gedanken über die Essensplanung zu machen, kann beim Einkauf, der Haushaltsplanung und Vorbereitung hilfreich sein. Ich habe auch eine Liste mit beliebten und kreativen kleinen Mahlzeiten, die ich für die Kinder zubereiten kann, wenn sie von der Schule kommen. Manchmal fällt mir einfach nichts ein, und dann muss ich mich nur an die verschiedenen Möglichkeiten erinnern. Bei der Vorplanung der Mahlzeiten erweist mir auch eine Liste der beliebtesten Beilagen, Desserts und Rezepte gute Dienste. Manchmal genügt ein kurzer Blick auf die Liste, und schon fällt mir wieder ein Gericht ein, das ich lange nicht mehr gekocht habe.

– *Vorratsplaner.* Das kann eine vorgedruckte Einkaufsliste sein, die Platz lässt für zusätzliche Artikel und weitere Besorgungen. Waren, die umgetauscht werden müssen, können ebenfalls darauf vermerkt werden, damit sie nicht in Vergessenheit geraten.

– *Ideenbörse.* Das ist ein hervorragender Platz, an dem man eine kurze Notiz hinkritzeln oder eine Skizze von einer Bastel- oder Geschenkidee, die man im Geschäft oder bei jemandem zu Hause gesehen hat, zeichnen kann. Wenn ich bei anderen Leuten in der Wohnung bin und sehe, wie schön sie ihre Wohnzimmerwände mit einem Naturschwamm mit Farbe betupft haben, kann ich dies in meinem Notizbuch vermerken und mir dazu den Namen und die Telefonnummer des Betreffenden aufschreiben, für den Fall, dass ich mich später dazu entschließen sollte, vielleicht das Gleiche zu tun.

- *Planung von Arbeiten.* Unter dieser Rubrik lassen sich Ideen zusammenfassen über geplante Umgestaltungen in Haus und Garten oder pfiffige Ideen für eine Weihnachtsfeier.
- *Ehrenamtliche Aufgaben.* Ehrenamtliche Verpflichtungen, die das ganze Jahr über anfallen, wie Kindergottesdienst, Aushilfsdienst in der Bibliothek oder bei »Essen auf Rädern«, können mit Terminen, Notizen und Kontaktadressen verbunden sein. Hier ist ein guter Ort, so etwas aufzubewahren.
- *Schule.* Mütter mit schulpflichtigen Kindern können diese Rubrik dazu benutzen, Informationen über schulische Veranstaltungen und auch über Dinge, die für außerschulische Aktivitäten benötigt werden, zu sammeln. Für manche Mütter können auch Kontaktadressen, Ideen, Ziele für die Kinder oder bestimmte Aufgaben wichtig sein, die sie hier festhalten möchten.
- *Familiengebete.* Dieser Abschnitt im Zeitplaner ist ein guter Platz, um Gebetsanliegen für einzelne Familienmitglieder und Freunde festzuhalten. Er kann auch als Gebetstagebuch dienen, in das man seine Gebete und besonderen Bibelverse hineinschreiben kann.
- *Predigt-/Vortragsmitschriften.* Wenn Sie sich gerne bei Predigten oder Seminaren Notizen machen, ist das hier der ideale Platz.
- *Geliehen/verliehen.* Ich verleihe viele Unterlagen an andere. Dieser Organisationsteil hilft mir dabei, nachzuvollziehen, wer welches Buch oder welche Kassette von mir hat. Wenn ich im Regal nach einem bestimmten Buch suche und es nicht finde, kann ich nachsehen, wer es ausgeliehen hat. Gegenstände, die Sie selbst von anderen geliehen haben, können hier auch vermerkt werden. So haben Sie eine Gedanken-

stütze, wem Sie etwas zurückgeben müssen. Als ich mit einem unserer Kinder schwanger war, liehen mir verschiedene Frauen Umstandskleider. Ich benutzte mein Notizbuch, um jedes Teil kurz zu beschreiben und mir zu notieren, von wem ich es hatte. Das half mir dann auf die Sprünge, als ich die Kleider einige Monate später wieder zurückgeben wollte.

- *Adressen und Telefonnummern.* Wenn Sie noch kein Telefon- und Adressbuch haben, kann es recht sinnvoll sein, eine Liste in einem Zeitplaner anzulegen.

- *Klarsichtfach.* In einem Klarsichtfach mit Reißverschluss können Sie Büroklammern, einen Textmarker, Haftnotizen und anderen Krimskrams aufbewahren. Vielleicht wollen Sie ja auch noch weitere Klarsichthüllen zum Aufbewahren von Belegen und Quittungen anlegen?!

- *Kontrollblatt Korrespondenz.* Dieser Teil ermöglicht Ihnen, einen Überblick zu behalten über Karten, kurze Grüße und Danksagungen, die Sie bereits verschickt haben. Er bietet auch eine gute Möglichkeit, die Namen von Leuten aufzuschreiben, denen Sie als kleine Aufmerksamkeit für ihr Tun oder für ein Geschenk eine Dankeskarte zukommen lassen möchten. Bevor ich ein solches Korrespondenz-Tagebuch führte, hatte ich immer Probleme damit, mir zu merken, ob ich nur vorhatte, jemandem eine Karte zu senden, oder bereits eine verschickt hatte. Durch meine Aufzeichnungen konnte ich dann besser nachvollziehen, ob ich es getan hatte oder nicht.

Jede Mutter wird sicherlich ihre eigenen Ideen für die verschiedenen Rubriken haben, die sie gerne in einem Notizbuch oder Zeitplaner anlegen würde. Unsere Bedürfnisse sind so individuell, dass wir kreativ und flexibel sein müssen, damit es auch bei uns funktioniert.

Zeit- und Informationsmanagement

Im Beruf der Mutter ist es nicht so wie in vielen anderen Berufen, in denen es einen engen Termindruck für geschäftliche Verabredungen, Besprechungen und einzuhaltende Fristen gibt.

Wir haben dagegen viele Informationen zu verwalten und müssen vielen Menschen zur Seite stehen. Mit zunehmendem Alter unserer Kinder nimmt auch die Zahl der Aktivitäten, sportlichen Termine und Verabredungen zu. Wenn wir dann bereits über eine Organisationsmethode verfügen, können wir unsere Verantwortungsbereiche bei den stetig zunehmenden Aktivitäten besser managen.

Genau wie in jedem anderen Beruf ist auch im Mutterberuf ein gutes Zeit- und Informationsmanagement erforderlich. Wir dürfen, wenn wir unseren wachen Verstand und unsere besonderen Fähigkeiten für unseren Beruf einsetzen, nicht vergessen, gut mit unserer Zeit und unseren Ressourcen umzugehen. Ohne meinen Planer – und natürlich einen guten Vorrat an Haftnotizen – bekomme ich nicht sehr viel geregelt.

Zum Weiterdenken

Listen Sie die Bereiche Ihres Lebens auf, die organisiert werden müssen. Markieren Sie diejenigen, die Sie in Ihrem Organisationshelfer unterbringen möchten.

Ausgehend von den Informationen, die Sie verwalten wollen, welcher Typ und welche Größe von Organizer bietet sich für Sie an?

Erkundigen Sie sich nach verschiedenen Zeitplansystemen (elektronischer Organizer, vorgedrucktes Notizbuch oder selbst erstellter Zeitplaner). Vergleichen Sie Größe, Preis und Funktionalität.

Fragen Sie drei Freundinnen, wie diese ihre Zeit und Informationen verwalten. Tragen Sie gemeinsam Ihre Ideen zusammen, welches Zeitplansystem für Sie in Frage kommt. Wir können so viel von anderen Müttern lernen.

TEIL 4

Planen Sie Ihre persönliche und berufliche Entwicklung

KAPITEL 13

Arbeiten Sie an Ihrer Beziehung zu Gott!

Ich besuchte vier Jahre die Uni, um meinen Abschluss in Musik zu machen. Ich hatte zwar vor, nach meiner Ausbildung Lehrerin zu werden, aber unsere Kinder kamen früher als geplant. Nun verbringe ich schon mehr als zwanzig Jahre meines Lebens damit, einen Beruf auszuüben, für den ich partout nicht ausgebildet bin. Wie oft habe ich mich schon gefragt: »Was tue ich hier eigentlich?«

Die meisten unter uns, die den Mutterberuf ausüben, fragen sich dies mitunter. *Dabei ist es wichtig, dass wir nicht beim Gefühl der Hilflosigkeit stehen bleiben, sondern uns die neuen Kenntnisse und Fähigkeiten aneignen, die wir brauchen, um zu Eltern nach Gottes Vorstellung zu werden.*

Ich habe immer behauptet, dass es für die Ehe und das Elternsein keinen Leitfaden und keinen Lehrgang gibt. Aber ich habe mich getäuscht. Es gibt einen Ratgeber, wie man Kinder erzieht und eine starke Beziehung in der Ehe aufbaut: die Bibel. Gott hat sehr viel über die Verantwortung der Kindererziehung zu sagen. Ich habe in der Bibel mein Unterrichtshandbuch zur Ausbildung im Mutterberuf gefunden. Die Bibel ist ein Lehrbuch, das eine Fülle von Informationen, Grundsätzen und Richtlinien fürs Leben bietet.

Wenn wir uns an ihr orientieren wollen, müssen wir verstehen lernen, dass es eine absolute Wahrheit gibt. Mit diesem Verständnis können wir dann anfangen, einige der Möglichkeiten ins Auge zu fassen, wie wir an einer partnerschaftlichen Beziehung zu Gott arbeiten können, um unsere Karriereplanung und Entfaltung als Mutter in Angriff zu nehmen.

Absolute Wahrheit
contra moralischer Relativismus

Wir leben in einer hoch technisierten Welt. Die heutigen Formen der Unterhaltung (Lesen, Fernsehen, Kino) und der Kommunikation (E-Mail, Internet) haben einen nicht unbeträchtlichen Einfluss auf unser Leben. Sie bestimmen unser Denken, unsere Erwartungen und unser Wertesystem. Die dabei übermittelten Botschaften sind rasend schnell, und viele unterschiedliche Meinungen stürmen täglich auf uns ein. Sie sagen uns, wie wir auszusehen, wie wir uns zu fühlen und uns zu kleiden haben; wie wir uns als Eltern zu verhalten, unseren Haushalt zu führen und sogar wie wir uns zur Ehe zu stellen haben.

Leider handelt es sich hierbei oft nicht um gute, richtige und wahre Informationen. Diese Botschaften vermitteln häufig einen sehr selbstsüchtigen Standpunkt, bei dem Gott ausgeblendet wird. Wenn wir die Botschaften einfach schlucken, die unsere Gesellschaft aussendet, steuern wir auf ein Leben des Hin- und Hergerissenseins und der Frustration zu, weil wir nicht Gott gemäß leben.

Stellen wir uns das einmal bildlich vor. Haben Sie sich schon einmal ein neues Haushaltsgerät gekauft? Nachdem Sie es installiert haben, gibt es für Sie zwei Möglichkeiten: Sie nehmen es in Betrieb, ohne die Gebrauchsanweisung durchzulesen, oder aber Sie lesen sich die Anleitung durch und benutzen danach den Apparat so, wie er gedacht ist.

Wenn wir uns dazu entschließen, die Gebrauchsinformation außer Acht zu lassen – was viele von uns tun! –, werden wir vielleicht nie ganz den Wert des Gerätes zu schätzen wissen und womöglich einige der einzigartigen Möglichkeiten übersehen, die es bietet. Vielleicht benutzen wir es auch gar nicht zweckgemäß, also nicht so, wie es geplant war, und beschädigen es sogar.

Wir könnten dagegen die Bedienungsanleitung lesen und wären dann möglicherweise überrascht, was wir dadurch alles lernen können. Auch wenn wir uns beim Kauf noch nicht über den Wert und die einzigartige Beschaffenheit des Gerätes im Klaren waren, so könnten wir doch dadurch nachträglich alle Tricks und Kniffe über das Gerät erfahren und entdecken, was es so alles kann. Zugleich erfahren wir aber auch etwas über seine Leistungsgrenzen und finden heraus, worauf wir unbedingt achten müssen. So lernen wir, was wir mit dem Gerät tun dürfen und was wir besser lassen sollen.

Die Gebrauchsanweisung für ein Haushaltsgerät wird von denen verfasst, die sich den Apparat ausgedacht und ihn gefertigt haben. Ein Konstrukteur weiß sowohl um die Möglichkeiten als auch um die Grenzen seines Gerätes. Er weiß um seinen Wert und möchte diese Information an den Benutzer weitergeben.

Sehen Sie die Parallele zu Gottes Wort, der Bibel? Gott, unser Schöpfer und Konstrukteur, hat mit ihr eine Gebrauchsanweisung für unser Leben geschrieben. Sein Wort enthält einmalige Einsichten in unsere Fähigkeiten und Grenzen. Er hat uns nicht nur wissen lassen, welchen Wert wir haben und wie wir angelegt sind, sondern gab uns auch die Anleitung an die Hand, wie wir unser Leben leben, eine erfüllte Ehe führen und gute Eltern sein können. Wenn wir dieses Buch lesen und die Anweisungen befolgen, sind wir besser gerüstet.

Die Bibel ist wahr, absolut wahr. Sie ist zeitlos. Sie ändert sich nicht je nach unseren Stimmungen, Umständen oder Gefühlen. Es gibt Richtig und Falsch. Die absolute Wahrheit ist dazu da, uns vor Verletzungen zu schützen und zu bewahren.

Unsere Gesellschaft dagegen bombardiert uns mit Lügen. Wir leben in einer Gesellschaft, in der weitestgehend ein moralischer Relativismus vorherrscht. Dieser besagt: »Ich entscheide, was gut für mich ist, und du entscheidest, was gut für dich ist.« Beim moralischen Relativismus gibt es kein Gut und Böse außer dem, welches ich selbst für mich so definiere.

Beim moralischen Relativismus macht der Mensch sich seine Regeln selber und ändert sie auch wieder. In Wahrheit ist es aber so, dass Gott die Regeln aufstellt – und die bleiben unveränderlich.

Verbringen Sie Zeit mit Gott!

Unter Christen ist manchmal von der »Stillen Zeit« mit Gott die Rede. Die Formulierung umschreibt eine Zeit, die wir extra einplanen, um unsere Freundschaft mit Gott auszubauen. Die beste Stille Zeit haben wir dann, wenn wir den Ratgeber fürs Leben (unsere Bibel) lesen und Zeit im Gespräch mit Gott und im Hören auf ihn im Gebet verbringen.

Mütter mit kleinen Kindern haben – wenn überhaupt – sehr wenig Freiraum zur Stillen Zeit. Den meisten erscheint schon der Gedanke fremd. Wenn ich versuche, vor meinen Kindern aufzustehen, um einige ruhige Momente am Morgen zu verbringen, stellt sich heraus, dass auch sie früher aufstehen. Wenn ich versuche, abends vor dem Zubettgehen meine Stille Zeit zu haben, ertappe ich mich meistens dabei, dass ich fast einschlafe. Jede Stunde des Tages ziehen und zerren Menschen von allen Seiten an mir. Mit etwas Kreativität hingegen können wir uns tagsüber immer mal wieder etwas Zeit »abzwacken«, um unsere freundschaftliche Beziehung zu Gott zu pflegen. Wie können wir das aber konkret bewerkstelligen?

In einem Vortrag von Donna Otto (bekannt als Autorin und Referentin zum Thema »Organisation«) über das Thema »Zeit mit Gott verbringen« hörte ich von der Idee eines »Gebetskorbes«, in dem man seine Bibel, ein Notizbuch für Gebetsanliegen und Tagebuchaufzeichnungen, Briefkarten für Freunde, für die man gebetet hat, und einige Stifte aufbewahrt. In diesem Gebetskorb befinden sich alle Dinge, die man für die Stille Zeit benötigt. Ein einfacher Griff – und schon können Sie die kurzen Augenblicke, die Ihnen gegönnt sind, zum Lesen und Beten nutzen.

Als hauptberufliche Mutter müssen wir, wenn wir unsere Freundschaft mit Gott festigen wollen, uns nach den Zeiten des Mutterseins richten. Wenn die Kinder noch klein sind, brauchen sie uns fast ununterbrochen den ganzen Tag lang. Wenn Sie einen Säugling und ein Kleinkind haben, können Sie noch nicht einmal sicher sein, eine Stunde am Tag für sich zu haben, weil beide zu unterschiedlichen Zeiten ihr Schläfchen halten. Ich erinnere mich noch genau daran, wie meine Freundin Janice mit ihren drei Vorschulkindern sich beklagte: »Es kommt mir so vor, als bekäme ich immer nur ein paar Häppchen Gott. Wie gern hätte ich eine richtige Mahlzeit!« Sie verbrachte Zeit mit Gott, aber für sie war es eher wie ein Imbiss aus Plätzchen und Milch und nicht wie ein richtiges Steak zum Abendessen.

Als ich mit mehreren kleinen Kindern zu Hause war, fand ich es hilfreich, in jedem unserer Badezimmer eine kleine Bibel zu deponieren. Auch wenn ich dort nicht immer ungestört sein konnte, kam es doch ab und an einmal vor. Manchmal konnte ich mich richtig glücklich schätzen und mir ein paar extra Minuten abzweigen, um bei Gott aufzutanken und mich an seinen Verheißungen zu freuen.

Vielleicht sind Ihre Kinder aber auch schon älter. Wenn Sie nach der Klavierstunde auf Ihr Kind warten, haben Sie vielleicht etwas Zeit, die Sie nutzen können. Oder Sie haben etwas Zeit für sich, wenn die Kinder im Park oder Schwimmbad spielen. Nehmen Sie sich eine Extra-Bibel (die nicht viel kostet) für Ihre »Wartetasche« oder die Wartezeiten im Auto mit. Sie wartet dann schon auf Sie, wann immer Sie ein paar Augenblicke frei haben, um im Wort Gottes zu lesen.

Lesen Sie die Bibel!

Es ist schon einige Jahre her, seit mich in einem Sommer eine junge Mutter aus der Nachbarschaft ansprach. Sie hatte erst kurz zuvor ja zu einer Freundschaft mit Gott gesagt und wollte diese Beziehung ausbauen. Sie hatte zwei Freundinnen, die auch mehr über Gott wissen wollten. So fragten sie mich, ob ich mich nicht den ganzen Sommer über einmal die Woche morgens mit ihnen treffen wollte.

An einem Dienstagmorgen im Juni fingen wir an, uns zu treffen. Mir wurde bald klar, dass alle drei Frauen gerade erst eine Beziehung zu Christus eingegangen waren. Keine war in einer Kirche oder Gemeinde groß geworden. Und keine von ihnen hatte irgendwelche Kenntnisse über die Bibel. Wir fingen also ganz von vorne an.

Erstens gilt es, unsere Motivation zu überprüfen. Dies ist der erste Schritt, um die Bibel mit Gewinn zu lesen. Es kommt nicht darauf an, wo wir beginnen – was zählt, ist unsere Herzenseinstellung. Wollen wir dazulernen? Bemühen wir uns darum, dass die Wahrheit unser Leben bestimmt und leitet? Wollen wir Gott wirklich kennen lernen?

Zweitens brauchen wir eine Ausgabe der Bibel, die für uns verständlich und leicht lesbar ist. Uns stehen heute viele verschiedene Bibelübersetzungen zur Verfügung. Wir müssen uns das Bibelstudium deshalb nicht noch zusätzlich durch eine veraltete Sprache erschweren. Suchen Sie sich eine Bibel aus, die in der heutigen Sprache geschrieben ist, wie die *Gute Nachricht* oder *Hoffnung für alle*.

Drittens überlegen Sie sich, ob Sie sich nicht eine Studienbibel anschaffen wollen. Die zusätzlichen Anmerkungen erschließen Ihnen den Text. Es ist fast so, als hätten Sie einen Lehrer bei sich, der Ihnen jedes Mal, wenn Sie lesen, Erklärungen liefert. Eine Auslegungsbibel gibt auch Hintergrundinformationen zu den einzelnen Büchern der Bibel. Sie erläutert, warum das jeweilige Buch geschrieben wurde, wer es schrieb, welche Themen darin behandelt werden, warum es von Bedeutung ist usw. Dies kann sich als sehr hilfreich erweisen in Ihrer wachsenden Beziehung zu Gott.

Wir wachsen in unserer freundschaftlichen Beziehung zu Gott, wenn wir mehr über Gott lernen, über seinen Plan für uns und seine Leitlinien für unser Leben. Dabei gibt es zwei wichtige Faktoren für eine gute Partnerschaft mit Gott: das Bibellesen und das Gespräch mit ihm. Wenn wir Gott näher kommen, werden wir auch lernen zu erkennen, wann er zu uns spricht.

Wie spricht Gott zu uns?

Eine einseitige Freundschaft ist eigentlich keine richtige Freundschaft. Wenn immer nur eine Person in der Beziehung redet, schadet das der Freundschaft. Bei unserer Freundschaft mit Gott ist das nicht anders. Gott spricht zu uns, aber für gewöhnlich nicht mit hörbarer Stimme – so wie mit einer anderen Person. Wenn wir nicht verstehen, auf welch unterschiedliche Art und

Weise Gott zu uns redet, entgeht uns dieser Teil der Beziehung.

Gott spricht oft durch sein Wort, die Bibel, zu uns. Erinnern Sie sich noch daran, wie ich in Kapitel 5 über die Schwierigkeiten in meiner Ehe sprach und darüber, wie Gott mir den Finger auf die Wunde legte, als ich in der Bibel die Aufforderung las, zuerst den Balken aus meinem eigenen Auge und dann den Splitter aus meines Mannes Auge zu ziehen?

Manchmal spricht Gott durch Menschen zu uns. Vor kurzem erzählte mir eine Freundin von einer Begebenheit, bei der Gott auf ganz besondere Weise für ihre Familie gesorgt hatte. Als sie davon sprach, wie Gott geholfen hatte, wusste ich mit Bestimmtheit, dass Gott durch das, was sie sagte, zu mir reden wollte. Er sagte: »Jill, du kannst mir vertrauen. Ich werde mich um dich kümmern. Hab keine Angst.« Gott benutzt auch die Menschen um uns, um genau dann seine Wahrheit kundzutun, wenn wir sie brauchen. In einer Welt des Relativismus ist Gottes Wahrheit eine Botschaft, die wir hören sollten.

Die dritte Möglichkeit, wie Gott zu Menschen spricht, ist durch die direkte Führung des Heiligen Geistes. Man könnte es als einen Schubs beschreiben, den Gott uns gibt. Während ich dieses Buch schrieb, kam es einmal vor, dass meine Freundin mitten in der Nacht aufwachte und sich veranlasst sah, für mich zu beten. Sie wusste nicht, warum sie für mich beten sollte, aber sie konnte diesen Drang zu beten nicht ignorieren. Wie konnte sie schon wissen, dass ich ebenfalls in der Nacht aufgewacht war und nicht mehr einschlafen konnte? Ich war um zwei Uhr in der Früh aufgestanden und hatte beschlossen, an einem Kapitel des Buches zu arbeiten. Gerade zu diesem Zeitpunkt brauchte ich also das Gebet. Wenn Gott zu uns durch kleine Anstöße – durch die Stimme des Herzens – redet, ergibt das manchmal für uns zunächst keinen Sinn. Wir müssen aber darauf vertrauen, dass Gott allwissend ist und wir nur ein begrenztes Wissen haben. Er erwartet nur von uns, dass wir uns seiner Führung anvertrauen.

Wie können wir aber wissen, dass es Gott ist, der zu uns spricht? Zunächst müssen wir uns ins Gedächtnis rufen, dass Gott sich selbst nicht widerspricht. Wir kennen Gott durch die Bibel. Wir können das, was wir hören, mit dem vergleichen, was die Bibel über Gott sagt. Vor einigen Jahren habe ich eine junge Frau in Ehefragen beratend begleitet. Bestenfalls kann man sagen, dass sie eine schwierige Beziehung mit ihrem Mann hatte. Jeder der beiden Partner musste sich eingestehen, dass er dabei war, die gemeinsame Ehe zu zerstören. Eines Morgens kam die junge Frau zu mir und behauptete, dass Gott zu ihr gesprochen hätte. Er hätte ihr gesagt, dass sie sich von ihrem Mann scheiden lassen solle. Wir kamen weiter ins Gespräch, und ich ließ sie wissen, dass Gott ihr das unmöglich gesagt haben konnte, da das seinem Wort widerspräche. In der Bibel ist mehrmals klar gesagt, dass Gottes Plan für die Ehe eine Verpflichtung auf Lebenszeit ist und dass er Ehescheidungen verabscheut. Gott wird sich niemals selbst widersprechen. Wenn er zu uns spricht, wird das immer im Einklang mit seinem Wort und Wesen geschehen.

Mit was füttere ich meinen Geist?

Als ich noch auf dem College war, musste ich einen Computerkurs belegen. Dabei ging es hauptsächlich um das Programmieren am Großrechner. (Das war also noch vor der Erfindung des Personalcomputers.) Mein Gehirn ist überhaupt nicht auf Computerprogrammierung angelegt. Ich weiß noch, wie ich alles Mögliche unternahm, nur um gerade noch so in der Klasse durchzukommen. Aber etwas habe ich aus dem Kurs doch gelernt, das bei mir hängen geblieben ist: das MüMü-Prinzip – »Müll rein, Müll raus«.

Im Wesentlichen geht es darum, dass der Computer nur das verarbeiten kann, was eingegeben wird. Wenn Müll eingegeben wird, kommt auch Müll raus. Das gleiche Prinzip kann auch auf unser Leben angewandt werden. Wenn Sie Ihren Geist mit Müll füttern, werden Sie mit Ihrem Handeln Müll produzieren. Stellen Sie sich einmal die Frage: »Mit was füttere ich meinen Geist?«!

In unserem Bemühen, uns als Mutter weiterzuentwickeln, müssen wir aufpassen, welche Botschaften wir aufnehmen (und welchen wir unsere Kinder aussetzen). Was lesen wir? Was sehen wir uns an? Was hören wir uns an? Mit wem verbringen wir unsere Zeit? All diese Dinge beeinflussen in großem Maße, was für eine Frau und Mutter wir sind. Geben Sie sich also nicht mit Massenware zufrieden bei dem, was Sie hören, lesen oder im Fernsehen anschauen. Suchen Sie Bücher, Filme und Radiosendungen aus, die Ihnen weiterhelfen, aus denen Sie lernen und die Ihre Freundschaft mit Gott festigen können.

Auch unsere Freunde haben sicherlich einen Einfluss auf uns. Wenn Sie Zeit mit Freunden verbringen, die nach dem Prinzip des moralischen Relativismus leben, werden Sie sich davon beeinflussen lassen, dass diese überhaupt keine Werte haben. Auch wenn wir mit einer Vielzahl von Leuten zusammenkommen und Zeit verbringen müssen, sollten Sie diejenigen, mit denen Sie am meisten Zeit verbringen, sorgfältig auswählen. Diese sollten Sie in Ihrem Glauben und Ihren Werten bestärken und nicht verunsichern.

Ich bin eine neue Kreatur

Unser Leben ist wie ein Garten. Der Boden muss bearbeitet und das Unkraut gejätet werden. Dünger muss ausgebracht und Wasser bereitgestellt werden. Der Lohn für diese Arbeit zeigt sich in einem wunderschönen Wachstum in Ihrem Herzen. Alles wird durch den Meistergärtner geregelt, dessen Sache es ist, schönes Leben wachsen zu lassen.

Das Leben mit Gott ist ein beständiger Wachstumsprozess. In dem Moment, in dem wir ja zu Gott sagen, beginnt er sein Werk in uns, das unser gesamtes Leben lang andauern wird. Er hegt und pflegt uns wie ein Gärtner seine heranwachsenden Pflanzen nährt. Indem wir immer weiter wachsen und Gott immer mehr kennen lernen, lässt er uns heranreifen und schenkt uns die Haltung und Ausstrahlung, mit der wir Christus widerspiegeln und die unsere Familie so sehr braucht.

Das Leben mit Gott ist eine Reise – ein Weg des Wachstums, der Ermutigung, der Hoffnung und Freude. Selbst inmitten von Schwierigkeiten oder Traurigkeit haben wir durch das Leben mit Gott die Kraft, die Stärke und den Mut weiterzugehen.

Wenn wir nach Möglichkeiten Ausschau halten, wie wir im beruflichen Spannungsfeld einer Mutter persönlich wachsen können, werden wir entdecken, das Gott für uns ein ganzes Spektrum an Lektionen bereithält, die unserer Charakterbildung dienlich sind. Er möchte unsere Integrität, unsere Redlichkeit fördern. Er möchte, dass wir Beziehungen einen Wert beimessen und sie aufrechterhalten. Er möchte, dass wir unseren Wert von ihm her beziehen. Wenn wir das tun, werden wir fähig sein, gegen den Takt zu marschieren, den uns die Welt vorgibt.

Gott möchte, dass wir unser Leben nach seinen Vorgaben leben. Er hat uns erschaffen, und er hat uns viele Maßstäbe an die Hand gegeben, wie wir unser Leben so erfüllt leben können, wie wir es uns wünschen. Er möchte eine freundschaftliche Beziehung zu uns eingehen. Indem wir diese Freundschaft ausbauen, können wir in der Tat die Frau und Mutter werden, die wir sein möchten.

Wenn Ihre Aufgabe darin besteht, die Welt dadurch zu beeinflussen, dass Sie Kinder großziehen, die aus dem Glauben leben, müssen Sie zunächst an Ihrem eigenen Wachstum arbeiten. Wir müssen nicht auf alles eine Antwort haben. Wir müssen nur wissen, wo wir eine finden. Indem wir Zeit mit Gott im Gebet verbringen, sein Wort lesen und gezielt auswählen, womit wir unseren Geist füttern, legen wir das Fundament für unser Wertesystem. Machen Sie sich heute bewusst, dass das wichtigste Karrieretraining für Ihren Job als Mutter darin besteht, dass Sie Ihre partnerschaftliche Beziehung zu Gott ausbauen und vertiefen.

Zum Weiterdenken

Welche Erfahrungen haben Sie zu Hause bei Ihren Eltern mit der Bibel gemacht? Legen Sie jetzt für Ihr eigenes Zuhause drei Ziele für sich selbst fest, um mehr über Gottes Gebrauchsanweisung fürs Leben, die Bibel, zu lernen.

In welchen Bereichen Ihres Lebens haben Sie die weltlichen Botschaften des moralischen Relativismus übernommen?

Überlegen Sie sich, mit was Sie Ihren Geist füttern, und listen Sie drei Bereiche auf, in denen Sie bessere Entscheidungen treffen können.

KAPITEL 14

Kinder erziehen mit Zielbewusstsein

Das Muttersein ist einer der wenigen Berufe, bei dem das Ziel darin besteht, nach und nach arbeitslos zu werden. Jeden Tag rücken wir dem endgültigen Ziel einen Schritt näher, unsere Kinder zu kompetenten, selbstsicheren und verantwortungsbewussten Erwachsenen zu erziehen. Wenn wir sie wirklich auf das Erwachsenenleben vorbereiten wollen, müssen wir wissen, auf was wir sie vorbereiten und was wir sie lehren wollen. Wir leben in einer verrückten Welt. Um uns in den Gewässern des Lebens einen Weg bahnen und uns zurechtfinden zu können, brauchen wir Weisheit. Diejenigen, die gut ausgerüstet sind, können die Unbilden des Lebens am besten meistern.

Unsere Aufgabe als Eltern nun ist es, unsere Kinder so auf das Leben vorzubereiten, dass sie auf eigenen Beinen stehen können. Wir erreichen das, indem wir sie auf ihrer Reise durch die Kindheit leiten und begleiten. Wir wählen großenteils die Lernmittel und müssen ihnen nacheinander beibringen, gehorsam, beziehungsfähig und urteilsfähig zu werden. Schließlich kommt es noch darauf an, dass sie ihre eigene freundschaftliche Beziehung zu Gott aufbauen, die sie ein Leben lang durchträgt.

Als Eltern sind wir immer dabei, etwas zu vermitteln, aber manchmal sind wir uns gar nicht der Lektionen bewusst, die unsere Kinder von uns lernen. Unser Leben dient als Verhaltensmuster für unsere heranwachsenden Kinder. Wenn es darum geht, unsere Erziehungsziele näher zu bedenken, müssen wir uns klarmachen, dass Kinder durch Beobachtung der Eltern am meisten lernen.

Kinder lernen durch Beobachtung

Vor einigen Jahren beschlossen wir, dass die beste Unterrichtsform für zwei unserer Kinder für eine gewisse Zeit der Hausunterricht wäre. Anne, damals im siebten Schuljahr, blieb für ein Jahr zu Hause. Evan beabsichtigten wir im fünften und sechsten Schuljahr zu Hause zu unterrichten. In dieser einmaligen Zeit merkte ich, wie viel unsere Kinder allein dadurch lernen, dass sie uns bei unseren täglichen Verrichtungen beobachten. Ein Erlebnis ist mir dabei noch besonders im Gedächtnis haften geblieben.

Es war ein Dienstagnachmittag im März. Anne und Evan arbeiteten jeder für sich in ihren Zimmern. Mark und ich hatten am selben Morgen, bevor er zur Arbeit aufbrach, eine Meinungsverschiedenheit gehabt, die zu einem Streit ausgeartet war. Ich hatte unser Streitgespräch im Geiste mehrmals nachgespielt, darüber gebetet und erkannt, dass ich mich falsch verhalten hatte. Ich wusste, dass ich mich bei meinem Mann entschuldigen musste. Da ich einen ruhigen Moment hatte, beschloss ich kurzerhand, Mark an seiner Arbeitsstelle anzurufen und ihn um Verzeihung zu bitten. Leider hatte ich nur seinen Anrufbeantworter an der Strippe. So hinterließ ich ihm eine Nachricht, in der ich mich entschuldigte. Als Mark abends heimkam, nahm er meine Entschuldigung an und verzieh mir. Er entschuldigte sich seinerseits für seine eigene Mitschuld an unserem Konflikt. Wir lösten ihn und waren uns wieder einig.

Am Nachmittag darauf fuhren Anne, Evan und ich zum Klavierunterricht. Eine ganze Zeit lang war es still im Auto, bis Anne das Schweigen brach: »Mama, weißt du, das war voll cool, als du Papa gestern angerufen und dich bei ihm entschuldigt und ihn um Verzeihung gebeten hast.« Ich war von den Socken. Erstens konnte ich es nicht so recht glauben, dass sie wirklich mitbekommen hatte, wie ich telefonierte – sie hätte ja eigentlich in ihrem Zimmer sein sollen! Und zweitens war ich erstaunt darüber, dass sie diese Geschichte so sehr beeindruckt hatte. Ich hätte ihr auch immer wieder eintrichtern können, wie wichtig es ist, sich aufrichtig zu entschuldigen und dem anderen zu vergeben. Ich hätte ihr ebenso gut einen Vortrag über das A und O der Konfliktlösung halten können. Aber das war gar nicht nötig. Ich hatte ihr mehr durch mein konkretes Handeln beigebracht.

Kinder lernen weniger durch das, was ihnen gesagt wird. Sie lernen dadurch, dass sie uns beobachten, und übernehmen dabei unser gutes oder schlechtes (!) Verhalten. Wir können ihnen tausend Mal die Bedeutung eines bestimmten Prinzips erklären. Aber erst, wenn sie auch sehen, dass es funktioniert, verstehen sie seinen Sinn. Das heißt nun nicht, dass wir unseren Kindern nicht auch mit Worten bestimmte Wertmaßstäbe näherbringen sollten. Aber wir sollten auch aufpassen, dass wir nicht ein Verhalten an den Tag legen, das besagt: »Tue das, was ich dir sage, nicht das, was ich tue.« Das verwirrt Kinder nur. Wenn wir für unsere Kinder ein Vorbild im Glauben sein wollen, sollten wir nicht nur fromme Lippenbekenntnisse ablegen, sondern auch das leben, was wir glauben.

Agieren statt Reagieren

Zunächst zum Unterschied zwischen einem aktiven und einem »reaktiven« Elternsein: Wenn es bei der Erziehung von Kindern nur um Dinge wie »Disziplin«, »Bestrafung« und »Konsequenzen« geht, wird sie vor allem negativ definiert. Wenn wir in erster Linie dann erzieherisch eingreifen, wenn ein Konflikt auftritt, reagieren wir nur auf eine bestimmte Situation. Das ist der ineffektivste Weg zu erziehen.

Unser Ziel muss es sein, aktiv zu erziehen. Wir müssen unseren Kindern immer einen Schritt voraus sein. Wir sollten ihre Schwächen und Stärken kennen und sie entsprechend führen. Wir sollten geduldig mit ihnen sprechen, statt sie anzubrüllen, sie führen und nicht hinter uns herzerren. Wir müssen sie unterweisen, nicht aber Perfektion von ihnen erwarten.

Als Austin drei Jahre alt war, wollten wir ihm beibringen, beim ersten Mal zu gehorchen. Wir wollten, dass er unsere Anweisungen gleich beim ersten Mal, wenn er sie hörte, befolgte und nicht erst, nachdem wir bis drei gezählt oder ihn mehrmals verwarnt hatten. Wenn Sie schon einmal versucht haben, ein Kind morgens anzuziehen, ihm im ganzen Haus nachgejagt sind und es nur alle fünf Minuten geschafft haben, ihm ein Kleidungsstück anzuziehen, werden Sie um den Wert von Gehorsam beim ersten Mal wissen. Wenn ich sage »Austin, komm bitte her«, erwarte ich die Antwort »Ja, Mama« und das entsprechende Tun. Wenn nämlich Austin vom Gehweg runter auf die Straße läuft, möchte ich »Austin, halt!« rufen können und wissen, dass er auf mich hört. Und schließlich möchte ich, dass er eines Tages Gottes Stimme hört und ihr gehorsam ist.

Eines Nachmittags saß ich mit allen vier Kindern im Wartezimmer eines Arztes. Der Arzt war spät dran, und wir waren vorgewarnt worden, dass noch viele Patienten vor uns an der Reihe waren. Ich beschloss, diese Zeit sinnvoll zu nutzen und Austin etwas beizubringen. So weihte ich die drei älteren Kinder in meine Idee ein. Das gespannt lauschende »Publikum« dachte wahrscheinlich, dass das ein Spaß sei, als die älteren Kinder das erwartete Verhalten vorspielten. Ich sagte immer »Anne, komm bitte her« und sie antwortete darauf mit »Ja, Mama« und setzte sich dann auf mein Knie. (Stellen Sie sich das bildlich vor! Anne war zu diesem Zeitpunkt vierzehn.) Wir setzten das Spiel dann mit Evan und Erica fort. Es dauerte nicht lange, und Austin wollte auch mitmachen. Er fing auch an, die richtige Antwort zu wiederholen und entsprechend auf die Aufforderung zu reagieren.

Eine Dreiviertelstunde später wurden wir zum Arzt hereingerufen, und wir hatten alle auch genug von dem Spiel, aber die wichtigsten Grundlagen waren gelegt. Mark und ich hatten nun ein Fundament, auf das Austin aufbauen konnte. Wir verbrachten die nächsten Wochen damit, das Gelernte durch weitere praktische Übungen zu wiederholen. Schließlich begannen wir mit den entsprechenden Konsequenzen, wenn Austin nicht aufs Wort gehorchte. Mit der Zeit waren weniger Konsequenzen erforderlich, da er bald verstand, was von ihm erwartet wurde.

Unsere Kinder müssen wissen, was wir von ihnen erwarten. Hier sind einige der Grundlagen, die wir ihnen beibringen müssen. Unsere Kinder müssen lernen:

– welches unsere Erwartungen in Bezug auf ihr Verhalten sind,

– dass es wichtig ist, Autoritäten zu respektieren,
– wie sie sich innerhalb bestimmter Grenzen bewegen können,
– mit den Konsequenzen ihres Handelns umzugehen.

Wenn sie diese Prinzipien nicht begreifen, wird es spätestens dann ein böses Erwachen geben, wenn sie im Berufsleben stehen.

Haben Sie nicht auch schon Ihr Kind mit zum Einkaufen genommen, und es hat eine Sache nach der anderen haben wollen? Hand aufs Herz! Haben Sie Ihrem Kind schon einmal gesagt, was Sie von ihm erwarten, bevor Sie den Laden betraten (aktive Erziehung)? Oder haben Sie während des ganzen Einkaufs mit Ihrem Kind zu kämpfen (reaktive Erziehung)? Kinder entsprechen oft gerne den Anforderungen, wenn sie sie kennen. Wenn sie sich allerdings trotz vorheriger Klärung dafür entscheiden, sich daneben zu benehmen, wissen wir genau, dass sie auch wussten, was von ihnen erwartet wurde. Das ermöglicht es uns, ohne zu zögern oder es uns noch anders zu überlegen, Konsequenzen auszusprechen. Nur allzu oft bestrafen Eltern ihre Kinder, ohne dass diese wissen, was von ihnen erwartet wurde.

Wenn unsere Kinder älter werden, müssen wir unsere Erziehungsmethoden entsprechend anpassen. Mark und ich wollten zum Beispiel sichergehen, dass unsere älteren Kinder wissen, wie sie sich oder andere bei der ersten Begegnung vorstellen und wie man andere einlädt und bewirtet. Schließlich lernen sie die gesellschaftlichen Umgangsformen nicht im Schlaf. Wir müssen sie ihnen beibringen! Wir nutzten die Gelegenheiten, wenn wir uns für eine Veranstaltung zurechtmachten, bei denen sie wahrscheinlich neue Leute kennen lernen würden (Hochzeit, Abschlussfeier, neue Gemeinde usw.), um sie auf mögliche Situationen vorzubereiten und ihnen Hilfestellung zu geben, wie sie damit umzugehen hatten. Nach dem Abendessen nahmen wir uns immer etwas Zeit, um mit ihnen zu besprechen, wie sie sich bei der Begrüßung verhalten könnten. Durch Rollenspiele und praktisches Einüben wurden sie bald sicherer in ihren Umgangsformen und konnten auch auf Unbekannte sicher zugehen.

Was sind die Vorteile der aktiven Erziehung? Unsere Kinder

lernen, sich unserer Führung anzuvertrauen, zu wissen, dass sie uns vertrauen können, und Sicherheit in der Familie zu finden. Unser Ziel besteht darin, sie zu bestärken, bereitwillig ihren Eltern zu folgen und Gleichaltrigen ein Vorbild zu sein. Wir als Eltern müssen sie zu beidem anleiten.

Welchen Medien sind unsere Kinder ausgesetzt, und wie gehen wir damit um?

Unsere Kinder werden in sehr starkem Maße von der Welt um sie herum beeinflusst. Diese Generation von Kindern ist den Massenmedien mehr ausgesetzt als jede andere Generation vor ihr. Das Fernsehen wie auch Kinofilme, Videospiele, Zeitschriften, Bücher und Musik hinterlassen einen tiefen und bleibenden Eindruck auf ihren jungen Verstand. Einer der Vorteile, das Muttersein zum Beruf zu erheben, liegt darin, dass Sie eine Strategie festlegen und Ihre Zeit dazu einsetzen können, den Umgang Ihres Kindes mit den Medien zu kontrollieren.

Einerseits können die Medien ein fabelhaftes Mittel sein, um unser Wissen zu erweitern. Andererseits verbergen sich auch Gefahren dahinter. Nehmen Sie Ihre Rolle deshalb ernst, und geben Sie Ihren Kindern die entsprechende Orientierung. Wie war das nochmals mit dem Mümü-Prinzip? Dieser Grundsatz lässt sich auch sehr schön auf das Leben unserer Kinder übertragen: Müll rein, Müll raus. Da sich unsere Kinder noch in den prägenden Jahren ihres Lebens befinden, müssen wir ein besonderes Augenmerk darauf haben, was sie in sich aufnehmen.[19]

Werfen wir doch einen Blick auf die gängigen Medien, denen unsere Kinder ausgesetzt sind, und sehen, wie wir sie in eine positive Richtung lenken können.

Fernsehen

Was geht im Gehirn eines Kindes nur vor, wenn es Stunde um Stunde vor der Glotze sitzt? Eine ganze Menge! Es bildet sich eine Meinung darüber, was richtig und falsch ist. Es lernt, wie

Menschen mit ihren Konflikten umgehen (die meiste Zeit über reagieren sie unangemessen). Bei den Sitcoms am Nachmittag machen Kinder die Entdeckung, dass ihre Eltern Vollidioten sind, die überhaupt keine Ahnung haben. Der Krimi am Abend überschüttet sie mit einer großen Dosis an Sex und Gewalt. Ihre Kinder im Teenageralter sind abends Seifenopern ausgesetzt, die moralischen Relativismus und häufigen Partnerwechsel propagieren. Wenn Sie glauben, dass ein Zeichentrickfilm für Ihre kleinen Kinder eine harmlose Unterhaltung ist, dann schauen Sie genau hin! Nur zu viele dieser so genannten »für Kinder geeigneten« Filme sind mit Erwachsenenthemen besetzt, und es kommen in ihnen viele Gewaltszenen und sexuelle Anspielungen vor. Ergänzen die Sendungen, die Ihre Kinder sehen, das, was Sie ihnen vermitteln, oder werten sie es ab? Achten Sie auch darauf, welchen Einflüssen sie bei Freunden ausgesetzt sein könnten!

Der Schlüssel zu einem Gewinn bringenden Umgang mit dem Fernsehen liegt darin, seinen Gebrauch zu kontrollieren. Erlauben Sie nicht, dass der Fernseher jederzeit eingeschaltet werden darf. Wenn Ihre Kinder fernsehen wollen, sollten sie vielleicht eher um Erlaubnis bitten müssen. Legen Sie schon im Voraus gemeinsam und mit Bedacht fest, welche Sendungen sie sich ansehen dürfen. Wenn Sie es einrichten können, sehen Sie sich das Programm gemeinsam mit Ihren Kindern an, um mit ihnen darüber zu sprechen. Wenn Ihr Kind bei einem Freund zum Spielen zu Gast ist, lassen Sie die betreffenden Eltern wissen, wie Sie zu den Medien stehen, mit denen es dort in Berührung kommen könnte.

Anne und ich sahen uns eines Sonntagabends einen schönen Familienfilm an. Es war so ein richtiger »Schnulzenfilm«, wie mein Mann ihn nennen würde. In der Werbepause wurde ein Werbespot gezeigt, der sehr sexbetont war. Er zeigte einen Mann und eine Frau, die sich gerade erst begegnet waren und sich sehr zueinander hingezogen fühlten. Der Werbefilm deutete an, dass noch ein sexuelles Stelldichein folgen sollte. Und das alles in der Werbepause!

Ich nahm dies zum Anlass, um Anne einige Dinge zu vermitteln. Unsere Unterhaltung verlief in etwa folgendermaßen:

Ich: Was wollten die bei der Werbung verkaufen, Anne?

Anne: Haferflocken, Mama.

Ich: Ja, logisch, aber was wollten die noch verkaufen?

Anne: Weiß ich nicht.

Ich: Hast du gesehen, dass dieser Werbespot Sex einsetzte, um das Produkt zu verkaufen? Und was darin über Sex gesagt wurde, war eindrücklich, aber falsch.

Anne: Oh.

Ich: Waren die Leute, die da miteinander ins Bett steigen wollten, verheiratet?

Anne: Nein, die waren sich gerade erst begegnet.

Ich: Siehst du, wie diese Werbung die Vorstellung von Sex außerhalb der Ehe als etwas völlig Normales hinstellt?

Anne: Das ist mir noch gar nicht in den Sinn gekommen.

Ich: Sex ist eine wunderbare Gabe Gottes für Eheleute. Aber hier wird so getan, als wäre es einfach ein Spaß, mal schnell mit irgendjemandem zu schlafen. Oft verbirgt sich hinter den Dingen, die wir lesen oder sehen, eine versteckte Botschaft, vor der wir uns in Acht nehmen sollten – genau wie in dem Werbespot, den wir gerade gesehen haben. Es ist wichtig, dass wir kritisch mit dem umgehen, was wir hören und sehen, damit wir nicht unfreiwillig falschen Botschaften auf den Leim gehen.

Wenn wir als Mütter diese Botschaften nicht mit einem wachsamen Auge verfolgen, können sie auch uns beeinflussen. Wir müssen um unserer Kinder willen wachsam sein. Und wir müssen ihnen beibringen, selbst auch Augen und Ohren offen zu halten.

Für Medien aller Art, die unsere Kinder benutzen, gilt das Gleiche wie für die, die wir selbst konsumieren: Sie sollten mit Sorgfalt und Bedacht ausgewählt werden.

Statt bloße Berieselung durch Fernsehen, Internet und Radio zuzulassen, sollten wir uns die Zeit nehmen, mit unseren Kindern bewusst die Medien auszusuchen, die ihnen weiterhelfen. Gute Bücher und Zeitschriften, lehrreiche Software und Fernsehsendungen gibt es – vieles davon auch mit christlichem Hintergrund. Informieren Sie sich. Die beste Orientierung für Ihre Kinder bietet Ihr konsequentes Beispiel im Umgang mit Medien aller Art.

- Hilfreich für Ihre Teenies ist natürlich zunächst eine Studienbibel oder teeniegerechte Ausgabe der *Bibel*.
- Gute *Bücher* sind durch nichts zu ersetzen. Zunehmend gibt es auch im christlichen Bereich Romane mit teeniegerecht aufgearbeiteten Themen.
- Die Botschaften, die durch die *Musik* vermittelt werden, können einen tief greifenden Einfluss auf unsere Kinder ausüben. Halten Sie nach christlichen Zeitschriften und Internetangeboten Ausschau. Hier erfahren Sie mehr über die Musik, die Teenagerherzen höher schlagen lässt. Der zeitgenössische christliche Musikmarkt expandiert rasch. Wenn wir unseren Sprösslingen von Kindesbeinen an einen Vorgeschmack auf diese Musik mit ihren zumeist biblischen Botschaften geben, werden sie die vielleicht auch, wenn sie älter werden, weiterhin hören wollen. Schauen Sie einmal bei Ihrem christlichen Buchladen vor Ort vorbei, um sich nach positiven Alternativen auf dem Musiksektor umzusehen. Für diejenigen, die sich einen Überblick über zeitgenössische amerikanische Musik verschaffen wollen, können auch die Internetangebote von Focus on the Family (*www.family.org*) und Integrity Music (*www.integritymusic.org*) von Interesse sein. Auch auf dem deutschen Markt gibt es mittlerweile ein gutes Angebot christlicher Popmusik, im Internet z.B. unter *www.brockhaus-verlag.com/bv-music/*.
- *Filme:* Die Jugendlichen von heute sind durch Film und Fernsehen mehr Szenen von Sex und Gewalt ausgesetzt als jede andere Generation vor ihnen. Oft enthalten Filme, die für Kinder ab 12 Jahren freigegeben sind, schon Szenen, die ein Kind ernsthaft verstören können. Eltern müssen deshalb Bescheid wissen, woher sie zuverlässige Informationen über den Inhalt eines Filmes beziehen können, der im Kino zu sehen oder in der Videothek vor Ort erhältlich ist. Achten Sie immer auf die Altersangaben und sonstige Hinweise. Lesen Sie Filmrezensionen in christlichen Zeitschriften.

– Das *Internet* ist ein faszinierendes Medium bzw. auch eine Medienquelle. Es sollte jedoch unter Anleitung der Eltern genutzt werden. Unterschätzen Sie nicht die Fähigkeit Ihres Kindes, durch das Netz zu surfen. Es kann an Stellen landen, an denen es gar nicht sein sollte. Das kann leicht durch Zufall passieren, und weitaus am häufigsten passiert es mit Absicht. Kinder sind von Natur aus wissbegierig. Sie forschen nach und probieren aus, was sie finden können. Wenn Sie zu Hause über einen Internetanschluss verfügen, sorgen Sie dafür, dass Sie einen »Familienfilter« installiert haben, damit Ihre Kinder auf bestimmte Seiten gar nicht erst gelangen. Internetdienste wie beispielsweise AOL und MSN verfügen über solche Möglichkeiten.

Urteilsfähigkeit

Die Antwort auf den enormen Einfluss der Medien auf unsere Kinder liegt aber nicht nur darin, unsere Kinder einfach nur von diesen Botschaften abschirmen zu wollen, sondern auch darin, ihnen ein ganz wichtiges Rüstzeug an die Hand zu geben, mit dem sie kritisch und scharfsinnig mit äußeren Einflüssen umgehen lernen: ein verständiges Herz und ein wachsames Auge. Wenn unsere Kinder kritik- und urteilsfähig werden, sind sie auf dem besten Weg, mündige Erwachsene zu werden.

Damit sie das sein können, müssen sie zuallererst lernen, dass es Richtig und Falsch gibt, was richtig ist und warum und was falsch ist und warum. Als Nächstes brauchen sie das Bewusstsein, dass die Welt um sie herum Botschaften aussendet, die sie prüfen und von denen sie sich eventuell abwenden müssen.

Ich kann mich noch gut erinnern, dass ich als Teenager selbst damit zu kämpfen hatte. Ich wägte ab zwischen dem, was ich in der Gemeinde und zu Hause hörte, und dem, was von außen auf mich einströmte. Ich wusste nicht so recht, was ich mit den zwei gegensätzlichen Botschaften tun sollte und fühlte mich dem Druck, dem ich ausgesetzt war, nicht gewachsen. Ich merkte, dass ich ein Doppelleben führte. In der Schule und mit den Freunden führte ich ein Leben und zu Hause und in der Gemeinde ein anderes. Für mich war das eine ganz schreckliche Zwickmühle, in der ich mich befand, und die Entscheidungen, die ich traf, waren nicht gerade ideal.

Wir müssen also unsere Kinder auf die vielfältigen Botschaften, die sie hören werden, vorbereiten. Und wir müssen sie mit dem nötigen Rüstzeug ausstatten, damit sie wissen, wie sie in der Welt leben sollen, aber nicht so leben, als seien sie von der Welt. Am besten können sie ein gesundes Urteilsvermögen ausbilden, wenn sie Gottes Wort kennen.

Wir mussten unseren Kindern zum Beispiel erklären, warum sie bestimmte Fernsehshows nicht sehen konnten, die einige ihrer Freunde sehen durften. So baten wir sie, einige der versteckten Botschaften, die sie in der Programmvorschau zu diesen Shows gesehen hatten, auszumachen. Dies war sehr hilfreich für sie. Es half ihnen zu beurteilen, warum der Film für sie nicht geeignet war.

In letzter Zeit haben wir unseren älteren Kindern dabei geholfen, sich in Beziehungen zum anderen Geschlecht zurechtzufinden. Wir haben mit ihnen über verbindliche Partnerschaften und verantwortliche Sexualität gesprochen und ihnen gesagt, dass Sex in die Ehe gehört. Wenn Kinder mit dem Wissen um andere Möglichkeiten ausgestattet sind und nicht nur das als Maßstab nehmen, was ihre Altersgenossen (und viele Erwachsene!) ihnen vorleben, sind sie eher in der Lage, gute Entscheidungen zu treffen.

Beziehungsmanagement

Wir alle haben zuweilen Probleme mit den Menschen, die uns am nächsten stehen. Gott hat jeden von uns mit einer einzigartigen Art geschaffen, Informationen zu verarbeiten, besondere Talente und Begabungen einzusetzen und persönliche Ansichten über das Leben zu vertreten. Da bleibt es nicht aus, dass wir mitunter in Konflikt mit unseren Nächsten geraten. Da jeder von uns einzigartig ist, können unsere Ideen, Meinungen und Gefühle zuweilen miteinander kollidieren.

Viele Menschen werden erwachsen und haben noch kein

richtiges Fundament und Verständnis von einem gesunden zwischenmenschlichen Miteinander. Vielleicht sind Sie in einem Zuhause groß geworden, in dem Konflikte mit großer Aggressivität ausgetragen wurden. Vielleicht gab es in Ihrem Zuhause scheinbar keine Meinungsverschiedenheiten oder sie wurden immer unter den Teppich gekehrt. Möglicherweise sind Sie zu einem Friedensstifter geworden, der konfliktscheu ist und immer versucht, jeden glücklich zu machen. Manchen wurde beigebracht, mit allen anderen über ein Problem zu reden, nur nicht mit der betreffenden Person selbst, mit der sie ein Problem haben. Das nennt man schlicht und ergreifend Geschwätz, und es schadet Beziehungen.

Gott lehrt uns, wie wir Konflikte austragen sollen. In Matthäus 18,15 sagt er: »Wenn dein Bruder dir Unrecht getan hat, dann geh zu ihm hin und stell ihn unter vier Augen zur Rede.« Wir sollen also zu der Person, die uns verletzt hat, hingehen, um die Beziehung wieder zu kitten, bevor wir bei irgendjemand sonst ein Wort über das Problem verlieren. Wenn wir Gottes Anweisungen prompt folgen, können wir den Streit schlichten, bevor Bitterkeit aufkommt. Wir sollten als Erwachsene so handeln, und wir sollten auch unseren Kindern beibringen, so zu handeln.

Eines unserer Erziehungsziele sollte sein, unsere Kinder zu befähigen, dass sie Konfliktsituationen erkennen, und sie darauf vorzubereiten, sie konstruktiv zu lösen. Dazu brauchen sie das entsprechende Handwerkszeug, und zwar die Fähigkeiten

- zur Zusammenarbeit,
- zum Austausch,
- zum aktiven Zuhören,
- sich zu entschuldigen und um Vergebung zu bitten,
- eine Entschuldigung anzunehmen und Vergebung zuzusprechen.

Wir wollen uns einen Moment Zeit nehmen, um uns den Ablauf einer Entschuldigung zu vergegenwärtigen. Denn selbst als Erwachsene bringen wir manchmal nur halb(herzig)e Entschuldigungen vor. Deshalb haben wir auch oft den Eindruck, dass unsere Konflikte nie ganz gelöst werden. Wir hören nach dem »Es tut mir Leid« auf und belassen es dabei. Aber zu einer Entschuldigung gehört noch ein weiterer wichtiger Teil. Es ist die Bitte um

Vergebung. »Es tut mir Leid, dass ich ... (*genau benennen, was ich falsch gemacht habe!*). Durch mein Tun habe ich dir ... (*möglichst genau benennen, wie der andere empfunden haben muss*) zugefügt. Kannst du mir vergeben?« Dies ist eine vollständige Entschuldigung. Derjenige, den ein anderer verletzt oder beleidigt hat, sollte dann einen endgültigen Schlussstrich unter die Verletzung ziehen, indem er mit Vergebung antwortet (und sie verbal zum Ausdruck bringt: »Ich vergebe dir«).

Unsere Kinder sollten verstehen lernen, wie wichtig es ist, Beziehungen intakt zu halten. Sie sollten Familienangehörige wie auch Freunde respektieren und schätzen. Sie brauchen gute Fähigkeiten im Bereich des »Beziehungsmanagements«. Wir selbst setzen den Anfang, wenn wir diese Fähigkeiten ausbauen und sie danach an unsere Kinder weitergeben.

Gottes Wort

Es ist wichtig, dass wir wissen, wo uns die absolute Wahrheit gesagt wird. Für unsere Kinder ist das genauso wichtig. Wenn sie sich in einer Entscheidungssituation befinden, müssen sie wissen, woher sie Hilfe bekommen können. Sie müssen Gottes Wort wertschätzen und als die eine Quelle verstehen, die ihnen die Antworten auf die Fragen und Probleme des Lebens gibt.

Als Anne und Evan noch ganz klein waren, frustrierte es mich immer, wenn sie beide morgens kurz nach mir wach wurden und meine wenigen stillen Momente des Bibellesens unterbrachen. Aber schon bald erkannte ich auch den Wert dieser Unterbrechung. Sie sahen, wie ich die Bibel las. Auch in diesem Fall wirkte das konkrete Beispiel mehr als bloße Worte. Ich hätte ihnen wohl sagen können, wie wichtig die Bibel und Gottes Wahrheit sind, aber wenn sie nicht mit eigenen Augen gesehen hätten, dass die Bibel mein Leben bestimmte, wären meine Worte leere Floskeln gewesen. Nachdem Gott meinen Blickwinkel verändert hatte, dankte ich von da an für jede Unterbrechung.

Als unsere Kinder noch klein waren, gaben wir jedem eine kleine, nicht allzu teure Bibel. Wir nahmen ein paar Aufkleber mit dem Bild Jesu darauf und klebten sie an verschiedene Stellen ihrer Bibel. Sie mussten dann im Spiel das Bild Jesu finden und seinen Namen sagen lernen. Als sie älter wurden, kauften wir ihnen eine Kinderbibel, in der die biblischen Geschichten in kindgerechter Form geschildert werden, und machten sie mit einigen wichtigen Geschichten der Bibel vertraut, die sie in ihrem Alter schon verstehen konnten.

Als sie dann immer besser lesen konnten, schenkten wir ihnen ihre eigene komplette Bibel in einer neueren Übersetzung. Unsere Kinder konnten sie mit zur Kirche nehmen oder zu Hause benutzen. Als sie ins Teenageralter kamen, machten sie dann mit einer verständlichen Studienbibel oder teeniegerechten Ausgabe der Bibel (z. B. *Gute Nachricht für Teens)* weiter, die ihnen half, Gottes Wort auf ihr Leben anzuwenden.

Denken Sie ja nicht, es reicht, wenn Sie Ihre Kinder mit in den Gottesdienst nehmen. Es gibt viel mehr zu tun als das. Wir müssen sie dazu anleiten, die Beziehung zu Jesus zu einem Teil ihres täglichen Lebens zu machen. Können Sie sich eine größere Berufung vorstellen, als Ihren Kindern das beizubringen?

Eine Freundschaft mit Gott

Während unsere Kinder allmählich erwachsen werden, besteht unser Ziel darin, dass sie mehr und mehr auf Gott schauen statt auf uns. Dazu müssen wir unseren Kindern ein Vorbild geben, wie sie zu einer freundschaftlichen Beziehung zu Gott finden können.

Schon wenn unsere Kinder noch Säuglinge sind, sollten wir in ihrer Gegenwart für sie beten. Dadurch kommen sie zum ersten Mal mit dem Gebet in Berührung. Mit zunehmendem Alter können wir sie dann darin unterweisen, wie sie selbst beten können. Hier können Sie ein großartiges Werkzeug einsetzen! Als wir jedem unserer Kinder im Kleinkindalter beibrachten, zu beten, nahmen wir ein »Lücken«-Gebet zu Hilfe, das sie ergänzen konnten. Mark oder ich sagten immer den jeweiligen Satz des Gebetes auf und ließen dann die Kinder den fehlenden Satzteil (»Lücke«) ergänzen. Das ging in etwa so:

Gott,

Ich preise dich, weil du _____ (groß, liebevoll, gnädig) bist.

Es tut mir Leid, dass ich _____ .

Danke, dass du mir vergibst.

Ich danke dir für _____ .

Bitte hilf _____ .

Ich liebe dich, Jesus. Amen.

Mit der Zeit musste ich immer weniger sagen, und die Kinder erfassten das Gebet immer besser. Manchmal mussten wir ihnen auch auf die Sprünge helfen, damit sie sich an die Dinge erinnerten, für die sie um Vergebung bitten oder danken sollten. Der Prozess, sie dazu anzuleiten, war jedoch enorm wichtig. Als sie dann in die Schule kamen, hatten sie bereits ein Verständnis davon, was es heißt, mit Gott in Beziehung zu stehen. Sie verstanden schon, warum und wie wir mit ihm redeten.

Wann sollten wir mit unseren Kindern beten? Immer dann, wenn ein Gebet nötig ist. Aber das ist leichter gesagt als getan. Viele kennen nur das Gebet bei Tisch und vor dem Zubettgehen. Aber wenn dies die einzigen Zeiten sind, zu denen wir unsere Kinder zum Gebet anleiten, schränken wir sie in ihrem Gespräch mit Gott ein.

Mit den Jahren haben wir als Familie in puncto Gebet weiter dazugelernt.

Als Erica in die zweite Klasse ging, besuchte sie eine christliche Schule. Immer wenn sie in der Klasse die Sirene eines Polizeiautos oder eines Krankenwagens aufheulen hörten, forderte der Lehrer sie dazu auf, innezuhalten und für die betroffenen Personen zu beten. Erica führte das auch in unserer Familie ein. Immer, wenn wir durch die Stadt fahren und Sirenengeheul hören, erinnert Erica mich daran, dass wir beten müssen. Ich bitte sie dann immer, einfach anzufangen, und ich bete dann laut mit (mit geöffneten Augen versteht sich!). Das ist so eine kleine Übung, die uns geholfen hat, das Gebet nicht nur auf die Mahlzeiten und die Einschlafzeiten zu beschränken.

Vor zwei Jahren hat das Gebet für uns eine weitere Dimension gewonnen. Anne sollte nach einem Jahr häuslichen Unterrichts gerade wieder ins öffentliche Schulsystem zurückkehren, und ich wollte, dass sie für alles gewappnet war, was auf sie einstürmen würde. Die einstündige Fahrt mit dem Schulbus bereitete mir dabei mehr Kopfzerbrechen als der sechsstündige Schultag. Es lag mir vor allem am Herzen, dass sie mit der Stresssituation im Bus umzugehen wusste. Meine Freundin Holly gab mir den Rat, einmal den Versuch mit einem »Küchentürgebet« zu starten. Das hatte sie eingeführt und über die Jahre mit ihren acht Kindern praktiziert. Dabei sollte ich mit Anne zur Tür gehen, wo sie sich »abflugbereit« machte, einen Moment dort stehen bleiben und laut für Anne um Weisheit, Verständigkeit und Mut beten. Ich versuchte das und betete auch für alle besonderen Dinge in ihrem Schulalltag (wie Klassenarbeiten, Ausflüge etc.), von denen ich wusste. Zunächst war das für uns beide etwas gewöhnungsbedürftig, aber wir überwanden schnell unsere Unsicherheit, und es wurde für uns bald zu einem notwendigen Bestandteil unserer morgendlichen Routine. Wenn wir aus irgendeinem Grund nicht dazu kamen, empfanden wir beide, dass etwas fehlte.

Nach den ersten drei Monaten in diesem neuen Schuljahr wollte Anne während dieser Küchentürgebete auch für ihre Freunde beten. So begannen wir mit unseren »Kücheninsel«-Gebeten – für uns eine weitere Dimension des gemeinsamen Gebets. Wir begannen, fünf Minuten vor Ankunft des Busses für Annes Schultag und die vor ihr liegenden Herausforderungen zu beten. Sie betete nun auch für ihre Freunde und andere Dinge, die mir noch gar nicht bekannt waren. Diese Zeit war nicht nur in geistlicher Hinsicht förderlich, sondern auch für unsere Beziehung. Durch das Gebet erfuhr ich nun mehr über ihre eigene kleine Welt.

Als Evan ein Jahr später dann nach zweijährigem Privatunterricht zu Hause wieder ins öffentliche Schulsystem wechselte, gingen wir noch einen Schritt weiter mit unserer morgendlichen Gebetszeit. Alle sechs Familienmitglieder versammelten sich von da an fünfzehn Minuten, bevor die Kinder zur Schule aufbrechen mussten, um füreinander und für die Menschen, deren Leben sich an diesem Tag mit unserem kreuzen würde, zu beten. Wir haben die gemeinsam im Gebet verbrachte Zeit als sehr kostbar empfunden. Es ist sicherlich nicht ganz einfach, alle Mann fünfzehn Minuten früher zusammenzutrommeln, aber es lohnt sich unbedingt!

Unsere Berufung als Mutter

Der Beruf der Mutter ist ein nie enden wollendes Abenteuer. Gerade, wenn man glaubt, endlich alles im Griff zu haben, kommt ein Kind in ein neues Entwicklungsstadium.

Da sich unsere Kinder fortwährend verändern, müssen wir mehr über das Elternsein und über unsere Kinder in ihrer Individualität lernen.

Vor kurzem war ich betroffen, als ich feststellte, wie oft ich meine Kinder als gesamte Gruppe erziehe und nicht als einzigartige Individuen. So bat ich Gott darum, mir beizustehen, sie als die einzigartigen Geschöpfe sehen zu lernen, die sie sind. Ich möchte, dass sie sich als Individuen ernst genommen fühlen und nicht als Einheitsgruppe. Auch hier erweitert Gott wieder meinen Horizont.

Aktive Erziehung muss für uns, die wir von Beruf Mutter sind, ein vorrangiges Ziel sein. Wir werden nicht nur mehr Gefallen am Erziehungsprozess finden, sondern ihn auch als effektivere Methode sehen, unsere Kinder zu unterweisen. Indem wir unseren Kindern beibringen, was richtig und was falsch ist, helfen wir ihnen, sich in einer Welt des moralischen Relativismus zurechtzufinden. Indem wir ihnen den Zugang zu einer freundschaftlichen Beziehung zu Gott eröffnen, verschaffen wir ihnen einen Freund wie keinen anderen. Wir ziehen die nächste Generation heran, und darauf liegt der Schwerpunkt unseres Berufes.

Wenn wir unsere Berufswahl und unsere Ausbildung dazu bedenken, sollten wir besonderes Augenmerk auf den hohen Anspruch unserer Berufung richten und die Notwendigkeit nicht außer Acht lassen, uns besonders im Bereich der Erziehung fortzubilden und weiterzuentwickeln. Bei der Kindererziehung Ziele zu setzen und sie konsequent zu verfolgen, ist eine der wichtigsten Verantwortlichkeiten im Beruf der Mutter.

Zum Weiterdenken

Denken Sie über die Behauptung nach: »Kinder lernen durch Beobachtung«! Gab es bei Ihnen schon Situationen, in denen Sie Ihrem Kind durch Ihr eigenes Verhalten etwas (Gutes oder Schlechtes) beigebracht haben? Versuchen Sie, sich an zwei solcher Begebenheiten zu erinnern!

Überlegen Sie sich zwei Situationen, in denen Sie als Elternteil Ihre Kinder aktiv erzogen haben!

Überlegen Sie sich zwei Situationen, in denen Sie Ihre Kinder reaktiv erzogen haben. Wenn Sie das Rad der Zeit noch einmal zurückdrehen könnten, wie würden Sie aus Ihrer heutigen Sicht mit diesen Situationen anders umgehen?

Wollen Sie Änderungen im Medienkonsum Ihrer Kinder bewirken – und welche? Wenden Sie das Mümü-Prinzip an, um herauszufinden, wie Sie angemessen handeln können (Kinofilme, Fernsehen, Radio/Musik, Zeitschriften, Bücher).

KAPITEL 15

Machen Sie aus Ihrem Haus ein Zuhause!

Als wir unsere Müttergruppe ins Leben riefen, besprachen wir, wie wir unsere Zeit zusammen gestalten wollten. Wir waren uns alle einig, dass der Schwerpunkt auf Ehe und Erziehung liegen sollte. Wir wollten in diesem Bereich weiterlernen, aber auch Spaß zusammen haben. Es war uns wichtig, einander zu ermutigen. Aber es bestand auch der einhellige Wunsch, zu lernen, wie man mit dem Bereich der Haushaltsführung klarkommen konnte – dem praktischen Teil also des Mutter- und Hausfrauendaseins.

Hausfrauliche Fähigkeiten sind nicht allen in die Wiege gelegt. Organisation, Finanzen, Einkaufen, Kochen und Putzen beanspruchen sowohl unsere Zeit als auch unsere Energie. All diese Fähigkeiten müssen erlernt werden. Sie stellen einen wichtigen Teil des beruflichen Trainings und der Fortbildung einer jeden Mutter dar.

Vor Jahren noch bekamen Frauen diese Fähigkeiten von ihrer Mutter und Großmutter beigebracht, die in der Nähe lebten. Heute leben viele weit von denen entfernt, die ihnen die Fertigkeiten der Haushaltsführung beibringen könnten, oder die anderen Frauen in der Familie sind außer Haus berufstätig und stehen nicht zur Verfügung.

Wenn Sie eine »natürliche Mentorin« haben, schätzen Sie sich glücklich! Wenn nicht, müssen Sie vielleicht die »hauswirtschaftlichen« Fähigkeiten von anderen lernen, die sich auch im Gefecht des Alltags als Mutter durchschlagen. Ich lernte viel von den Frauen in meiner Müttergruppe, aus Büchern und von meiner Mutter, die drei Stunden von mir entfernt wohnt, aber sich auch sehr gerne zur Verfügung stellt, wenn ich sie brauche.

Bei der Haushaltsführung spielt sicher auch der persönliche Geschmack und der Persönlichkeitstyp einer jeden Frau eine Rolle. Was jedoch wichtig ist, ist, dass wir uns selbst, unsere Ziele sowie unsere Neigungen und Abneigungen kennen. Erst dann können wir unsere Pläne konkretisieren.

Da die Haushaltsführung einen großen Teil des Tages einer Familienfrau ausfüllt, werden wir hier auf die vielfältigen und oft so profanen Aufgaben zu sprechen kommen, die eine Mutter zu erledigen hat. Wir werfen einen Blick auf die möglichen Strategien, mit denen diese wichtigen Aufgaben angegangen werden können. Den Haushalt zu führen, gehört mit zu der Aufgabe, einen »sicheren Hafen« für unsere Familie zu schaffen. Wenn wir mit Ernst an die Sache gehen, wird unsere Familie an unserer Haushaltsführung sehen, dass wir sie lieben und schätzen.

Organisation

Jedes Mal, wenn ich Sues Haus betrat, kam es mir als etwas Besonderes vor. Man könnte es als freundlich, solide und sogar friedvoll beschreiben. Ich fühlte mich immer wohl in ihrem Haus, in dem sich selten etwas auf der Küchenanrichte stapelte. Wenn Sue etwas suchte, wusste sie genau, wo sie es finden würde.

Oft ging ich entmutigt nach Hause, weil ich an meine Stapel und an mein Durcheinander denken musste. Ich suchte oft stundenlang nach einem Gegenstand, den ich verlegt hatte und so dringend brauchte. Wenn ich das Haus putzen wollte, brauchte ich Stunden, um gerade mal einen Raum sauber zu bekommen, weil ich viel Zeit damit verbrachte, Dinge wegzuräumen, um an die Möbel oder den Fußboden zu kommen. Die Hausarbeit war erdrückend für mich.

Eines Nachmittags war Sue bei mir zu Hause. Unsere Kinder spielten zusammen, und Sue und ich gönnten uns eine Tasse Tee, die wir uns verdient hatten. Wir saßen an unserem Küchentisch und schoben stapelweise die Ankündigungen für die bevorstehende Abschlussfeier am College meines Mannes zur Seite. Das Durcheinander und der viele Kram machten mich richtig verlegen. Verzweifelt fragte ich meine Freundin, was ich mit dem ganzen Zeug machen sollte. »Wenn es deine Aufgabe wäre, diese Einladungen zu verschicken, und sie bei dir zu Hause rumlägen, wo würdest du sie hinlegen, solange du noch mit ihnen beschäftigt bist?« Sue überlegte nicht lange und antwortete: »Hast du einen Korb? Ich würde alles in einen Korb legen und sie von da aus abarbeiten, so könnten sie schnell von einem Platz an den anderen geräumt werden, und du hättest den Vorteil, dass nichts durcheinander fliegt und alles an einem Ort zusammenbleibt. Mit anderen Worten, Jill, ich würde ihnen ein Zuhause geben.«

Nun, das gehört für Sie vielleicht zum Grundwissen, aber für mich war es etwas ganz Neues. Sues Worte stießen bei mir einen neuen Denkprozess an. Die unordentliche Mutter lernte von der organisierten Mutter, dass alle Gegenstände ein Zuhause brauchten. Ich lernte ein neues Prinzip kennen – nämlich: »Jedes Ding hat seinen Platz«. Ich lernte es nicht über Nacht. Es brauchte Jahre, bis ich die Art, wie ich meinen Haushalt führte, ändern konnte. Es brauchte sogar noch länger, bis ich diesen Grundgedanken an die anderen in der Familie weitergegeben hatte. Aber heute ist es ein Prinzip der Haushaltsführung, das ich mir ganz zu Eigen gemacht habe und das ich als sehr befreiend empfinde.

Heute brauche ich nur eine Stunde oder zwei, um das ganze Haus zu putzen (natürlich hängt das davon ab, wie viele Unterbrechungen ich habe!) und nicht wie früher zwei oder drei Tage. In dieser Zeit putze ich wirklich und räume nicht nur Dinge zur Seite. Ich fühle mich durch die Ordnung erleichtert.

Ich bin heute im Grunde meines Herzens immer noch unordentlich und kehre schnell wieder zu meinen eingefleischten Gewohnheiten zurück, wenn ich müde oder zu beschäftigt bin. Deshalb muss ich härter an mir arbeiten als jemand, der von Natur aus ordentlich und gut organisiert ist. Ich habe auch eine Tochter, der ich wohl mein unordentliches Wesen, meine »Chaos«-Natur, vererbt habe. Wir versuchen, auch ihr den Gedanken nahe zu bringen, wie wichtig es ist, dass alles seinen Platz, sein Zuhause hat. Sie hat ein Schild an ihrer Tür hängen mit der Aufschrift: »Du betrittst gerade den Alptraum meiner Mutter.« An manchen Tagen kommt es einem wirklich so vor.

Dinge in Ordnung zu halten, ist ein wichtiger Aspekt, wenn es darum geht, mit Eigentum pfleglich umzugehen. Gott hat uns ein Zuhause und viele Bequemlichkeiten gegeben. Wenn wir uns darum kümmern, zeigen wir dem, der sie uns geschenkt hat, dass wir seine Gaben zu schätzen wissen.

Papier, Papier und nochmals Papier

Eine der bedrängendsten Fragen bei der Organisation und Haushaltsführung ist: Wohin mit all dem Papier?! Es gibt viele Bücher und Artikel, die schon zum Thema Organisation eines Haushalts geschrieben wurden und tolle Ideen liefern, wie man Herr der Papierflut und anderer Unterlagen, die man besitzt, bleiben kann.

Hier einige Anregungen, die wir bei uns zu Hause erprobt haben:

Post
- Legen Sie in dem Zimmer, in dem Sie normalerweise Ihre Post öffnen, ein Ordnersystem an.
- Öffnen Sie die Post, und werfen Sie den geöffneten Briefumschlag sofort weg.
- Entsorgen Sie unerwünschte Werbung sofort.
- Legen Sie die restliche Post in einem von drei Ordnern (bzw. Schnellhefter) ab:
  1. »Zu bezahlende Rechnungen«,
  2. »Zu beantworten«,
  3. in den jeweiligen Ordner der anderen Familienmitglieder.
- Bestimmen Sie in jeder Woche einen Tag, an dem Sie den Ordner »Zu beantworten« abarbeiten.

Zeitungen, Zeitschriften, Rundbriefe und Kataloge
- Lesen, dann wegwerfen!
- Schneiden Sie diejenigen Artikel aus, die Sie behalten wollen, und legen Sie sie je nach Thema ab.
- Tun Sie eine oder zwei Zeitschriften in Ihre »Wartetasche« (Kapitel 9) oder ins Auto.

– Kataloge können Ihnen Ihre wertvolle Zeit stehlen und Sie dazu verleiten, sich viele Dinge zu wünschen, die Sie gar nicht brauchen. Werfen Sie sie gleich weg, es sei denn Sie brauchen etwas ganz dringend, das Sie unbedingt bestellen müssen.

Schulunterlagen

– Legen Sie für jedes Kind drei Ordner an.
»Zum Aufbewahren« (für diejenigen Dinge, die Sie schließlich in seine Andenkenschachtel tun wollen. Misten Sie den Ordner jeden Monat aus.).
– »Aktuelle Infos« (für aktuelle Informationen zu Ausflügen, Projekten, zur Klasse. Misten Sie den Ordner jede Woche aus.).
– »Jährliche Infos« (Telefonnummern der Lehrer, Schulkodex, Impftermine usw. Misten Sie den Ordner jeden Sommer aus.).
– Jedes Mal, wenn Sie die Schulunterlagen Ihrer Kinder in die Hand nehmen, überlegen Sie sich, ob sie in den Abfall wandern oder in einen der oben genannten Ordner. »Leg es nicht weg, wirf es weg!«: An diesen Spruch sollten Sie sich immer wieder erinnern, damit sich nicht Berge von Papier auf der Küchenanrichte auftürmen. Bringen Sie diesen Grundsatz auch Ihren Kindern bei!

Telefon

– Vereinen Sie alle Telefonverzeichnisse (Schule, Gemeinde, Fußballliga usw.) in einem Ringordner, der neben dem Telefon im Hauptwohnbereich (bei uns ist das die Küche!) aufbewahrt wird. Nehmen Sie die Verzeichnisse notfalls auseinander, um sie lochen zu können, und heften Sie sie im Ringbuch ab. Benutzen Sie Übersichtsregister, die Sie in Ihrem Schreibwarengeschäft kaufen können, um die verschiedenen Verzeichnisse voneinander getrennt zu halten. Benutzen Sie für jede Rubrik ein alphabetisches Register (A bis Z) und linierte lose Blätter (oder Ringbucheinlagen) für weitere Telefonnummern.

– Für Ihre telefonischen Nachrichten legen Sie am besten einen Telefonnotizblock an. Dieser hat den Vorteil, dass Telefonnotizen an einer zentralen Stelle vermerkt werden können, und lose verlegte oder verloren gegangene Blätter so gut wie nicht mehr vorkommen. Ein Stenoblock eignet sich zum Beispiel hervorragend für Ihre Aufzeichnungen. Sie können auch Notizblätter selbst auf dem Computer erstellen und dazu ein Ringbuch im DIN-A5-Format anlegen. Wir erstellen uns immer unsere eigenen Seiten und kopieren sie dann. Sie sehen in etwa so aus:

Datum	Uhrzeit	Anliegen	Anrufer	Nachricht

Finanzen

Jede Familie hat in puncto Finanzen ihre eigenen Gepflogenheiten. Bei manchen Familien bezahlt der Mann die Rechnungen, bei anderen kümmert sich die Frau um diese Angelegenheiten. Es ist nicht so wichtig, wer die Finanzen regelt, es ist nur wichtig, dass sie geregelt werden. Nur allzu oft regiert das Geld uns anstatt wir das Geld.

Es erstaunt, bei wie vielen Familien das Geld immer noch recht locker sitzt. Wir sind es gewohnt, unsere Bedürfnisse sofort zu befriedigen. »Kaufen Sie jetzt, bezahlen Sie später!« ist der »Schlachtruf« vieler Familien von heute. Das ist jedoch ein bedenkliches Motto, und wir müssen uns der Fallen solcher Botschaften zum Thema Finanzen bewusst sein.

Wer nur von einem Einkommen lebt, muss gut mit seinem Geld haushalten können. Wir können jeden Monat nur das ausgeben, was wir haben. Wir wollen also nicht »mehr Monat als Geld« haben! Was wir auch lernen müssen, ist, unsere Wünsche nicht sofort zu befriedigen, sondern mit ihrer Erfüllung zu warten. Wir warten also mit dem Kauf bestimmter Sachen, bis wir sie uns leisten können.

Einer der besten Wege, mit einem einzigen Gehalt auszukommen, ist, sich innerhalb eines begrenzten Budgets zu bewegen.

Dies ist eine wertvolle Hilfe, um sich danach auszurichten, wie viel man im Monat und in der Woche braucht, und dann jeder Ausgabenart einen gewissen Betrag zuzuweisen. Mit dieser Vorgabe zwingt man sich, mit seinen Ausgaben innerhalb des vorgegebenen Budgets zu bleiben, und erleichtert sich die Sache auch.

Wenn zum Beispiel mein Essensbudget für die Woche 50 Euro beträgt, bin ich dafür verantwortlich, jede Woche nicht mehr als 50 Euro auszugeben. Für unsere Familie hat es sich auch als hilfreich erwiesen, nur mit Bargeld zu bezahlen. Das bewahrt uns davor, zu viel auszugeben und Schulden zu machen. Wichtig ist auch, zu wissen, dass ein Haushaltsplan flexibel ist. Wenn sich die Bedürfnisse ändern, die Kinder älter werden oder Familienzuwachs angesagt ist, kann es erforderlich werden, das Budget entsprechend anzupassen.

Einkaufen

Ich gehe nicht gerne Lebensmittel einkaufen. Ich finde es sehr zeitraubend und energieverschwendend. Nachdem ich Stunden im Laden verbracht, zwanzig Minuten an der Kasse angestanden und dann meine Einkäufe im Wagen verstaut habe, ist die Sache immer noch nicht »gegessen«. Ich muss die Waren noch ausladen und alles wegräumen, wenn ich nach Hause komme. Ich werde müde, wenn ich nur daran denke.

Einkaufen ist jedoch notwendig, um für die Bedürfnisse unserer Familien zu sorgen. Hier sind einige nützliche Tipps für Sie:

— Versuchen Sie, nicht so oft einkaufen zu gehen. Versuchen Sie, alle zwei Wochen oder einmal im Monat einen Großeinkauf zu starten, anstatt jedes Mal wegen Kleinigkeiten aufzubrechen. Als ich begann, nur noch einmal im Monat einkaufen zu fahren, reduzierte das unsere Ausgaben für Lebensmittel beträchtlich. Ich gehe noch einmal die Woche ins Geschäft, um Brot, Milch und Eier zu besorgen, aber ich gehe mit nur 15 Dollar in meinem Geldbeutel, um mich nicht zu Spontankäufen verleiten zu lassen.

- Erstellen Sie auf Ihrem Computer einen Mustereinkaufszettel, und listen Sie darauf alle Produkte in der Reihenfolge auf, in der Sie sie im Laden vorfinden. So machen Sie mehr aus Ihrer Zeit und sind weniger versucht, noch Dinge in den Wagen zu laden, an denen Sie auf Ihrem Weg durchs Geschäft sonst gar nicht vorbeigekommen wären.
- Erstellen Sie eine Einkaufsliste, und kaufen Sie nur das ein, was auf Ihrem Einkaufszettel steht! Wenn ein Artikel nicht auf der Liste steht, kaufen Sie ihn nicht.
- Essen Sie etwas, bevor Sie ins Geschäft gehen. Wenn Sie nicht hungrig sind, packen Sie sich den Einkaufswagen auch nicht mit unnötigen Süßigkeiten voll.
- Lassen Sie sich nicht durch Verkaufstricks wie »2 für 1« ködern. Wenn der Artikel, den Sie kaufen wollen, mit »2 für 5 Euro« angepriesen wird, Sie aber nur einen brauchen oder aufbrauchen können, dann kaufen Sie eben nur einen für 2,70 Euro.
- Versuchen Sie, ohne Kinder einkaufen zu gehen – vielleicht am Abend, wenn Ihr Mann auf sie aufpassen kann. Oder wechseln Sie sich mit einer Freundin ab, und passen Sie gegenseitig auf die Kinder auf. Ohne Kinder sind Sie weniger zu Spontaneinkäufen verleitet.

Mahlzeiten und Zwischenmahlzeiten

Wenn ich darüber nachdenke, wie viel Zeit ich täglich in der Küche zubringe, sehne ich mich nach dem Tag, an dem ich einmal die Küche geschlossen halten kann! Die Nahrung, die wir für unsere Familie anrichten, ist Teil unserer Sorge für ihre physischen Bedürfnisse. Das Essen zuzubereiten ist somit ein Akt der Liebe unserer Familie gegenüber.

Ich koche eigentlich nicht besonders gerne, dafür backe ich recht gerne. Ich habe für mich einen Weg gefunden, die einundzwanzig Mahlzeiten und Dutzende von Zwischenmahlzeiten, die ich jede Woche zuzubereiten habe, besser zu koordinieren. Vielleicht bringen die folgenden Anregungen Sie ja auf ganz neue Gedanken:

- Versuchen Sie es einmal mit einem monatlichen Essensplan. Nehmen Sie sich einen unbeschriebenen Kalender zur Hand und planen Sie die Mahlzeiten für den Monat. Erstellen Sie ausgehend von Ihrem Essensplan eine Einkaufsliste. Vergessen Sie nicht, Tage zum Resteessen einzuplanen und an besonders stressigen Tagen Pizza zu bestellen!
- Kochen Sie in größeren Portionen. Wenn Sie zum Beispiel Nudelauflauf machen, machen Sie nicht nur eine Form – machen Sie zwei, drei oder sogar vier! Die zusätzlichen Portionen können Sie für später einfrieren.
- Legen Sie einmal im Monat einen Kochtag ein, an dem Sie möglichst viele Mahlzeiten zubereiten und einfrieren.
- »Kochen unter Freunden« heißt eine beliebte Idee. Fangen Sie doch einmal an, sich mit anderen Familien oder Freunden zusammenzuschließen und sich beim Kochen abzuwechseln. Jeder kocht eine größere Menge für alle (die anderen holen sich ihr Essen ab) und wird dann dafür selber von den anderen reihum bekocht.
- Fangen Sie mit den Vorbereitungen zum Abendessen schon beim Frühstück an. Warten Sie nicht bis 16 Uhr damit, sich etwas zu überlegen. Gewöhnen Sie sich an, Teile des geplanten Gerichts schon früh am Tag vorzubereiten. So kann das Essen bei Bedarf rechtzeitig aufgetaut werden, und Sie stellen sicher, dass Sie alle notwendigen Zutaten zur Hand haben, wenn Sie mit dem Kochen beginnen wollen.
- Zeigen Sie Ihren Kindern, wie sie Ihnen in der Küche helfen können. Sobald sie alt genug sind, bringen Sie ihnen das Kochen bei. Lassen Sie sich beim Zubereiten der Mahlzeiten immer über die Schulter schauen. Wenn sie alt genug sind, erlauben Sie ihnen, komplette Menüs zu kochen.

Backen
- Backen Sie jeweils die doppelte Menge, wenn Sie einen schnellen Rührkuchen zubereiten (Marmor, Sand, Mohn), und frieren Sie die überzähligen Kuchen ein. Sie haben zweimal so viele Köstlichkeiten und nur die Hälfte des Aufwands!
- Nehmen Sie die doppelte Menge an Plätzchenteig. Geben Sie den Teig löffelweise oder zu Kugeln geformt auf ein Back-

blech. Legen Sie die Plätzchen, bis sie hart sind, in die Gefriertruhe. Füllen Sie dann die ungebackenen, gefrorenen Plätzchen in einen Gefrierbeutel. Sie können sie je nach Bedarf herausnehmen und daraus frische, selbst gemachte Plätzchen backen, ohne jedes Mal Mehl und Zucker zu verstreuen.

– Bringen Sie Ihren Kindern, wenn sie alt genug sind, das Backen bei. Zeigen Sie ihnen, wie sie die Zutaten abmessen und mischen können. Vergessen Sie auch nicht, ihnen beizubringen, dass es wichtig ist, die Küche wieder in Ordnung zu bringen!

Haus

Der Zustand unseres Zuhauses ist eine Sache der persönlichen Vorliebe. Manche saugen jeden Tag Staub, andere nur einmal die Woche. Einige stauben wöchentlich ab, andere stören sich nicht an ein paar Staubkörnchen und stauben lieber nur zweimal im Monat ab oder je nach Bedarf.

Ein gesundes Maß an Sauberkeit ist wichtig für das allgemeine Wohlbefinden der Familie. Unser Ziel sollte dabei sein, Krankheitskeime in Schach zu halten und ein relativ komfortables Wohnumfeld für unsere Familie und die gelegentlichen Gäste zu schaffen.

Eine kluge Frau sagte einmal: »Ein perfektes Haus ist das Zeichen für ein vergeudetes Leben.« An diesen Satz können Sie sich vielleicht erinnern, wenn Sie sich Sorgen machen, weil Ihr Haus nicht perfekt sauber ist. Er bringt auch die richtige Einstellung zur Hausarbeit zum Ausdruck. Wir vergeuden in der Tat Zeit, wenn wir nur danach bestrebt sind, das Haus perfekt aussehen zu lassen.

Unsere Müttergruppe hat vor kurzem das Thema der Haushaltsführung und der damit verbundenen Probleme behandelt. Im Folgenden sind einige Vorschläge aufgeführt, die wir zusammengetragen haben.

Putzen
– Ein aufgeräumtes Haus oder eine aufgeräumte Wohnung sieht sauber und ordentlich aus, aber ein unordentliches, vollge-

stopftes Haus sieht immer dreckig aus. Halten Sie Ordnung, räumen Sie auf, und Sie werden die meiste Zeit über den Eindruck haben, dass das Haus sauber und adrett aussieht.

- Nehmen Sie sich an einem Tag nur ein oder zwei Putzaktionen vor, anstatt das ganze Haus oder die Wohnung auf einmal zu schrubben. Das ist besonders zu empfehlen, wenn Sie kleine Kinder und wenig Zeit haben.
- Wenn Sie jedoch alles an einem Tag putzen wollen, schalten Sie das Telefon ab. Schalten Sie die Stereoanlage ein, und arbeiten Sie so konzentriert, wie es eben einer Mutter mit Kindern zu Hause möglich ist.
- Geben Sie den Kindern ihr eigenes Staubtuch und lassen Sie sie helfen.
- Zeigen Sie den Kindern, wie sie für ihr Zuhause sorgen können, wenn sie alt genug sind, Verantwortung dafür zu übernehmen. Nehmen Sie sich die Zeit, ihnen beizubringen, wie sie jede Aufgabe angehen können. Sie können nicht von ihnen erwarten, dass sie gleich alles können. Sie müssen es ihnen zuerst beibringen. Das kostet zwar Zeit, aber diese Investition wird sich später bezahlt machen.
- Teilen Sie Ihren Hausputz in vier Bereiche auf: Küche, Abstauben, Fußboden (wischen und saugen) und Badezimmer. Nehmen Sie sich nicht mehr als eine Aufgabe auf einmal vor!

Wäsche
- Bringen Sie Ihren Kindern schon in jungen Jahren bei, die Wäsche zu sortieren. Unser vierjähriger Sohn Austin hilft mir jede Woche mehrmals dabei.
- Machen Sie sich einen Plan, was am besten für Sie funktioniert: eine oder zwei Ladungen Wäsche jeden Tag zu waschen oder die Wäsche an einem einzigen Tag in der Woche hinter sich zu bringen.
- Beten Sie für denjenigen, dessen Wäsche Sie gerade zusammenlegen.
- Räumen Sie die Wäsche weg, sobald sie zusammengelegt ist. (Oder noch besser: Bitten Sie den Betreffenden, seinen eigenen Stapel ins Zimmer zu tragen und selbst wegzuräumen!) Dadurch bleiben die Kleider an ihrem Platz und

stapeln sich nicht im Schlafzimmer, Wäschezimmer oder im Wäschekorb.

– Sollten Sie einmal eine Ladung Wäsche im Trockner vergessen haben und die Wäsche hat schon Falten bekommen, besprühen Sie sie einfach mit einer Sprühflasche Wasser, und trocknen Sie sie 10-15 Minuten nach. Die meisten Falten lassen sich dadurch wieder wegzaubern.

– Bringen Sie Ihren Kindern bei, die Wäsche zu waschen, und bitten Sie sie um ihre Mithilfe, wenn sie können. Das ist eine wertvolle Lektion für später.

– Erklären Sie Ihren Kindern, wie sie die Wäsche zusammenlegen können. Lassen Sie sie es so oft wie möglich selber machen.

Es geht auch einfacher!
– Misten Sie regelmäßig Ihre Schubladen und Schränke aus, und geben Sie Dinge weg oder verschenken Sie sie. Je weniger Sie zu verwalten haben, desto einfacher ist es, alles sauber und ordentlich zu halten.

– Geben Sie Ihren Kindern Müllbeutel, damit sie ihre Zimmer regelmäßig ausmisten und sauber machen können. Verteilen Sie Preise für die gelungenste Verbesserung!

– Gehen Sie kreativ mit Ihrer Zeit um! Während Sie sich am Telefon unterhalten, können Sie eine oder zwei Schubladen (im Schlafzimmer, in der Küche oder im Badezimmer) von unnötigem Ballast befreien.

– Wenn Sie Dinge für einen (Garagen-)Flohmarkt aufheben wollen, bewahren Sie sie nicht im Wohnbereich auf. So sind Sie (und die Kinder) nicht verleitet, sie impulsiv wieder hervorzukramen.

– Wenn Sie die Dinge nicht für einen Flohmarkt aufbewahren wollen, schaffen Sie sie so schnell wie möglich aus dem Haus. Werfen Sie sie weg oder halten Sie eine Schachtel (vielleicht im Kofferraum Ihres Autos) bereit, die Sie schnell mal ausladen und regelmäßig bei der Heilsarmee, einem Missions- oder Hilfswerk oder Secondhandladen etc. vorbeibringen können. Kleiderspenden werden oft auch von Kirchengemeinden eingesammelt oder von karitativen Einrichtungen (wie den von Bodelschwinghschen Anstalten in Bethel) entgegengenommen.

- Wenn Sie etwas nicht mehr anziehen, sortieren Sie es aus.
- Wenn die Kinder etwas nicht anziehen, tun Sie es weg – egal, wie süß es ist oder wer es ihnen geschenkt hat! Kinder haben ihre eigenen Ansichten über Kleidung (gerade wenn sie älter werden!). Folgen Sie ihrem Geschmack, und tun Sie die Kleider, die sie nicht anziehen, aus ihren Schubladen und Schränken.

Stellen Sie Ihr Muttersein vor Ihre hausfraulichen Pflichten

In diesem Kapitel ging es um die praktische Seite der Haushaltsführung. Behalten Sie jedoch Ihr berufliches Ziel im Auge: einen gesunden Nährboden zu schaffen, auf dem familiäre Beziehungen wachsen können. Wenn Sie zu beschäftigt sind, um Ihrem Kind ein Buch vorzulesen, weil Sie unbedingt eine perfekte Hausfrau sein müssen, dann haben Sie Ihre Mitte verloren. Wenn Sie wütend sind, weil Ihr Kind seine Hemdchen nicht korrekt zusammengelegt hat, waren Sie mehr auf Perfektion erpicht als auf die Unterweisung und Unterrichtung Ihrer Kinder. Wenn Sie so viel Wert auf Ordnung und Sauberkeit legen, dass Sie Ihrem Kind nicht ab und zu erlauben, mit Knete zu spielen, dann haben Sie es mit Ihrem Haushalt auf die Spitze getrieben. Beachten Sie bei Ihrer Haushaltsführung den Unterschied zwischen ordentlich und fanatisch. Nutzen Sie die entsprechenden Momente, um Ihren Kindern die Fertigkeiten der Haushaltsführung mit auf den Weg ins Erwachsenenalter zu geben.

Wissen Sie noch, was meine Freundin über das Haushalten gesagt hat? »Jeder kann einen Haushalt führen. Aber nicht jeder macht sich die Mühe, ein Zuhause zu schaffen.« Wenn Ihnen etwas an Ihrem Karrieretraining und Ihrer beruflichen Weiterentwicklung liegt, verbinden Sie Ihre Prioritäten in puncto Beziehungen mit Ihren Fertigkeiten bei der Haushaltsführung, um ein Zuhause zu schaffen, das Liebe und Geborgenheit für alle ausströmt, die darin ein- und ausgehen.

Zum Weiterdenken

Wenn Sie zu viel Unordnung bei sich feststellen, nehmen Sie sich ein paar Minuten Zeit, um einige der Gegenstände in Ihrem Haus oder ihrer Wohnung auszumachen, die kein »Zuhause« haben. Geben Sie jedem davon ein Plätzchen und sagen Sie das auch den anderen in der Familie weiter.

Welche finanziellen Ziele verfolgen Sie, die Sie erreichen könnten, wenn die Ausgaben besser durch ein geplantes Budget geregelt wären?

Welche Ziele haben Sie im Hinblick auf die praktischen Fertigkeiten der Haushaltsführung?

Wie können Sie Ihre zwischenmenschlichen Fähigkeiten ausbauen, um Ihr Haus für alle zu einem Zuhause zu machen?

KAPITEL 16

Ein glänzender Lebenslauf

Noch zwei Wochen bis zu meinem Collegeabschluss! Der Küchentisch war übersät mit Papieren, die verstreut vor mir lagen: einer Zeugnisabschrift, einer Liste meiner beruflichen Erfahrungen, einigen Auszeichnungen und Bescheinigungen. Ich wollte alles bündeln, zu Papier bringen und meine Qualifikationen für eine Bewerbung ordentlich präsentieren. Ich war dabei, meinen Lebenslauf zu verfassen.

Doch was macht einen guten Lebenslauf aus? Da ist die Zusammenstellung persönlicher Daten, Arbeitsstellen und ehrenamtlicher Tätigkeiten und die Auflistung bestimmter Leistungen, die durch einige Referenzen zum Charakter des Betreffenden ergänzt werden. Der Lebenslauf dient als Dokument, das gezielt in Kurzform über die Fähigkeiten, Talente, den Ausbildungs- und Kenntnisstand des Bewerbers informiert. Wenn wir den Mutterberuf ernst nehmen, müssen wir Managementfähigkeiten und organisatorisches Geschick zum Einsatz bringen. Wir werden zu Beziehungsspezialisten. Unsere Fähigkeit, uns klare Ziele zu setzen, verbunden mit unserer Beharrlichkeit, an einer Arbeit dranzubleiben, zeugen von Engagement und Verbindlichkeit. Die Jahre, die eine Frau im Mutterberuf verbracht hat, verhelfen ihr zu einem glänzenden Lebenslauf!

Rücken Sie Ihre Perspektive zurecht!

Ich habe das Buch mit der Aufforderung begonnen, die Jahre, die wir als Mütter zu Hause verbringen, in einem neuen Licht zu sehen. Der Ausdruck »Beruf« wurde durchgängig in jedem Kapitel verwendet. Nachdem die Kinder aus dem Haus sind, haben wir zwei Möglichkeiten: entweder im gleichen Arbeitsgebiet weiterzuarbeiten oder den Job zu wechseln. Wenn wir einen Wechsel zu einem neuen Lebensabschnitt vollziehen, müssen wir jedoch im Auge behalten, dass das Muttersein ein wertvoller Beruf ist. Wir müssen uns als die Profis darstellen, die wir auch sind, damit die Gesellschaft beginnt, ihre Sichtweise über Vollzeitmütter zu ändern.

Die meisten, die dieses Buch lesen, denken vermutlich noch nicht viel über den nächsten Lebensabschnitt nach. Sie befinden sich mitten im Alltag – inmitten klebriger Küchenfußböden, von Wäschebergen und nie enden wollender Fahrtermine. Die einzige Zeit, in der ich mir Gedanken über das leere Nest mache, ist dann, wenn ich tagsüber davon träume, einige Augenblicke für mich ganz alleine zu haben. Dann wache ich auf und die Realität holt mich wieder ein.

Wir brechen uns aber keinen Zacken aus der Krone, wenn wir anfangen, darüber nachzudenken, welches unsere Ziele sein werden, wenn wir zur nächsten Phase in unserem Leben übergehen. Was haben wir für Möglichkeiten? Was wollen wir dann tun? Welche Erfahrungen bringen wir mit für diesen neuen Abschnitt in unserem Leben?

Auch hier haben wir die Wahl. Wir können wieder einer bezahlten Arbeit nachgehen oder noch einmal die Schulbank drücken. Einige überlegen sich vielleicht, zu Hause zu bleiben, weil sie den Beruf der Hausfrau, Großmutter, Nachbarin und Freundin ernst nehmen wollen. So viele Möglichkeiten liegen vor uns!

Nicht nur ein Job, sondern ein Abenteuer!

Wenn wir uns dazu entschließen, wieder in ein bezahltes Arbeitsverhältnis einzusteigen, stehen uns zwei Wege offen. Einige werden in ihren alten Beruf zurückkehren. Durch die Jahre, die wir in unser Familienleben investiert haben, hat sich unser Erfahrungshorizont erweitert, und wir haben an Weisheit und Weitblick gewonnen, wenn wir wieder unseren früheren Beruf ergreifen. Vielleicht ist es erforderlich, uns fortzubilden und unsere Kenntnisse aufzufrischen – und uns wieder an feste Arbeitszeiten zu gewöhnen.

Andere haben vielleicht noch nie im Beruf gestanden, bevor sie den Beruf der Mutter ergriffen. Muttersein ist alles, was sie kennen. Oder sie haben in einem Beruf gearbeitet, möchten sich aber ein neues Betätigungsfeld suchen. Der Beruf des Mutterseins hat uns mit einer Vielzahl von Arbeitserfahrungen vertraut gemacht. Von Cindy Hays, die früher einen Buchladen besaß, hörte ich, dass sie bei der Auswahl ihrer Angestellten oft wunderbare Ergebnisse erzielte, wenn sie eine Frau einstellte, die sich dem Mutterberuf verschrieben hatte. »Aus meiner Erfahrung als Arbeitgeberin sind Mütter Frauen, die über ausgezeichnete Management- und gute organisatorische Fähigkeiten verfügen. Sie sind verantwortungsbewusste, zuverlässige Angestellte«, so Cindy.

Wieder die Schulbank zu drücken, kann auch eine Alternative darstellen. Dr. Brenda Hunter, eine beliebte Rednerin bei *Hearts at Home*, ging zurück an die Uni, um ihren Doktor zu machen, als ihre Töchter schon fast den Teeniejahren entwachsen waren. Sie hat mehrere Bücher verfasst. Sie hat als Psychotherapeutin, Autorin und Referentin das Leben vieler nachhaltig beeinflusst. Das alles geschah erst, als die Kinder groß waren.

Phyllis Schlafly, Mutter von sechs Kindern, gründete 1972 im Alter von einundfünfzig Jahren in den USA das *Eagle Forum*, eine nationale, konservative politische Organisation. Mehr als zwanzig Jahre setzte sie sich in Washington für die traditionellen Werte und die Bedeutung der Familie ein.

Viele Frauen machen noch Karriere, wenn sie ins Berufsleben zurückkehren. Es ist auch möglich, mehrere berufliche Laufbahnen in einem Leben unterzubringen!

Zu Hause bleiben

Viele Frauen entscheiden sich aber auch, weiterhin zu Hause zu bleiben, nachdem die Kinder ausgezogen sind. Die Zeit, die sie mit der Erziehung der Kinder verbracht haben, kann nun in neue Beziehungen investiert werden. Unsere Gesellschaft braucht dringend Vorbilder, die ihre Erfahrungen mit anderen teilen, und fürsorgliche Menschen, die ihre Liebe an ihre Mitmenschen weitergeben! Mehr und mehr Familien sind räumlich von ihren Verwandten getrennt, und daher steigt der Bedarf an Frauen, die »Mütter bemuttern«. In Schulen, Kirchengemeinden und Vereinen sucht man händeringend nach Ehrenamtlichen. Der Wert einer Großmutter, die sich zur Verfügung hält, darf nicht unterschätzt werden. Daneben fehlt es auch sehr an Nachbarn und Freunden, die in unserer heutigen schnelllebigen Gesellschaft anderen ihre Zeit schenken können.

Es ist eine durchaus akzeptable Möglichkeit, zu Hause zu bleiben, nachdem unsere Kinder aus dem Haus sind. Wir brauchen in unserem Leben Menschen, die Zeit haben, sich um andere zu sorgen. Ihre Erfahrung ist ein wertvoller Schatz, den sie mit anderen teilen können.

Das meiste aus unseren Erfahrungen machen

Mit das Wichtigste, wenn wir uns Gedanken über unser Leben nach dem Mutter- und Hausfrausein machen, ist die Wertschätzung für diesen Beruf. Ein Lebensabschnitt als Vollzeitmutter ist eine Zeit, die reich an Erfahrung ist. Es ist eine Zeit im Leben, in der sowohl die körperlichen als auch die intellektuellen Fähigkeiten bis zum Äußersten beansprucht werden. Das ergibt einen eindrucksvollen Lebenslauf, der von Wissen und Erfahrung zeugt.

Wenn wir wieder einer bezahlten Arbeit nachgehen, sollten wir nicht meinen, uns für die Jahre als hauptberufliche Mutter entschuldigen zu müssen. Tun Sie die Jahre nicht einfach ab, in denen Sie die Pfadfindergruppe Ihres Sohnes geleitet haben. Sie haben dabei wertvolle Konfliktlösungsstrategien und einen großen Einfallsreichtum erworben. Vergessen Sie auch nicht die Jahre, in denen Sie bei der Hausaufgabenbetreuung der Grundschule mitgearbeitet haben. Ihre Unterrichtserfahrungen werden für alles, was Sie später einmal tun werden, einen reichen Erfahrungsschatz darstellen. Ihre Tätigkeit als Lehrerin, Managerin und Förderin der Kinder wird sich hervorragend in Ihrem Lebenslauf ausnehmen!

Als Mutter sind Sie auch zu einer erfahrenen Fürsorgerin geworden. Fürsorgekräfte für Kinder wie auch kranke und alte Menschen sind sehr gefragt. Jahre, die Sie dem Mutterberuf gewidmet haben, sind gut investierte Jahre!

Der beste Job der Welt

Der Beruf der Mutter ist in der Tat einer der einflussreichsten Jobs, den es gibt. Wir beeinflussen nicht nur das Leben unserer Kinder, sondern auch das unserer Enkel und Urenkel und der noch folgenden Generationen. Was wir heute tun, wird Auswirkungen auf das Leben derer nach uns haben.

Wenn wir nach einer neuen Definition von Leistung suchen, müssen wir unser Augenmerk auf die langfristigen Ziele richten und nicht auf die Kurzzeitaufgaben.

Wenn wir unseren Wert in Christus verstehen, finden wir unseren Selbstwert.

Wenn wir lernen, auf uns selbst zu achten, finden wir unser Gleichgewicht inmitten der täglichen Anforderungen.

Wenn wir eine Familie aufbauen, die ehezentriert ist, geben wir unseren Kindern den Halt, den sie brauchen.

Wenn uns die Notwendigkeit bewusst wird, eine Gemeinschaft von Müttern aufzubauen, investieren wir in das Leben von anderen.

Wenn wir die Werkzeuge für unseren Beruf professionell anwenden, sind wir für den Job besser ausgerüstet.

Wenn wir unsere Freundschaft mit Gott festigen, legen wir das Fundament für unser Karrieretraining und unsere berufliche Weiterentwicklung.

Wenn wir unsere elterliche Verantwortung ernst nehmen, machen wir Fortschritte im Umgang mit unseren Kindern.

Wenn wir den äußerlichen und manchmal profanen Pflichten der Haushaltsführung nachkommen, finden wir Freude daran, aus unserem Zuhause einen Ort der Geborgenheit für unsere Familie zu machen.

All das verschafft uns einen reichen Schatz an Lebenserfahrung – an Erfahrung, die in das Berufsleben außer Haus eingebracht werden kann, und an Erfahrung, die weiterhin zu Hause genutzt werden kann.

Vielleicht haben Sie nun einen neuen Blick dafür gewonnen, wie wertvoll und wirkungsvoll es sein kann, einen Lebensabschnitt als Mutter zu Hause zu arbeiten. Es gibt keinen besseren Job als den, der in das Leben anderer Menschen investiert. Der Mutterberuf ist ein wertvoller Beruf. Ich möchte nichts anderes tun.

Ein Wort an den Mann,
dessen Frau von Beruf Mutter ist

Hearts at Home möchte als Organisation Frauen, die den Job der Ehefrau und Mutter ernst nehmen, ermutigen und zurüsten. Meistens haben wir dabei mit den Frauen selbst zu tun. Gelegentlich haben wir aber auch die Möglichkeit, mit ihren Männern ins Gespräch zu kommen.

Wir hoffen, dass Ihre Frau das vorliegende Buch gerne gelesen hat. Ich bete darum, dass es ihr neue Horizonte eröffnet und Ermutigung geschenkt und sie besser für einen der wichtigsten Jobs der Welt ausgerüstet hat. Unsere Organisation stellt eine Vielzahl von Materialien zur Verfügung, die Ihre Frau unterstützen können. Nichts wird ihr jedoch mehr bedeuten als die Ermutigung, die sie von Ihnen bekommt. Viele Männer wissen nicht, wo sie ansetzen sollen, um ihrer Frau ihre Wertschätzung mitzuteilen. Nachfolgend finden Sie einen Brief, den unsere Organisation erhalten hat. Vielleicht hilft er Ihnen ja dabei, den einzigartigen Job, dem sich Ihre Frau verpflichtet hat, sowie die einzigartigen Bedürfnisse, die sie hat, zu verstehen.

Liebe Freunde von *Hearts at Home*,

meine Frau ist eine Vollzeit-Familienfrau. Sie macht ihre Sache ganz wunderbar, schafft für uns ein warmes, einladendes Zuhause und widmet sich ganz der Verantwortung, unser Familienleben zu organisieren. Manchmal habe ich jedoch den Eindruck, dass sie meint, ich würde das alles nicht genug würdigen. Haben Sie irgendwelche Vorschläge, wie ich ihr zeigen kann, dass ich sie wertschätze?

Scott

Lieber Scott,

ich freue mich, dass Sie diese Frage gestellt haben! Ich wünschte nur, dass noch mehr Männer darauf kämen. Hier sind einige Anregungen, die Ihnen helfen sollen, Ihre Wertschätzung Ihrer Frau gegenüber zum Ausdruck zu bringen:

1. *Sagen Sie's!* Umarmen Sie sie nach dem Abendessen und sagen Sie ihr, wie sehr Sie ihre Mühe und Arbeit schätzen. Wenn sie das nächste Mal die Wäsche fertig hat, danken Sie ihr, dass sie diese profane Arbeit erledigt hat. Wenn das Haus oder die Wohnung geputzt ist, sagen Sie ihr, wie großartig alles aussieht. Mit anderen Worten, kommentieren Sie regelmäßig die Arbeit, die sie verrichtet und die die meisten Menschen für selbstverständlich halten (Kochen, Waschen, Putzen usw.). Auch wenn sie einmal einen schlechten Tag hatte, an dem die Kinder anstrengend waren oder Hausarbeiten liegen geblieben sind, erinnern Sie sie an den Wert des Mutterberufes. Sagen Sie ihr, wie sehr Sie ihr Engagement für die Familie zu schätzen wissen.

2. *Gönnen Sie ihr eine Sonderzuwendung.* Hausfrauen verdienen natürlich kein Geld, aber Sie können Ihrer Frau immerhin etwas extra geben. Vielleicht können Sie ihr etwas von Ihrer Zeit geben. Nur ein einfaches »Ich nehme die Kinder mit in den Park. So kannst du mal ein Stündchen für dich sein. Du verdienst es«, kann wahre Wunder wirken.

3. *Teilen Sie ihr mit, wie gut Sie es finden, dass sie zu Hause ist.* Sagen Sie ihr, wie sehr Sie es zu würdigen wissen, dass sie darum bemüht ist, aus Ihrem Zuhause einen Ort der Geborgenheit und Ermutigung zu schaffen. Danken Sie ihr dafür, dass sie die Kinder fördert und unterweist und für sie in Reichweite ist. Helfen Sie ihr, die richtige Perspektive im Blick auf die kurze Zeit, in der die Kinder zu Hause sind, beizubehalten. Zeigen Sie ihr, wie wichtig es ist, von dieser Zeit in ihrem Leben zu profitieren.

4. *Sprechen Sie über ihr Bedürfnis nach Kommunikation mit anderen Erwachsenen, und unterstützen Sie sie bei der Verwirklichung eigener Ziele.* Einer Mutter, die mit kleinen Kindern zu Hause ist, kann es sehr gut tun, wenn sie einen Abend die

Woche für sich hat. Es belebt sie, Zeit alleine oder mit einer Freundin zu verbringen. Das erhält ihre Individualität in einer Zeit, die oft an der eigenen Energie und Identität zehrt.

5. *Unterstützen Sie sie bei Arbeiten im Haushalt, wenn Sie zu Hause sind.* Dadurch kommt der Teamgedanke bei Ihnen zu Hause ins Spiel, und es besteht nicht die Gefahr, dass Lasten ungleich verteilt werden.

6. *Sprechen Sie mit ihr! Sprechen Sie mit ihr! Sprechen Sie mit ihr!* Erzählen Sie ihr, wie Ihr Tag war, und fragen Sie, wie der ihre gewesen ist. Hören Sie mit Ihren Augen zu, sehen Sie sie an. Ihr Gespräch mit ihr wird ihren emotionalen Tank füllen.

7. *Gehen Sie regelmäßig mit ihr aus.* Eine wöchentliche oder zweiwöchentliche Verabredung sagt ihr: »Du bist mir wichtig. Unsere Beziehung ist mir wichtig.« Ein gemeinsamer Tapetenwechsel einmal im Jahr kann auch diesen Zweck erfüllen.

8. *Ermöglichen Sie es ihr regelmäßig, an einer christlichen Frauenkonferenz oder einem Fortbildungsseminar teilzunehmen oder ein Verwöhnwochenende einzuschieben. Abonnieren Sie eine Frauenzeitschrift oder Andachtshilfe für sie.* Durch eine größere Veranstaltung oder Konferenz findet sie bleibende Unterstützung in ihrem Beruf und kommt persönlich weiter. Wenn sie einmal ausspannen kann, wird sie ihre Aufgaben mit neuem Schwung angehen. Die Publikationen sind ihre Fachzeitschriften für den Beruf und dienen ihrer Fortbildung. Sie ermutigen sie sehr in dem Job, den sie tut.

Im aktiven Arbeitsverhältnis findet man in dem Maße Befriedigung in seinem Beruf, wie man meint, etwas geleistet zu haben. Diese hängt auch vom Verhältnis zu den Kollegen, der Bezahlung und den sonstigen Zuwendungen ab. Genauso verhält es sich mit der Arbeit zu Hause. Was das Leistungsbewusstsein angeht, lernt eine Frau, ihre Erwartungen entsprechend anzupassen und zwanzig Jahre nach vorne zu blicken, um ihre Leistungen beurteilen zu können. Anstatt eines regelmäßigen Gehaltsschecks erhält sie ihre Vergütung in Umarmungen, Küssen und Streicheleinheiten auf der Couch.

Anstatt finanzieller Zuwendungen erhält sie Zuwendung in Beziehungen. Statt ihrer Kollegen hat sie einen Geschäftspartner – ihren Mann –, dessen Unterstützung und Ermutigung für sie alles in der Welt bedeutet!

Es grüßt Sie von *Hearts at Home*

Jill Savage, Gründerin und Direktorin

Meine beruflichen Ziele

Wenn Sie nun ein umfassenderes Bild vom Beruf einer Mutter gewonnen haben, nehmen Sie sich Zeit, um für sich einige berufliche Ziele festzulegen. Ausgehend von Ihrem Lebensmotto und Ihrer Prioritätenliste (siehe Kapitel 3) fangen Sie an, sich Ziele für Ihre Beziehung zu Gott, Ihre physischen und emotionalen Bedürfnisse, Ihre Ehe und Ihre Kinder zu setzen. Nachfolgend finden Sie eine Übersicht. Sie können sich aber auch selbst eine Gedankenstütze auf dem Computer oder einem separaten Blatt Papier erstellen.

Wenn Sie sich noch nie die Zeit genommen haben, sich auf bestimmte berufliche Ziele festzulegen, kann das einige Zeit in Anspruch nehmen. Es ist aber Zeit, die gut angelegt ist, da Ziele einem helfen können, das endgültige Ziel vor Augen zu behalten, auf das wir zugehen. Ohne Ziele irren wir oft orientierungslos umher, von einem dringenden Anlass zum nächsten. Wir gestalten unsere Beziehungen nicht mehr aktiv. Ein Lebensmotto und die damit verbundenen Ziele helfen uns, unsere Perspektive nicht aus dem Auge zu verlieren und das Gleichgewicht in unserem Leben zu behalten.

Beginnen Sie mit einem Gebet, und bitten Sie Gott, Ihren Kopf frei zu machen für sein Reden. Überprüfen Sie regelmäßig Ihre Ziele. Unser Leben ändert sich fortwährend, und unsere Ziele sollten diese Veränderungen widerspiegeln.

Bewahren Sie Ihre Liste mit Ihren Zielen so auf, dass sie einfach einsehbar ist. Stecken Sie sie in Ihren Zeitplaner, heften Sie sie an die Pinnwand oder bewahren Sie sie in Ihrer Bibel auf. Werfen Sie oft einen Blick auf die Liste, damit Ihre Zukunftsvision klar und Ihr Verstand scharf bleibt.

Meine geistlichen Ziele (Kapitel 4 und 13)

Lebensziele:

Jahresziele:

Monatsziele:

Tagesziele:

Meine persönlichen Ziele (physisch und emotional) (Kapitel 1-3 und 6-12 und 16)

Lebensziele:

Jahresziele:

Monatsziele:

Tagesziele:

Meine Ziele für meine Ehe (Kapitel 5 und 7)

Lebensziele:

Jahresziele:

Monatsziele:

Tagesziele:

Meine Ziele als Mutter (Kapitel 7-12 und 14)
(Sie können diese Zielvorstellungen auch aufgliedern in jeweils separate Ziele für jedes Kind.)

Lebensziele:

Jahresziele:

Monatsziele:

Tagesziele:

Ressourcen für Mütter daheim

Wer die englische Sprache beherrscht und sich interessiert, findet hier das Material und die Ansprechpartnerinnen von *Hearts at Home* (die Organisation ist in Deutschland noch nicht vertreten): www.hearts-at-home.org

Postanschrift: *Hearts at Home,* 900 W.College Ave., Normal, IL 61761, USA

Deutsche christliche Organisationen, die Seminare für Eltern anbieten:

Team.F – Neues Leben für Familien e.V., Berliner Str. 16, 58511 Lüdenscheid,
Tel. 02351-81686, Fax 02351-80664. Internet: www.nlff.de

Standup e.V. Gesundheitsstr. 38, 42699 Solingen. Tel. 0212-66746.

Organisationen für Hausfrauen und Mütter:

Frauenfrühstückstreffen richten sich zwar nicht in erster Linie nur an Mütter, aber natürlich sind viele der Teilnehmerinnen Familienfrauen. Erkundigen Sie sich in Ihrer Kirchengemeinde, ob sie vor Ort regelmäßig stattfinden. In der Schweiz werden die Treffen auch zentral organisiert: Frühstückstreffen von Frauen für Frauen, Oberalpstr. 35, 7000 Chur. Tel. 081-2848472. E-Mail: frauenfruehstueck@cfc.ch

Mütter in Kontakt: www.mik.here.de

Hausfrauenbund: Deutscher Hausfrauen-Bund, Koblenzer Str. 21, 10715 Berlin, Tel. 030-8 54 44 48. Internet: www.hausfrauen-bund.de

Verband allein erziehender Mütter und Väter (VAMV): Bundesverband e.V., Beethovenallee 7, 53173 Bonn. Internet: www.paritaet.org/vamv

Zusätzlich empfohlene Materialien (thematisch aufgelistet)

Besondere Bibeln mit Andachtshilfen:

Stille-Zeit-Bibel. Elberfelder oder Luther-Übersetzung. R. Brockhaus, 2000.

Die Bibel. Aufatmen mit Gottes Wort. Luther-Übersetzung. R. Brockhaus, 2001.

Ein-Minuten-Impulse für die beste Mutter der Welt. Hoffnung-für-alle-Übersetzung. Brunnen, 2000.

Andachtsbücher / geistliches Leben:

Bill Hybels: Aufbruch zur Stille. Von der Lebenskunst, Zeit für das Gebet zu haben. Projektion J, 3. Aufl. 2000.

Patsy Clairmont, Barbara Johnson u.a.: Freudensprünge. 90 geistliche Impulse für Frauen. Oncken, 2. Aufl. 2000.

Pam Vredevelt: Cappuccino für die Seele. Was Ihnen wohl tut und neue Kräfte gibt. Oncken, 2002

Margaret L. Hammer: In dir wächst ein Wunder. Texte für Frauen, die mit Leib und Seele Mutter werden. R. Brockhaus, 1999.

Haushaltsführung

Sandra Felton: Schritt für Schritt aus dem Chaos. Das Arbeitsbuch für Messies. Brendow, 1999.

Regina Hilsberg: Mehr Zeit für die Familie. Wie Sie den Alltag richtig organisieren. Rowohlt, 1999.

Bianka Bleier / Birgit Schilling: Just simplify. So vereinfachen Sie Ihren Haushalt und gewinnen Zeit fürs Wesentliche. R. Brockhaus, 2002.

Zeitplanung
Bianka Bleier: Mein Jahr 2002 (2003). Kalender-Tagebuch. R. Brockhaus. Tempus-Zeitplansysteme. Postfach 1420, 89529 Giengen, Tel. 01805-250110.

Internet: www.tempus.de

Ehe
Stormie Omartian: Mein Gebet macht uns stark. Was geschieht, wenn Frauen für ihren Mann beten. Oncken, 3. Aufl. 2000.

Mike Mason: Das Geheimnis der Ehe. Die geistliche Dimension des gemeinsamen Lebens. R. Brockhaus, 2001.

Clifford und Joyce Penner: Glücklich intim. Erfüllte Sexualität mit meiner Frau. Hänssler, 2001.

Neil Clark Warren: Alles Lambada. Es darf ruhig Spaß machen, verheiratet zu sein. R. Brockhaus, 2002.

Erziehung
Family. Das christliche Magazin für Partnerschaft und Familie. Bundes-V.

Annemarie Pfeifer: Erziehen mit Liebe und Konsequenz. Wie Sie im Familienleben Weichen stellen. Oncken, 2. Aufl. 2001.

Steve Biddulph: Das Geheimnis glücklicher Kinder. Beust/ PRO, 12. Aufl. 1999.

Jan-Uwe Rogge: Kinder brauchen Grenzen. Rowohlt, 2001.

Medien / Teenies
Christoph Zehendner / Claudia Filker: Surfen, chatten, spielen, zappen. Wie Sie die Welt Ihrer Kinder besser verstehen. Oncken, 2001.

Einen Überblick über deutschsprachige christliche Radioprogramme finden Sie unter: www.erf.de

Der ERF (Evangeliumsrundfunk) sendet rund um die Uhr live über das Internet.

Eine christliche Internetagentur gibt es unter dem Namen CINA (www.cina.de); eine christliche Suchmaschine für das Netz unter: www.jesus.de

Christliche Popmusik kann man unter www.bv-music.de recherchieren.

Buch- und Filmrezensionen finden sich im Medienmagazin „pro" des christlichen Medienverbandes KEP in Wetzlar (www.kep.de).

Gute Nachricht für Teens. Die Bibel ohne die Spätschriften des AT. R. Brockhaus / Deutsche Bibelgesellschaft, 2000.

Sammy Wintersohl: Große Träume, kleine Träume [Romanserie]. Oncken, 2000/2001.

GirlChat [Romanserie]. Oncken, 2002.

TeensMag [Jugendzeitschrift], erscheint im Bundes-V.

ANMERKUNGEN

[1] Brenda Hunter, *Home by Choice*. Multnomah, 2000.
[2] Jean Fleming, *A Mother's Heart*. Nav-Press, 1990, S. 120.
[3] Elise Arndt, *A Mother's Time*. Victor Books, 1987 [ohne Seitenangabe].
[4] Linda Weber, *Mom, You're Incredible!* Focus on the Family, 1994, S. 157f.
[5] Ebd.
[6] Aus: Elise Arndt, *A Mother's Time*, a.a.O. [ohne Seitenangabe].
[7] Brenda Hunter, *The Power of Mother Love*. Waterbrook Press, 1998 [ohne Seitenangabe].
[8] Stormie Omartian, *The Power of a Praying Parent*. Harvest House, 1995 [ohne Seitenangabe].
[9] Jean Fleming, *A Mother's Heart*, a.a.O. [ohne Seitenangabe].
[10] Bill Hybels, *Aufbruch zur Stille. Von der Lebenskunst, Zeit für das Gebet zu haben*. Projektion J, 9. Aufl. 2000, S. 12.
[11] Ebd., S. 10.
[12] Von Gary Ezzo sind in deutscher Sprache bislang erschienen: *Hilfe, meine Kinder sind in einem schwierigen Alter. Kinder im Jugendalter verstehen und begleiten*. Hänssler, 1999. – Zus. mit Robert Buchnam: *Schlaf gut, mein kleiner Schatz. Wie Ihr Baby rundum zufrieden wird und endlich durchschläft*. Gerth Medien, 2. Aufl. 2001.
[13] Jeff Van Vonderen, *Families Where Grace Is in Place*. Bethany House, 1992, S. 139f. Zitat mit Erlaubnis des Autors abgewandelt.
[14] Ebd., S. 15.
[15] Ebd., S. 140-146.
[16] Ebd., S. 26.
[17] Aus: *The Hope Health Letter*, Hope Heart Institute [ohne weitere Angaben].
[18] David Burke, „Children Are Anarchists". In: *Hearts at Home*, Vol. 2, Nr. 9 (September 2000), S. 10f.
[19] Neuerdings gibt es ein kleines Gerät („die Fernsehfee"), das an den Fernseher angeschlossen werden kann und neben der Möglichkeit, als Werbeblocker zu fungieren, auch verhindern kann, dass Sex und Horror über die Mattscheibe flimmern. Der Kunde bestimmt dabei, was er nicht auf dem Bildschirm haben will. Mit diesem Decoder können Eltern z.B. einstellen, wie lange Kinder pro Woche fernsehen dürfen und auf welchen Kanälen. Die „Fernsehfee" ist im Fachhandel oder direkt bei der Herstellerfirma TC Unterhaltungselektronik AG in Koblenz zu beziehen.

Stormie Omartian

Mein Gebet macht uns stark

Was geschieht wenn Frauen für ihren Mann beten

192 Seiten, ABCteam-Paperback, Bestell-Nr. 111 213

Sie sind eine Frau, die ihr Leben selbst in die Hand nimmt? Und die ihren Mann nach Kräften unterstützen möchte? Dann beten Sie für ihn! Nehmen Sie Gott beim Wort und entdecken Sie, wie das Gebet Ihren Partner und Ihre Ehe stark macht.

Hier erfahren Sie, wie das ganz praktisch aussehen kann. Dieses Buch beleuchtet wichtige Lebensbereiche Ihres Mannes, für die Sie als seine Frau beten können:

- seine Arbeit
- seine Einstellung
- seine Sexualität
- sein Glaube
- sein Vatersein
- seine Ehe
- und vieles mehr

Im Mittelpunkt des Betens steht dabei immer das Wort Gottes, der Ihrer Ehe seinen reichen Segen schenken will.

Stormie Omartian, Jahrgang 1942, ist seit 25 Jahren mit dem bekannten Musikproduzenten Michael Omartian verheiratet. Die Amerikanerin ist in ihrer Heimat eine Bestsellerautorin, die sich im Bereich Gesundheit und Fitness einen Namen gemacht hat. Mehr als körperliches Wohlbefinden bedeuten ihr jedoch seelische und geistliche Stärke.

ONCKEN VERLAG WUPPERTAL UND KASSEL